成功する 自転車まちづくり

政策と計画のポイント

古倉宗治

学芸出版社

はじめに

　今、自転車がホットである。環境と健康という切り口で注目を集めて身近なエコであることも手伝い、さまざまなメディアに取り上げられて、世界的にも多くの国で一種のブーム化が進行している。日本も例外ではない。特に、わが国は、国民性として流行に乗る傾向が強く、対象の良否は関係なく、すぐに新しいことに流されていく（バブルの時の土地ブームがそうである）。自転車は、これに加えて市民の間で日常的に身近であり、乗り物としての性格もわかりやすいため、自治体も安易に自転車をテーマに取り上げようとする。しかし、自転車をテーマとする施策は、そのように簡単なものではない。環境と健康というブームに乗って、自治体の自転車施策の全体の体系的整理もせず、ハードの空間やレンタサイクルだけを断片的に用意しても、自転車利用がすぐに盛んになるわけではない。また、永続性を持った交通手段として活用されるようなものにはならない。そこには、用意周到に検討され、かつ、地域の状況に見合った体系的で最適な施策が必要である。さらに、これを支えるために、自転車の他の交通手段に比べた大きなメリットに対する共通の理解が必要である。

　自転車は、単に健康によく、環境にやさしい乗り物であるだけではない。個々人の生活、企業活動、地域や自治体、国、地球にとって、それぞれの具体的なメリットが数多く存在する。さらに、自転車のメリットはそれを使うわれわれ人間の側で、工夫し可能性を伸ばすことが求められている。

　太陽光発電、風力発電、電動自動車などベーシックなエコのツールは数多く開発され、提案されている。環境にやさしいツールは自転車以外にもたくさんある。しかし、これらは、最新の技術を駆使して、最大のエネルギー効率を上げて、環境負荷を削減するようにしているが、その開発や製造、さらに管理運用、最終的な廃棄までのライフサイクルのコストと環境負荷が相当ある。

　これに対して、自転車は、徒歩と並んで最も原始的な移動手段であり、内燃機関や駆動機関を使わず、かつ、外部からの直接のエネルギーを補給することもない。人力で動き、しかも、装置も機械技術や素材の進歩はあるものの、基本的には簡単なものである。自転車という乗り物が生まれてから、この原理に大きな変化はない。このような簡単な軽い装置で、かつ、人力だけでこのよう

に効率よく移動できるものは、他にはない。

　しかし、多くの人は、このような自転車の大きな利点に理解を示し、重要視するふりをしながら、いざ、利用を盛んにするための方策の検討や実施の段階になると、放置問題、走行空間のなさ、ルール無視の自転車利用者などを楯に、最優先すべき自転車利用促進策の足を引っ張る。また、自転車の位置付けも、車道では左側端という隅っこに追いやられ、車からは、自転車を渋滞の原因、危険な存在などとして、じゃまもの扱いされ、また、歩道では、たとえルールを守っても、歩行者などから危険視されるなど、道路空間での居場所がない。

　本書は、このように重要性を認識されてはいるものの、その一方で正当な扱いがなされてない自転車を正当な地位にまで高めることをめざす。このため、ハードのみのインフラの整備しかない施策、レンタサイクルの提供のみの一面的な施策など総合性やバランスを欠く施策、効果的なまたは的確なものとはいえない施策に対して、自転車をもう一度根本から理論的に見直すことを提案するとともに、自転車を真正面から理解するために、様々なデータを駆使して、自転車の本当の姿を描き出そうとするものである。これらを通じて、施策の具体的な考え方、手法、効果などを明らかにして、自転車問題を考えるきっかけと行政における自転車利用の促進の秘策を提示する。

　この本は、これから自転車に関する施策に取り組む自治体やすでに取り組んでいるがバージョンアップを図りたいとする自治体、そして、自転車施策の客観的な理解を得たいユーザーなどに読んでいただきたい。さらに幅広く地球環境、まちづくり、交通などをテーマとしている人などにも、自転車の真の実力を理解していただくことを期待している。

　これらにより、より効果的かつ的確な自転車利用および自転車施策のあり方が広く理解されれば望外の幸せとするところである。

2010年10月

古倉　宗治

目次

はじめに ……………………………………………………………………………………3

序章　あのアメリカが自転車利用促進に500億円もつぎ込む理由 …8
急激に拡大する自転車政策 / 石油輸入・医療費削減をめざす / 連邦主導でガソリン税を投入

第1章　自転車利用のメリット ………………………………………15

1　環境にも家計にもやさしい　15
自家用車よりも便利で安い / 自転車は、移動手段中、車体重量が一番軽い / 自家用車は環境負荷が大きい / 他の交通手段との比較

2　公共交通との役割分担もできる　22
ヨーロッパにみる自転車と公共交通との関係 / 自転車との競合ではなく自家用車との競合を問題視すべし / 自転車のメリットを発揮できる距離 / 徒歩・自転車の分担のあり方 / 近距離での自転車と他の交通手段との分担 / 自転車との連携で公共交通の客を増やせる

3　自転車は生活習慣病の予防につながる　32
生活習慣病の医療費と死亡原因 / 生活習慣病に対する自転車活用の効果 / 他の運動と比べた場合の自転車こぎのメリット

4　ライフスタイルも豊かにでき、子供の発達にもよい　38
5　主体別にみた自転車利用のメリットとその訴え方　42
主体別・項目別にみた自転車利用のメリット / 自転車計画等でのメリットの位置付け方

第2章　自転車の用途別施策 …………………………………………49

1　促進方策は利用目的別に考えること　49
自転車の利用目的 / 利用目的別の施策が必要 / 自転車の用途別の有効な利用促進施策 / まず促進したい利用目的と、それに即した方策を考えよ

2　自転車による通勤　〜企業と従業員の経費節減　54
自転車通勤のメリット / 就業者の通勤の実態 / 企業の自転車通勤に対する態度 / 自転車通勤の有効な促進策 / 自転車通勤の推進に対する具体的な取り組み

3　自転車による買物　〜自転車客こそ良いお客　68
買物に行くのは車、自転車、徒歩？ / 自転車による買物のメリット /「車で来る客こそ良客」ではない / 自転車による買物の有効な奨励策 / 自転車による買物の奨励策の方向および実例

4 自転車による通学 〜健康と環境教育の切り札　　*80*

自転車通学の状況 / 自転車通学のメリット / 自転車通学の有効な推進策 / 自転車通学等の推進による子供の環境教育の意義

5 自転車による回遊・レクリエーション 〜地域活性化　　*94*

4275kmにおよぶわが国の大規模自転車道 / 自転車による回遊・レクリエーションのメリット / 回遊レクリエーション利用の有効な推進策 / 自転車利用の奨励方策の実例

6 その他の自転車利用用途　　*103*

日常利用 / 業務利用

第3章　自転車の空間別施策 ……………………………………………106

1 専用空間の確保のみにこだわっている日本の取り組み　　*106*

自転車専用空間の確保がベター / 歩行者にも自転車にも危ない歩道通行 / 世界の自転車先進国は車と自転車の共用空間が主流 / ネットワークの重要性

2 自転車と車の共用空間への施策　　*115*

車との共用空間はそれほど危険か / 車道に自転車の走行空間は十分にある

3 自転車専用走行空間確保の施策　　*126*

専用空間を確保する方策 / 自転車専用レーン（自転車専用通行帯）が切り札

4 自転車の駐輪空間　　*135*

自転車利用を促進する駐輪場 / 駅前の需要と供給の総合バランスのとり方 / 駐輪空間の提供責任は誰にあるか / 総合的な駐輪空間の需給の取り方〜自治体の負担軽減

5 所有自転車およびレンタサイクル　　*145*

日本は自転車使い捨ての時代 / レンタサイクルの導入は利用者の意向をよく把握して / 大きなメリットを持つコミュニティサイクル〜利用用途と利用範囲のコンセプトを明確に / 企業向けのレンタサイクルの可能性〜ちがさき方式レンタサイクル

6 自転車の走行空間の情報提供の方法　　*158*

自転車地図の現状 / 地図による安全性の情報提供 / 地図とセットでの自転車マニュアルの提供 / 安全性の自己チェックの方法

第4章　自転車の課題別施策 ……………………………………………167

1 自転車の放置の課題 〜駅前駐輪需要の軽減施策　　*168*

自転車放置とその対策の状況 / 自転車利用促進を柱とした駅前自転車放置対策

2 自転車の安全の課題 〜安全性の向上施策　　*173*

自転車利用が増えたら事故率は減る / 自転車利用促進に参入後は事故が減っている

3 ルール・マナーの課題 〜レベルアップのための施策　　*176*

自転車利用促進とルール、マナー / 自転車がルール、マナーを守れるような環境整備 / 原則の車道通行によるルール、マナーの実際的な体得 / 即効性のある対策

4 その他の課題　　*180*
　　雨に弱いという課題〜雨に強くなる対策 / 自転車の盗難に関する課題〜盗難防止の対策

第5章　わが国の自転車政策および自転車計画とその策定の方法 …185

1 進んでいる世界の自転車政策と日本への応用の可能性
　　　　　　　〜アメリカ、オランダ、ドイツなど　　*185*
　　先進国の自転車政策の推移 / 国が策定を進めている自転車計画 / 先進国の自転車政策や自転車計画から学ぶ三つの重要な点

2 わが国のこれまでの自転車政策　　*195*
　　わが国のまちづくりの変遷と自転車 / まだまだ拡大の余地があるわが国の自転車利用 / わが国の自転車政策の推移 / 自転車専用空間の整備を進める通行環境整備モデル地区（2008）

3 自治体の自転車施策の状況と自転車計画の課題　　*204*
　　アンケートにみる自治体の施策の状況 / 国の自転車政策・自転車計画の課題〜「自転車先進都市」（2001〜2004）/ わが国の自転車計画の問題点のまとめ

4 自転車計画のあるべき姿　　*216*
　　わが国の取り組むべき項目 / 目標設定 / 目標達成のための計画・施策の組み立て方 / 国と地方との役割分担 / 交通基本法のあり方

終章　今後の自転車政策の方向 ……236
　　自転車活用型まちづくりの意味 / わが国の自転車政策のあるべき方向性 / コペンハーゲンの自転車政策のスタンス〜自転車道の雪かきを優先

注・参考文献 …………………242
索引 ……………………………244
おわりに …………………………246

序章

あのアメリカが自転車利用促進に500億円もつぎ込む理由

(1)急激に拡大する自転車政策

　米国は、現在では、世界最大の自転車政策の国ではないかと考えられる。これは、逆説的に聞こえるかもしれないが、自転車政策に力を入れているという

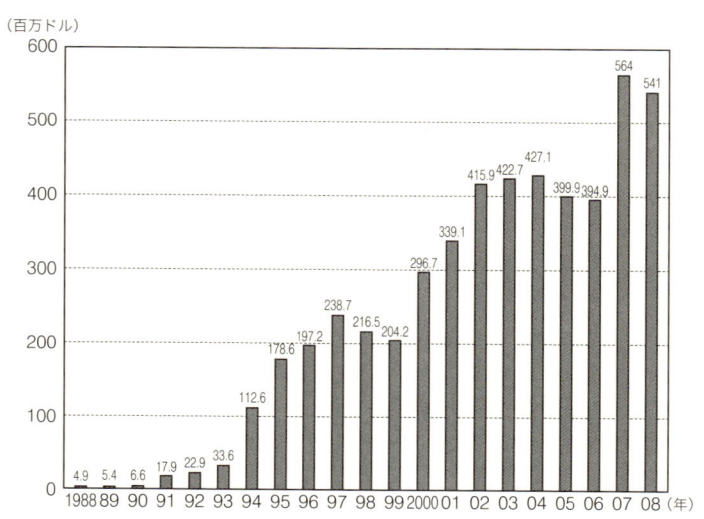

図1　米国連邦交通省関係の自転車・歩行者専用の予算の推移（国費）
※自転車・歩行者関係のみに使用する連邦予算であり、他の道路整備の際に整備する自転車レーン等は含まれていない
（出典：米国連邦交通省資料より筆者作成）

意味であり、自転車利用が最も盛んであるという意味ではない。

　すなわち、アメリカ合衆国は、この10年間ぐらいでは、連邦が前面に出て、国主導で先頭に立って行っているという意味でも、また、世界で一番自転車政策に予算を費やしたり、地方の自転車計画や組織に連邦が介入する意味でも、自転車政策を積極的に実施しようとしている国である。

　予算面で見ると、連邦は道路事業で一緒に整備する自転車道などの予算を除いて自転車単独に500億円以上の連邦予算を使っている。しかも、ここ20年間ぐらいのこの予算の伸びは驚異的である。連邦交通省の長官が、「自転車は忘れ去られていた交通手段である」として、自転車利用促進に重点的に取り組むとした1990年には、連邦自転車予算はわずか660万ドルであったのに対して、ピークである17年後2007年には、5億6400万ドルと、約88倍になっている。スタッフも、連邦交通省の中で、併任も入れると、30〜40名ぐらいの自転車施策を扱う人間がおり、自転車施策を直接扱う連邦交通省と、健康施策など自転車に関連する政策を担当する省庁に配置されている。このように国レベルで自転車に力を入れているという意味では大変重要な国であると考えられる。ただし、このような施策にもかかわらず、自転車利用の割合は一部を除いて大きくは伸びていないようであり、都市交通の分担率は、徒歩と自転車と合わせて7％程度であり、自転車利用大国とはなっていない。

（2）石油輸入・医療費削減をめざす

　なぜ米国で自転車政策に力を入れるのかという点に注目する必要がある。これには、財政赤字と貿易赤字の双子の赤字の解消という観点が関係している。

　すなわち、1990年当時、アメリカ合衆国は、「財政の赤字」と「貿易の赤字」という双子の赤字が大問題になっていた（現在はこの状況がもっと悪化している）。この二つを同時に解決する方法は、いろいろ選択肢はあるが、その中で、大量の石油（ガソリン）を消費すると共に、生活習慣病の原因となる運動不足を引き起こす車の利用にかえて自転車利用を促進することが重要な課題であるという認識があった。ここで、重要なのは、環境問題ではなくて、貿易赤字を解消すること、かつ、財政赤字を少しでも解消することという意味で、目先の

表1　自転車政策に取り組む米国の直接の動機のパターン

○ 車依存生活→石油大量消費→貿易赤字拡大＝自転車→石油輸入削減
○ 運動しない生活→生活習慣病→医療支出拡大＝自転車→健康費削減

表2　米国連邦政府の1990年国家予算上位4位まで（単位億ドル）

Defense-Military（国防）	2897億（40.1兆円）
Treasury（財務）	2539億（35.5兆円）
Social Security Administration（Off-budget）社会保障	2449億（34.3兆円）
Health and Human Services　健康厚生	1755億（24.6兆円）
Total outlays　合計	1兆2531億（175.4兆円）

※参考　2003年の米国の心臓病関連全体の費用　3510億ドル（約40兆円）"A Public Health Action Plan to Prevent Heart Disease and Stroke" 2003.4 Center for Disease Control and Prevention、当時の1ドル≒140円程度により換算（出典：Office of Management And Budget 資料）

経済的なメリットを重視していることだ。この観点から、自転車政策が採用されたことである。

　まず、一つめの貿易赤字の原因は、アメリカが世界最大の石油消費国で、かつ輸入国であることである。たとえば中東問題に介入する遠因も、石油が一つの大きな要素になっている。そういった世界戦略の中で石油の輸入を少しでも抑えなければいけない。ところが、車が湯水のようにガソリンを使っている。都市が郊外へどんどん広がっていって、人々の移動距離が伸び、これを支える車の移動のためにガソリン、すなわち大量の石油消費がなされている。それを少しでも減らしたいのである。

　二つめの財政赤字は、連邦の財政支出として、国防とか軍人恩給費、社会保障費などいろいろあるが、現実に大きく削減できる可能性がある予算として、4番目の支出項目である健康予算、医療予算がある（全予算に占める割合は、14％）。車にばかり頼っている人々の間で肥満がどんどん進行して、心臓病、脳卒中等の生活習慣病が死亡原因の大きな割合を占め、また、医療費で最大の地位を占めるようになった。生活習慣病は、生活態度を改善すれば多くは解消する。生活習慣病のための医療費を少しでも削減するために、車をやめて自転車を使ってもらう。これらの二つの意味で自転車政策に力を入れたのがアメリカの考え方であった。

　米国の連邦交通省は、環境問題を前面に出さずに、実質的に直接メリットに

つながる施策を前面に出して政策を運営しており、実利的なアメリカ合衆国ならではの考え方ではないかと考えられる。

　自転車政策に関しては、連邦は1991年に総合陸上交通事業調整法と訳されるISTEA法（International Surface Transportation Efficiency Act）を制定し、道路政策、交通政策の実施等において連邦が本格的に地方に介入することになった。この中で、自転車政策を含む交通政策に対して、ガソリン税などの特定財源を中心にして1991～97年までの6年間で連邦が1550億ドルの支出をすることとされた。これは、その後の延長されたTEA-21法（Transportation Equity Act for the 21st Century）にも引き継がれ、この金額はさらに増額され、1998～2003年までの6年間で2180億ドルの支出が法律上認められた（この後連邦の交通政策は、道路交通安全対策を重点にしたSAFETEA-LU法に2009年まで6年間引き継がれ予算も2004～09年で2864億ドルに拡大されている[注1]。

(3)連邦主導でガソリン税を投入

　米国は、地方分権が進んでいる国の典型であるといわれる。連邦憲法では、連邦の権限が限定列挙されており、その列挙されている事項のみが国の権限であり、その他の事項は、一般的に州の権限であるとされている（これに対して、わが国は、日本国憲法で、地方の権限を法律で定めるとされており、国の法律で定めのある事項のみが地方の権限になっている。すなわち、法律の規定がないと一般的には、国の権限になる構造である）。連邦が発足したときに、イギリスからの独立という大きな命題に対して、各州がばらばらで対応していてはイギリスに対抗しきれないので、各州が国としての権限を連邦に委譲したのがきっかけであるとされる。これを受けて、1778年連邦憲法が制定（発効）され、憲法に列挙された特定の項目については、連邦の権限となった。この権限は、大きく三つに分けられる。一つは外交、二つは防衛、三つが「州際通商」といわれる人やもの、金、サービス、犯罪、交通などの州をまたがる移動に関する事項である。連邦は、この三つ目の「州際通商」の条項を盾にして、その後連邦の権限を拡大してきた。

　このような中で、交通政策は、人や物の移動の多くは州をまたがるものが多

表3　自転車政策に関する連邦の関与規定等

連邦法により各州に対する義務づけ内容	根拠条文（連邦法典第23道路）
①総合交通計画の策定義務化（自転車計画に必ず配慮すること）	第135条（a）項（2）及び第217条（g）項（1）
②自転車歩行者統括官の設置の義務化	第217条（d）項
③新設・改良の道路に自転車道の設置義務化	第217条（d）項
④ネットワークの連続性に配慮義務化	第217条（g）項（e）項
⑤自転車安全教育プログラム策定義務化（連邦政府の義務）	TEA21法第1201条（e）
⑥連邦補助の創設（原則補助率8割、大都市圏の駐輪場95％）	第217条（a）項から（c）項まで。補助率は第217条（f）と連邦法典第49第5319条で駐車場の規定
⑦補助金額の明示（1990年600万ドル、2007年5億6千万ドル、2008年5億4千万ドル）	⑧その他　州道路交通法＝自転車は車道上で車と対等の権利・義務の規定
各州の車両法（道路交通法）など	

(出典：連邦法典第23（道路）及び第49（交通）、米国連邦法の総合交通関係時限法であるISTEA法、TEA-21法、SAFTEA-LU法等の条文および連邦交通省資料により筆者作成)

く、一般的に州際通商として連邦の権限であるとされ、連邦は、燃料税などの国の特定財源を有するとともに、一般財源からも投入して、ハード面やソフト面の施策について州や自治体に対して総合的な交通施策を展開させている。

　このような連邦憲法の規定のもとに、連邦議会の権限として与えられた事項については、連邦法としての連邦法典（USCODE）が制定されている。各法典には、法典番号とその事項に関する名称が付されている。この連邦法典は50本制定されている。このうち交通に関しては、主として道路に関するものが第23番目であり、「HIGHWAY」（道路）という名称がつけられおり、また、交通に関するものが第49番目の「TRANSPORTATION」（交通）として制定されている。特に、前者において、自転車に関する詳細な規定が設けられており、その条文の中心は、同法第217条である。

　このような連邦法の規定にもとづき、米国で連邦が取っている重要な自転車政策のポイントで、各州に対する連邦からの法的な義務付けおよびこれに関連する事項を列挙すれば、表3のようになる。

　前述のように、1991年から6年間ごとの総合交通関係法（時限法）により、連邦の交通政策に関する権限が大幅に強化されている。具体的には、1991年からはISTEA法、1998年からはTEA-21法がそれぞれ適用され、現在は、SAFTEA-LU法として受け継がれている。これらの法律により、道路特定財源

等をもとにした道路政策や交通政策が実施されている。これらの中で、自転車政策も重要な位置付けを与えられ、各州や広域都市圏は、①総合交通計画の策定義務を課され、その中では自転車計画について必ず配慮することが義務化されている。②州の組織として自転車歩行者総括官（Bicycle and Pedestrian Coordinator）の設置が義務づけられる。これにもとづき、各州では、同官を設けているが、一部併任の州もある。③新設道路には自転車道の設置義務、④自転車走行空間注2のネットワークの連続性の確保に対する配慮義務、⑤自転車安全プログラムの策定義務を課している。⑥連邦補助の実施等の規定を置くほか、州ごとの毎年の補助金額（各法ごとにそれぞれの6年間を年度に分けている）を法律の条文で明記している。⑦これらの他、各州には州法としての日本の道路交通法に相当する自動車法（VEHICLE CODE）があり、この中で、自転車は車と同等の権利義務の主体として法的に対等の位置付けがなされている（統一の模範的な条文が示されているが、ケンタッキー州およびサウスダゴダ州は、この州法による対等の位置づけの規定がない）。

　これらに特徴的な点は、第一に、憲法の規定で連邦の権限が限定され、特に内政事項については州の独立が極めて強いにもかかわらず、自転車政策に関しては、連邦が州に対して一連の強い義務を課していることである。これは、何でもかんでも地方に権限をというわが国の風潮と異なり、連邦の権限事項（上記「州際通商」）については、州の独立性はあまり認めず、連邦としての権限を前面に出していること、かつ、特に、自転車政策を重要視して、国が率先して介入しようとする姿勢が現れている。自転車政策は、上で述べたように国の財政や貿易にかかわるものであり、かつ、連邦の権限である交通政策の一環として、国家として重要視して取り組むというメリハリのきいた行政姿勢の表れである。

　第二に、特に目立つのは、連邦の補助率が極めて高いことである（表4）。つまり、一般の自転車施策に対する補助率が8割であり、さらに直近のSAFETEA-LU法ではその名前が示すとおりSAFETYすなわち交通安全に重点を置いている事業については9割、国を挙げて取り組んでいる通学路安全事業（小学生から自転車通学・徒歩通学を推進する事業）については10割の補助率である。また、鉄道と自転車の連携を重視しており、このための駐輪場の整備

表4　連邦の自転車政策の支出項目別内訳（2008年会計年度）　　　（カッコは構成比率）

	財源項目	予算額（2008）単位百万ドル	連邦補助率（原則）%
1	渋滞緩和・大気汚染防止事業	69.5（12.9%）	80
2	交通高度化事業	249.9（46.2%）	80
3	交通安全対策事業	1.8（0.33%）	90
4	学校通学路安全事業	91.2（16.9%）	100
5	その他の陸上交通事業	45.6（8.4%）	80
6	その他事業	71.9（13.3%）	80
	合　計	541.0（100.0%）	

(出典：連邦交通省資料により筆者作成。各補助の根拠は、連邦法典第23第217条（a）項などより筆者作成)

表5　道路特定財源の税率（1ガロン当たりの税、単位：セント）

燃料税	道路会計分	大量交通会計分	その他	合　計
ガソリン	15.44	2.86	0.1	18.4
ディーゼル	21.44	2.86	0.1	24.4

(出典：米国連邦交通省資料)

については、一般が9割、また、人口20万以上の都市では95%の補助率となっている。

第三に、人員の配置、計画の策定、自転車空間の整備、ネットワーク形成や安全プログラムに関することまで、幅広くかつ事細かに州の行政を指揮していることである。この背景には、連邦の高率かつ多額の補助金が用意されていることがある。現に、計画の策定とこれにもとづく施策がなされないと補助金を凍結するなどの措置も見られるようである。

なお、これらに要する費用は、表5のように、ガソリン、ディーゼル燃料に対して課されている燃料税が、道路特定財源として確保され、活用されているのである。これら以外にも、タイヤ税、重量自動車税等が特定財源の収入になっている。これらの収入があることが、自転車政策という他の施策の中で埋もれて目立たないが、きわめて重要な項目に対して、高額の予算を確保することができる重要な要素である。

第1章

自転車利用のメリット

1 環境にも家計にもやさしい

(1) 自家用車よりも便利で安い

　自転車は、後に述べるように500mから5km足らずの距離では、自家用車その他のどの交通手段よりも所要時間が短いとされている(国土交通省資料)。この500mから5km足らずの距離帯で、所要時間が最も短いとされているのは、日本だけではなく、EUやオーストラリアの自転車政策や計画などにも記述され、世界的な標準である。この所要時間が短いという中には、渋滞に巻き込まれることなく走行できるため、渋滞時間をカットできることや、行った先での駐車場探しの時間を節約できることも含まれる。

　さらに、自転車利用をする理由に関する各種住民アンケートの多くでは、自転車は気軽に移動できるとする割合が高い（柏の葉キャンパスタウンでのアンケート調査では、6割以上の人がこれを選択し、第1位の割合になっている）。自転車は、車のように車庫出し、車庫入れのような面倒なことはなく、自宅の駐輪施設から気楽に公道に出せるし、行った先でもわずかのスペースに駐輪できる。免許を持ち歩く必要はない。また、季節の移ろいを肌で感じるとともに、スローに回遊できることで地域の魅力を再発見することなども手軽にでき、移

動手段としては、極めて便利な乗り物である。さらに間接的になるが、特別な運動時間を設けることなく、日常的な移動で必要な運動が足りるので、手軽な運動手段が身近に用意されていることになり、フィットネスクラブまで時間とお金を使っていくよりは、便利で経済的である。

　また、一方で、自転車は、他の道具を使用する交通手段に比較すると、1台あたり1万円前後からあるので、車体価格がきわめて安価である。また、他の交通手段は、運転するのに特殊な技能を必要とし、かつ、自家用車以外では、運行する運転者の人件費を必要とするのに対して、自転車は、運行する特別の技術や運行の費用も必要がない。もちろん燃料費または運賃も不要である。すべて、運転する人の体脂肪やエネルギーを効率的に消費することからまかなえる。

　具体的にいうと、都市内の自家用車による人の移動は、半数以上が5km以内の距離であるとされ、この距離の移動での自家用車の利用を平均的に1～5kmの中間の3kmと仮定すると、往復6kmとなる。たとえばこれが通勤で日常的に行われるとすると、年間で250日として、合計で1500kmに達する。この距離を車で移動するのに必要なガソリン代は、平均的な燃費[注1]を考えて計算すると約1万7000円となる。これに加えて、車は多額の車検費や自動車保険代、税金が必要である。これらは、自転車には全く不必要である。

　さらに、重要なことは、自転車こぎという理想的な運動により生活習慣病から解放され、健康費用、医療費、渋滞の時間費用などの間接的な費用が削減できる。

　すなわち、後に述べるように、効率のよい自転車こぎ運動により、生活習慣病由来の死亡率が4割程度は低くなっているという疫学的研究論文等があり[注2]、この割合で死亡につながる生活習慣病が回避できれば、日本の約10兆円の生活習慣病の医療費[注3]のうち、4兆円を削減でき、これにより国民一人当たり3万円の費用が浮く計算となる。また、渋滞により国民一人当たり年間9万円の損失があるなどと試算されているが、多くの場合自転車を活用すれば、この損失を回避できるとともに、車から自転車への転換により、渋滞そのものも少なくできる[注4]。これらを積み上げてくると一人当たりの直接、間接に受ける金銭のメリットはかなり大きく膨らんでくる。こうして、自転車は、同じ距離を行

くのに、自家用車を利用した場合に比べると、直接、間接の経済的な節約効果が大きく、移動手段として安上がりのものである。

(2)自転車は、移動手段中、車体重量が一番軽い

　移動手段としての自転車を考える際には、人を運ぶための交通手段の車体の重量を考えるとわかりやすい。

　すなわち、普通にまちを走っている自家用車は、統計を取ってみるとだいたい1台につき1.3人しか乗っていないので、平均的な車体の重量1tとすると大体85kgの人を運ぶために11.8倍の重さの車体を動かしていることになる。また、電車でも、一両あたり定員125名、重さが30tあるとすると、この125名（8.1t）の人を、3.7倍の重量の車体により運ぶことになる。さらに、満員の航空機でも5.1倍、定員いっぱいのバスでも、かろうじて1.8倍となる。近年、公共交通の電車やバスは、車体の軽量化やエネルギーの節減などに努めてはいるが、それでも重い車体を動かして、運行され、超満員にでもならない限り、この関係は変わらないと思われる。

　ところが自転車についてみると、一人65kgの体重とすると、まちを走っている普通の自転車は18kgぐらいの重さの車体であり、比率は0.28倍となる。非常に車体重量比が低い。つまり、せっかく人を運ぼうと思っても、その何倍もの重さの車体で運んでいては、当然車体を運ぶためのエネルギーが無駄になる。特に、これらは直接または間接に化石燃料を相当量使っている。化石燃料の消費による地球温暖化を防止することが急務の時代において、これを使わない移

表1・1　人を運ぶ交通手段とその重量

	乗車人員	人の重量合計	車体の重量	車体重量の倍率
自家用車	5人（1.3人）	330（85kg）	1t	3.0倍（11.8倍）
電車（1両）	125人	8.1t	30t	3.7倍
航空機	550人	35.8t	181t	5.1倍
バス	79人	5.1t	9.6t	1.8倍
自転車	1人	65kg	18kg	0.28倍

※一人当たりの体重を65kgとして統一して計算。電車は横浜市営地下鉄、航空機はジャンボ、バスは路線バス等を参考。
　（　）内は、実際の乗車人員の場合

動手段としての自転車には重要な役割があるということが理解されよう。また、重い車体は、いいかえれば、たくさんの資源を使っていることであり、製造過程におけるCO_2の排出も多くなる。

　これは、航空機とか電車、バス、自家用車は使うべきでないということではない。これらを、その持つ特性に応じて、距離や輸送人員において最も有利な利点を発揮できる場合ごとに、優先順位を明確にして使い分けるべきであり、この結果、自転車がよい場合は、この効率のよい交通手段を優先的に使うような施策を講ずることが必要であることを意味する。後述のように、自転車が適している範囲は、大体4〜5km以内の移動についてであるとされる。この範囲では自転車が最も優れた交通手段であるので、公共交通との連携を図りながら、これを代表的な交通手段として活用すべきである。

(3)自家用車は環境負荷が大きい

　自家用車の具体的な環境負荷について、環境白書の2000年版を見ると、自家用車が皇居一周7kmを走行した時に、500mlのペットボトルで1700本分余りのCO_2が排出されると計算されている(表1・2)。このようにわずかな距離の自家用車の利用でも、たくさんの二酸化炭素が排出され、大きな環境負荷をかけていることになる。また、燃料費の高騰の折、このようなガソリンの過度の使用は、家計にも大きな影響を与える。

　これは同じ時間当たりで、たとえばお風呂を沸かしたり、調理をするために必要な家庭用のエネルギーに比べて14倍の負荷になり、家庭で使うエネルギーの中では単位当たり最大のものとされる。この環境負荷は、他の風呂や調理等のための排出が節約により一定の割合を減少できるのみであるのに対して、

表1・2　車による環境負荷の状況

皇居外周を自家用乗用車で一周（7km）した場合に排出される二酸化炭素
ガソリンのCO_2排出係数2358g/ℓ、ガソリン車1800〜2000cc自動変速オートマチック10.2km/ℓ
約18分間で1.62kgの二酸化炭素を排出。これは、500mlペットボトルで1739本分となる
同じ時間当たりでは、民政（家庭）部門の約14倍の排出量となる

(出典：環境白書2000年版、p.152)

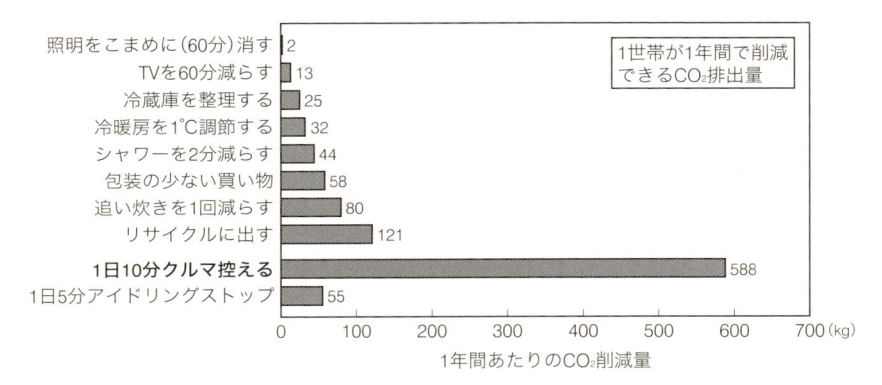

図1・1　家庭で車の利用を少し控えるだけで大きな環境効果　(出典：国土交通省エコ通勤資料、環境省のデータより東京工業大学が算出)

[グラフ：1世帯が1年間で削減できるCO₂排出量]
- 照明をこまめに(60分)消す：2
- TVを60分減らす：13
- 冷蔵庫を整理する：25
- 冷暖房を1℃調節する：32
- シャワーを2分減らす：44
- 包装の少ない買い物：58
- 追い炊きを1回減らす：80
- リサイクルに出す：121
- 1日10分クルマ控える：588
- 1日5分アイドリングストップ：55

1年間あたりのCO₂削減量(kg)

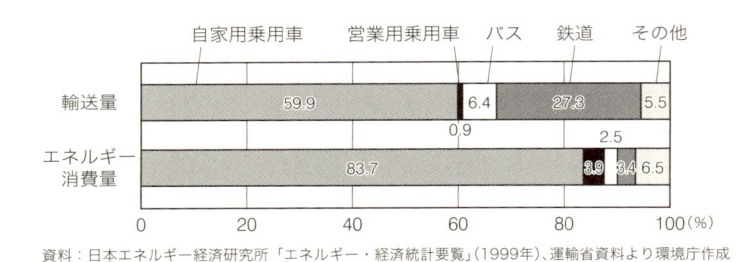

図1・2　輸送機関別にみた輸送量・エネルギー消費量分担率（1998年度）　(出典：環境白書2000年版)

[グラフ：自家用乗用車／営業用乗用車／バス／鉄道／その他]
- 輸送量：59.9／0.9／6.4／27.3／5.5
- エネルギー消費量：83.7／3.9／2.5／3.4／6.5

資料：日本エネルギー経済研究所「エネルギー・経済統計要覧」(1999年)、運輸省資料より環境庁作成

　近距離の移動では自転車等により完全に代替する（すなわちゼロにする）ことができ、また、自転車の利用により1日10分車を控えれば、テレビを60分減らした時の45倍もCO_2を削減できるなど、家庭のCO_2排出削減としては、きわめて効果的なものである。すなわち、この移動エネルギーの代替を図ることが、家庭からCO_2排出を削減する最も効果の高い方法の一つであると考えられる（図1・1）。

　また、輸送機関別にみた輸送分担とエネルギー消費を比較しても、輸送分担が59.9％の自家用乗用車が、エネルギー消費では83.7％に上っており（図1・2）、エネルギー効率の悪いものであること、また、この図から、自家用乗用車が全輸送手段のうちで、大半のエネルギーを消費していることがわかる。

　このようなエネルギー消費の実情を踏まえて、実際に、2000年における自家

表1・3　車通勤通学による二酸化炭素排出量およびガソリン代の試算

車の単位CO_2排出量	CO_2排出＝ガソリン乗用車 30km/h → 177.5g/km
1台の年間排出量	片道平均5kmの通勤・通学を自家用車で行う場合 一人当たり＝177.5×10km×250日／年＝443.75kgのCO_2排出
国民の排出量・燃料費	自家用車だけの通勤通学者2735万人（2000年国勢調査） 443.75kg×2735万人＝1214万t　5483億円（110円/ℓ） ※他に自家用車と鉄道との組合せの人は、約67万人存在する

（出典：大城ら「自転車走行時の燃料消費率と二酸化炭素排出係数」より筆者作成）

表1・4　転換可能な距離の自家用車通勤から自転車に転換した場合のCO_2と金銭支出の削減試算

二酸化炭素	削減可能量	5km以内の通勤通学距離の人を5割として、その5割が自家用車通勤から自転車通勤に転換（5km以内の人の平均距離を3kmとする）＝182tのCO_2削減可能
金銭支出	年間ガソリン代総金額	上記の通り、5483億円
	削減可能量	5483億円×0.5×0.5×3/5（平均移動距離を3km）＝822億円
	その他の経済効果	その他　健康保険費用負担、メタボ生活習慣病減少等効果、企業の駐車場整備・管理費用の削減、通勤手当の削減（通勤手当の支給等）

用車による通勤通学者2700万人が通勤通学した場合のCO_2排出量を計算してみた。マイカー通勤をしている人は、平均km当たり177.5gのCO_2を出すとされる。各種調査では、平均通勤距離は片道5km程度で、往復で10km、年間250日通うとすると、年間440kgぐらいのCO_2が排出されていることになる。それで計算してみると、自家用車通勤・通学者2700万人で、1200万tぐらいのCO_2が排出される。これをガソリン1ℓ110円で換算すると、5500億円になる。もちろん、全部が無駄だということではないが、地方都市での車の移動の半数以上が5km以下であるので、せめてこの距離の範囲内だけでも自転車を利用してもらえれば大きな効果が得られるのである。しかし、現実には、自転車で行ける距離にもかかわらず、車により二酸化炭素を大量に排出していることになる。

　仮に、これらの自家用車通勤通学者のうちで、5km以内の人の割合を半分として、これらの平均移動距離を1〜5kmの中央値の3kmとする。各種アンケート調査で、自転車通勤通学促進策を講ずれば、約5割の人が自転車通勤通学に転換されると推測できるので、通勤通学用の自家用車利用から自転車利用への転換で、年間182万tのCO_2を削減し、822億円の燃料代の節約ができる。

(4)他の交通手段との比較

　以上は、自家用車の CO_2 の環境負荷や経済的な損失であるが、他の交通手段との比較について、EUが自転車利用に関する報告書を作成しており[注5]、この中で表1・5を示して、自転車の環境に対する優位性を強調している。

　これによって、二酸化炭素をはじめとして、必要空間、燃料消費、窒素酸化物（NO_x）、炭化水素、一酸化炭素などの環境負荷の項目の比較をすると、自家用車を100とした場合、必要空間が、航空機や列車には劣るが、他の項目はほとんどが0となっている。心配される事故の可能性も、自家用車よりも遙かに少なく、また、列車やバスなど他の交通手段に比べても低いということがわかる。このように、環境負荷の側面では、様々な点で、他の交通手段の追随を許さない重要な移動手段であるとしていることが、この表にもあらわれている。

表1・5　各交通手段の単位距離あたりの一人の移動に要する必要空間、環境負荷等の比較

（自家用車＝100）

	自家用車	自家用車（排ガス浄化装置つき）	バ　ス	自転車	飛行機	列　車
必要空間	100	100	10	8	1	6
燃料消費	100	100	30	0	405	34
CO_2	100	100	29	0	420	30
NO_x	100	15	9	0	290	4
炭化水素	100	15	8	0	140	2
CO	100	15	2	0	250	3
負荷量合計	100	15	9	0	250	3
事故可能性	100	100	9	2	12	3

(出典：EC（EUの執行機関）作成、『自転車によるまちや都市の未来』1999)

2　公共交通との役割分担もできる

(1) ヨーロッパにみる自転車と公共交通との関係

　ヨーロッパは、以上のようなことを考えた上で自転車をまず優先して考える、その次に公共交通を考えるというように、エコな交通手段の相互間でも、その効果の優劣を明確に考えている。日本のように公共交通も自転車も立てよう、または公共交通を優先しようという考え方ではない。この序列を前提にして、自転車と公共交通との連携や役割分担が考えられており、その分自転車政策も極めて有効に機能する。

　このことが典型的にわかるグラフが図1・3であり、このグラフによると、3km離れた駅まで行くのに、バスを利用する場合、バス停までの徒歩の時間（5分）、バスの待ち時間（5分）、および列車との接続時間（10分）などで、自転車の方が13分程度時間のロスが少ないとされている。このように駅までのバスとの関係も明確に計算して、これを前提に交通政策を考えているのである。

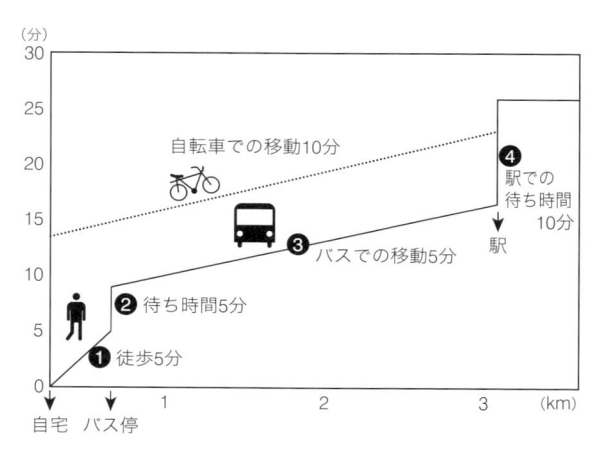

図1・3　駅までの交通手段として自転車かバスか　（出典：EC（EUの執行機関）『自転車によるまちや都市の未来』1999）

(2)自転車との競合ではなく自家用車との競合を問題視すべし

　大切なことは、公共交通についての最大の問題が、自家用車との競合である。決して自転車との競合ではない。しかしながら、自転車という最も環境にやさしい交通手段との競合の方を問題視して、自転車利用の促進を抑制するような見解があるとすれば、正論ではない。近距離でも利用が極めて多い自家用車との競合に対して、きっちりとした対応や方策を取らずに、環境に最もやさしい自転車との競合を取り上げて、その利用促進を抑制する、または、自転車と公共交通との調整と称して、公共交通を優先するとする考え方があるとすれば、この地球温暖化対策が世界的な規模で問題にされている中で、適切とはいえない。むしろ、自家用車の利用から自転車と公共交通への転換の強力な方策、および自転車利用を促進した場合の公共交通との連携の方策をいかに構ずるかの点に調査や研究、そして施策を集中すべきである。なお、自転車と公共交通の関係の具体のあり方は、(5)で述べている。

(3)自転車のメリットを発揮できる距離

　それでは、自転車が分担しカバーできる範囲は、どの程度を想定すればよいのであろうか。

　国土交通省の資料によれば、図1・4のグラフのように、だいたい0.5～5km弱の距離の都市内の移動では、自転車が他のいかなる交通手段よりも時間的に短いとされる。EUやオーストラリア政府の公式の資料によっても、同様に、だいたい0.5～5kmの間で、自転車の方が時間的に有利であるとされている。このように、世界的にも、この距離の範囲で、自転車が時間的に有利であるとされる。

　しかし、これはあくまで、行政サイドが、標準的な時間により、自転車が他の交通手段よりも有利である距離を説明しているものであり、自転車利用者側が現実にその距離を行けるかどうかは、不明である。

　そこで、市民が自転車でどの距離まで行けるかについて、アンケート調査により調べてみた（表1・6）。すなわち、5km以上まで自転車で移動できる人の割

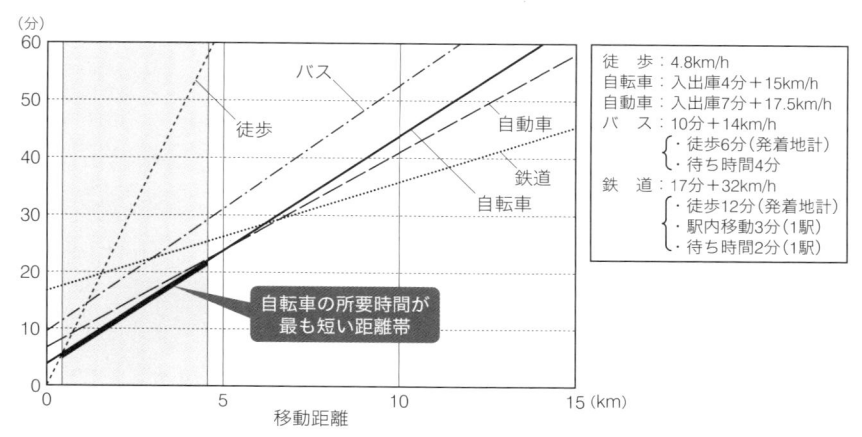

```
(分)
徒 歩：4.8km/h
自転車：入出庫4分＋15km/h
自動車：入出庫7分＋17.5km/h
バ ス：10分＋14km/h
  ・徒歩6分（発着地計）
  ・待ち時間4分
鉄 道：17分＋32km/h
  ・徒歩12分（発着地計）
  ・駅内移動3分（1駅）
  ・待ち時間2分（1駅）
```

自転車の所要時間が最も短い距離帯

[MATT関東圏時刻表2002年11月：八峰出版、東京都交通局ホームページ(http://www.kotsu.metro.tokyo.jp)、平成7年大都市交通センサス：財団法人運輸経済研究センター、平成11年道路交通センサス：建設省道路局、自転車駐車場整備マニュアル：建設省都市局監修、自転車歩行者通行空間としての自歩道等のサービス水準に関する分析、土木計画学研究・講演集No.22(2) 1999.10 を基に分析]

図1・4　自転車の所要時間が最も短い距離帯（出典：国土交通省HP）

表1・6　自転車で移動できる限界の距離

	ショッピングセンター来街者	駐輪場利用者
2km 未満	1.2%	0.6%
2km ～	13.1%	3.5%
3km ～	20.7%	14.3%
5km ～	27.1%	30.1%
7km ～	13.9%	7.6%
10km ～	23.9%	43.9%
	100%	100%
5km 以上累計	64.9%	81.6%
回答者数	251%	342%

(出典：千葉県柏の葉キャンパスタウンにおける来街者、駐輪場利用者に対するアンケート調査 (2009年実施、無回答、わからないを除く）より筆者作成)

表1・7　都市規模別の車の移動距離割合（6km以下の割合）

都市規模別	～2km	2～4km	4～6km	5km以下(推計)
三大都市圏政令市	22.5	16.7	11.0	44.7
三大都市圏その他	24.5	18.1	11.2	48.2
地方中枢方都市圏	22.9	15.3	11.7	44.1
地方中核都市圏50万人以上	24.0	21.0	14.0	52.0
地方中核都市圏50万人未満	26.2	20.7	13.9	53.9
地方中心都市圏	30.1	21.1	12.9	57.7

(出典：国土交通省「全国都市パーソントリップ調査 1. 基礎集計編」p.18、p.24、1999年より筆者作成)

合は、ショッピングセンター来街者（ほとんどの人が車利用者）、および駐輪場利用者（全部の人が自転車利用者）のいずれの範疇の人も約65％以上とかなり高くなっている。

しかし、現実に自転車で行ける距離の移動が多くなければ、意味がないのであるが、パーソントリップ調査では、自転車での移動に適した5km弱以下の距離の車の移動が全体の移動の中で多くの割合を占めている。すなわち、表1・7によると、車での移動は、人口が少ない都市に行けばいくほど、5km以内のトリップの長さの者が増え、移動距離が短くなる。地方中核都市圏50万人以上より下は半分以上が、5km以内であり、地方圏になればなるほど自転車での移動が可能と思われる近距離の移動割合が増加し、地方中心都市圏では64％にも達している。近距離移動でも、車が多用されているのである。

以上から、都市内の人の移動では、自転車を活用することが時間的に有利であり、また、その有利な距離は多くの人にとって移動できる範囲内であり、さらに、現実の移動実態から見ても、自転車にふさわしい距離以内の移動が多くあることがわかる。また、この結果によると、車から自転車への転換が量的に大きな意味を持つぐらいに、近距離の車のトリップが高い割合であることがわかるのである。

なお、自転車の利用にマイナスとなる天候や地勢があるとしても、その地域の特性に応じて、無理をしない範囲で自転車を利用すれば足りるものである（自転車利用が不可能な雨の日は、雨量のデータから平均的には、月4～5日であると考えられる）。大きな問題点は、自転車の活用の可能性があるにもかかわらず、これを活用しないことである。このために、得られる大きなメリットを無駄にし、消費される化石燃料と地球環境に負荷をかけるという損失は大きい。

(4)徒歩・自転車の分担のあり方

しかし、近中距離では自転車の移動を常に優先して考えるべきかというと、必ずしもそうではない。「歩いて暮らせるまちづくり」が標榜されているが、上記の図1・4の国交省の示したグラフでは、500m以下は、徒歩が有利である。

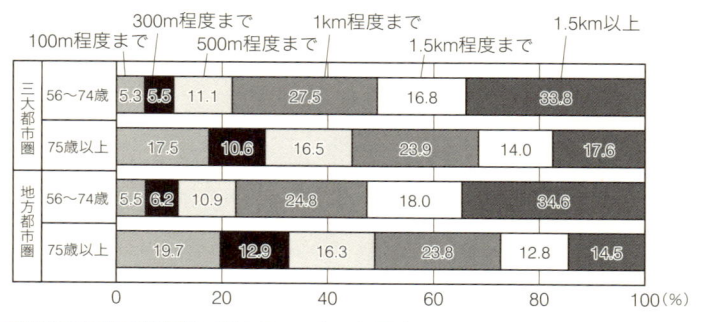

図1・5　高齢者の移動可能距離に関するアンケート調査
※「500m程度まで」以上可能な割合は、75歳以上で55.5％（三大都市圏）および51.1％（地方都市圏）となる（出典：2005年全国都市交通特性調査中の「都市交通に関する意識調査」より筆者抜粋）

　また、高齢者の徒歩での移動可能距離について調べた結果では、図1・5のグラフのようになっており、これをよく見ると、75歳以上の人でも、500m以上歩いて行けるとしているのは、5割を越える（図1・5の※印）。これを考えに入れると、たとえば、500mまでは徒歩で、それを超える5km弱程度までを自転車でという分担が、人々の移動実態や意向にもとづいた現実的なあり方と考えることができる。この場合にあっても、その地域の人々の運動能力、意志、天候、地勢等にあった交通の分担割合をみんなで考えることが、きわめて大切であると思われる。
　もちろん、この中で利用実態に見合った公共交通があれば、その利用を推進するとともに、可能な範囲で、公共交通に自転車を持ち込むことができるようにするなど、公共交通と自転車の連携を図ることが重要であるし、欧米などでは普通に行われている。

（5）近距離での自転車と他の交通手段との分担

　また、国土交通省都市・地域整備局の資料によれば、移動距離別の交通手段の分担率は次の表1・8のようになっている。
　徒歩は、1km以内は圧倒的に高い割合であり、また、自転車は1～2kmがピークとなっている。公共交通である鉄道・バスは、2kmまでは極めて低いが、2kmを超えると5％程度になり、さらに徐々に増加している。2kmを境にして

自転車が減少し、公共交通である鉄道・バスがその割合を高めている。これが逆転するのは、5km である。

このような利用者の意志・可能性、現実の有利性等、さらに分担率の実態から、自転車と他の交通手段との距離別の分担方法は、表 1・9 のようなものがあり得ると考えられる。なお、この場合、車は、自転車よりも移動距離が長い場合、公共交通が提供されていない場合、悪天候、手荷物が多い場合など、他の交通手段では対応できないときに限定して、交通手段として位置付けることが適当である。距離その他の条件によりメリハリをつけるべきである。

この表 1・9 の場合に、自転車と公共交通とが一部重なるが、この重なる距離での分担関係については、一つの試案として、表 1・10 を提案する。表 1・10 は、都市類型、都市間・都市内、放射状と環状、幹線と非幹線・フィーダー線、バス路線有無、バス停での駐輪場施設の存否などにより分類して、分担を考える

表 1・8　距離別の分担率

(2005 年全国全目的　単位%)

距離帯	徒　歩	自転車	二輪車	鉄道・バス	車
0 〜 1km	63.2	22.0	1.2	0.3	13.3
1 〜 2km	37.0	27.5	2.1	1.8	31.6
2 〜 3km	19.7	24.9	3.6	4.7	47.1
3 〜 4km	8.4	20.7	3.6	7.8	59.5
4 〜 5km	4.9	16.6	4.4	10.6	63.5
5 〜 6km	2.8	11.9	3.8	12.7	68.8
6 〜 7km	1.8	11.1	5.3	18.0	63.7
7 〜 8km	0.6	9.5	3.9	19.2	66.8
8 〜 9km	1.0	6.9	4.5	17.1	70.6
9 〜 10km	0.6	4.9	1.5	21.9	71.1

(出典：国土交通省「2005 全国都市交通特性調査結果」より)

表 1・9　距離別の分担関係

距　離	手　段
0.5km 以内	徒歩
0.5 〜 5km 弱	自転車
2km 〜	公共交通
5km 弱程度〜 (他の手段が利用できない場合)	車

※距離別に、交通手段として優先して位置付けるべきものを示す

表1・10　距離的に競合する区間の公共交通との分担・連携関係

類　型	自転車	公共交通
移動距離	500m〜5km弱の移動	2km〜の移動
都市類型	大都市およびその周辺（放置問題が著しい地域）＝自転車直行型の移動	地方都市（放置問題が著しくない地域）＝自転車連携型の移動
都市間・都市内	都市内の移動	都市間の移動
移動の形態	環状型またはフィーダー的移動	放射型または幹線上の移動
駅までの移動	バス路線なく、かつ近距離の移動	バス路線あり、かつ中距離の移動
気候	雨、寒暑時以外の移動	雨、寒暑時の移動
駐輪場	目的地に駐輪場ありの場合の移動	目的地に駐輪場なしの場合の移動
自転車とバスの連携方法	バス停の駐輪場なしの場合は、自転車での直行型	駅やバス停での駐輪場ありの場合は、自転車と公共交通との連携、バスの車体に自転車ラックのある場合

ものである。自転車とバスが競合するといわれるケースは、主にバス路線が駅を中心に放射状に設定されており、かつ、自転車が同様に自宅から駅までの端末交通として利用されている場合についてである。本来の推進すべき自転車利用は、駅までのような端末交通の形態ではない。都市内で自分の任意の用務の目的地に直接行く直行型の自転車利用である。自転車利用促進策のターゲットとすべき自転車利用のあり方と駅中心の放射状のバス路線とは必ずしも競合するようなものではない。ただ、実際に競合することもあるので、自転車走行空間の確保は、むしろ都市内の任意の地点間での移動が可能となるような格子状のネットワークを中心になるように配慮するべきである。

(6)自転車との連携で公共交通の客を増やせる

　自転車は、公共交通との連携を通じて、その利用者を増加させる。この共存共栄の考え方は、欧州では常識になっており、表1・11のように、この連携は客の範囲を16倍にも拡大するとされ、駅前やバス停前の駐輪や車体への持ち込みは、公共交通の貴重な客であると考えられている。また、自転車を持ち込んで一緒に目的地までの駅や停留所まで行くことも重要視されている。

　公共交通との連携を重視しているベルリンの自転車戦略では、自転車の駐輪施設の増強と列車の持ち込みを重要な施策（特に後者を重視）としている。

　スイス国鉄では、駅のホームに上るため、写真のようなスロープになってい

> **ベルリンの例（ベルリンの自転車戦略 2004 第六章の抜粋）**
>
> 　停留所や駅への自転車での往復は、公共交通の利用可能範囲を拡大する。一方で、列車やバスは本来ならば誘致範囲に入っていない顧客が自転車を利用することにより乗車することを可能にする。この複数の交通手段の連携が移動時間の著しい短縮を図ることを可能とする。これにより、多くのルートを使って車で移動するメリットを減少または排除することになる。ベルリンでは、自転車による移動の約10%が公共交通の利用（主として郊外鉄道）をともなう。このような移動の80%がパークアンドライドにより行われており、20%の移動が列車持込みである。近年には、このような組み合わせの環境は、かなり改善された。すなわち、ラッシュアワー時の自転車の車内持込み禁止が廃止された。また、トラムは今や自転車を収容し、自転車駐車施設や自転車と人の昇降に使うエレベーターを備えた駅がどんどんと増加している。さらに、新しい料金システムが導入され、自転車を持ち込む料金も安価になった。1990年初頭からの交通分担の推移を見ると、このような緩和措置は、自転車と公共交通の組み合わせ利用を着実に増加させている。しかし、まだ改善の余地があり、特に駐輪空間の設置やプラットフォームに対するアクセスなどが課題である。しかしながら最も重要な点は、新規の顧客をひきつけるために、公共側はより高い水準の設定の必要性に対する認識を一層強める必要があることである。

表1・11　公共交通への到達可能範囲の拡大（徒歩と自転車）　16倍の面積から誘致

	時　速	10分間の到達距離	到達可能面積
徒　歩	5km/時	0.8km	2km²
自転車	20km/時	3.2km	32km²

て、自転車や車いすをスムーズにあげられる。また、ニューヨークの地下鉄では、ラッシュの時間帯（7〜10時と16〜19時）以外は、ホームまでの設備のないところでも、自分で階段をかついでおりれば、全面的に自転車を持ち込めるし、自転車を持ち込むときのルールを広報啓発している（持ち込む車両は、先頭か最後尾の車両にするこ

図1・6　スイス国鉄の駅のホームの登り口

○ラッシュアワー以外に持ち込むこと
　他の乗客とのトラブルになるから
　避けること

○階段を自分で運ぶこと
　エスカレーターが混んでないときに
　階段面を転がさないこと

○サービスゲートを使用のこと
　一般改札口は通らないようにすること

○端の車両に乗せること
　最もすいている車両に乗せること

○自転車の横に立つこと
　他の人が座れるようにする
　他の人の出入りを妨げない

図 1・7　ニューヨーク地下鉄の自転車持ち込み
（出典：ニューヨーク自転車マップ）

図 1・8　サイクルタクシーの例
（出典：太田タクシー HP）

表 1・12　自転車持ち込み可能な鉄道・バスの例

熊本電気鉄道（熊本）
日本中央バス（バス）
明智鉄道（岐阜県）
三岐鉄道（三重県）
松浦鉄道（長崎県）
近江鉄道（滋賀県）
龍ヶ崎線（関東鉄道・茨城県）
札幌市地下鉄、近畿日本鉄道など（実験）
茅ヶ崎市（神奈川県）　日本で初めてバスの前面に 2 台 ラック
サイクルタクシー（遠州鉄道、盛岡市の太田タクシーなど）

（出典：各社 HP）

自転車とバスの連携の実例　バス利用者限定の無料駐輪場（茅ヶ崎市）茅ヶ崎市 HP
バスに乗り換える人専用の無料駐輪場を整備している。2006 年時点での設置状況は、市内の 4 箇所のバス停に自転車駐輪場を整備しており、それぞれ 20 台近く収容可能となっている。 
　　○古川バス停付近の空地 35 台
　　　（道路北側 17 台、道路南側 18 台）
　　○松風台バス折り返し場 18 台
　　○鶴嶺小学校前バス停 15 台
　　○堤坂下バス停付近 15 台

> **自転車とバスの連携の実例　自転車ラックバスの運行　神奈川中央交通HP等**
>
> 神奈川中央交通株式会社（本社：平塚市）により、2009年3月26日（木）〜8月31日（月）の間、自転車の積載が可能な路線バス（前面への積載ラック設置は日本初の形態）の運行について、実証実験が行われた。実証実験の結果において大きな問題もなく、利用者からも好評だったことから、2009年9月1日（火）以降も本格運行として、運行を継続している。
>
> 　社会実験中に実施したアンケートでは、自転車ラック利用者の目的は、買物、レジャーが多く、利用した上での感想は75％の方が良いと回答しているなど、好評であった。また、自転車積載料金について、運賃に加えて100円という回答が多く得られている。利用者、非利用者に聞いた今後の利用意向については、レジャー目的（38％）、通勤通学目的（30％）という回答が多い。
>
> （写真提供：神奈川中央交通株式会社）

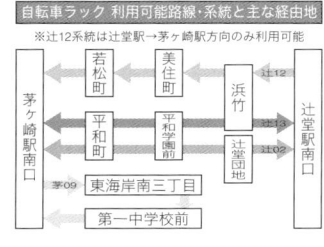

となど）。わが国でも、ラッシュの少ない地方圏を中心に、列車バス等への持ち込みの実例があるが、都市部では、まだまだ本格的ではない。

　また、タクシーにラックを設けてここに自転車を積載することができるサイクルタクシーの実例もある（図1・8）。これは、片道ごとに自転車とタクシーを使い分けるものである。坂道、飲酒、距離、荷物など前後で状況が異なる場合に利用される。

　以上のように、自転車は、公共交通と競合することを問題視するよりは、むしろ連携強化により、公共交通の顧客を増やすということをめざす必要があり、さまざまな工夫と取り組みの実例の積み重ねにより、その分担連携は十分に可能であると考えられる。

3　自転車は生活習慣病の予防につながる

　それでは、自転車利用の環境面や公共交通との分担・連携以外のメリットはどうか。ここで重要な点が、健康の側面である。

(1)生活習慣病の医療費と死亡原因

　先述のように、アメリカが何で自転車を取り上げるかという大きな原因になったのは、米国国民の健康である。自家用車に頼り切った生活は不健康で、生活習慣病の一つの大きな原因であるとの認識であったことは周知の事実である。現在アメリカは9000億ドル、90兆円ぐらいの医療費を使っている。日本の医療費は、今、図1・9のように32兆円で、これはアメリカの3分の1ぐらいであり、そのうちの3分の1の10兆円が生活習慣病関連である。また、日本人の死亡原因を見ると、生活習慣病は3分の2に上っている。つまり、医療費の面でも、死因の面でも、生活習慣病が非常に大きな割合を占めているということがわかる。アメリカはこういうところに注目したのである。

　なお、アメリカの生活習慣病関連の医療費の内訳は、がんよりは心臓病が1位で、これだけで35兆円もかかっている。こういうことが自転車政策重視の問題意識の発端にあったかと思われ、自転車利用の促進でこの生活習慣病の克服の一助にしたいと考えたのである。

　日本の場合、死亡原因で一番多いのが図1・9のように悪性新生物、すなわち、がんである。がんは全体の3分の1ぐらいになっている。そして、がんの罹患部位別に見ると、表1・13のように大腸がん（結腸と直腸の合計）が男性では2位、女性では1位で、女性では乳がんが2位になっている。

　また、図1・10のように、その悪性新生物が原因で死亡する人数は、心臓疾患や脳血管疾患などに比較しても、ますます上昇しており、この対策が医療費の削減にとっても急務であることがわかる。次に述べるように、このうちの大腸がんと乳がんは自転車こぎによる抑制に効果があるとされている。もちろん、高齢者の生活習慣病にかかる医療費の増大が大きいが、壮年期以降で、自転車

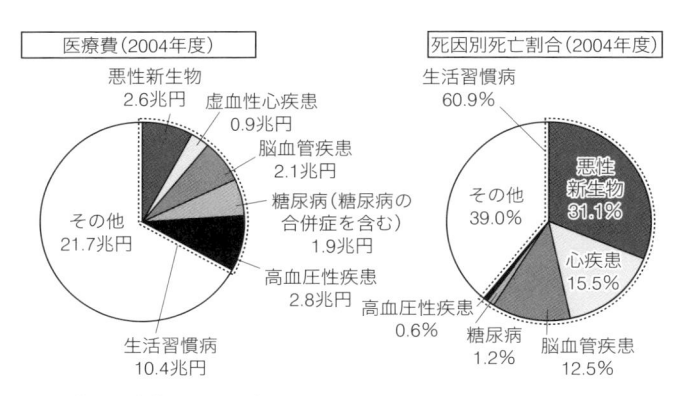

図 1・9　生活習慣病の医療費および死亡原因　(出典：2007 年版厚生労働白書)

表 1・13　がんの発生部位の順位（2000 年）

	1 位	2 位	3 位	4 位	5 位	
男　性	胃	肺	結腸	肝臓	直腸	結腸と直腸を合わせた大腸は 2 位
女　性	乳房※	胃	結腸	子宮※	肺	結腸と直腸を合わせた大腸は 1 位
男女計	胃	肺	結腸	肝臓	乳房※	結腸と直腸を合わせた大腸は 2 位

※上皮内がんを含む　(出典：国立がんセンター資料)

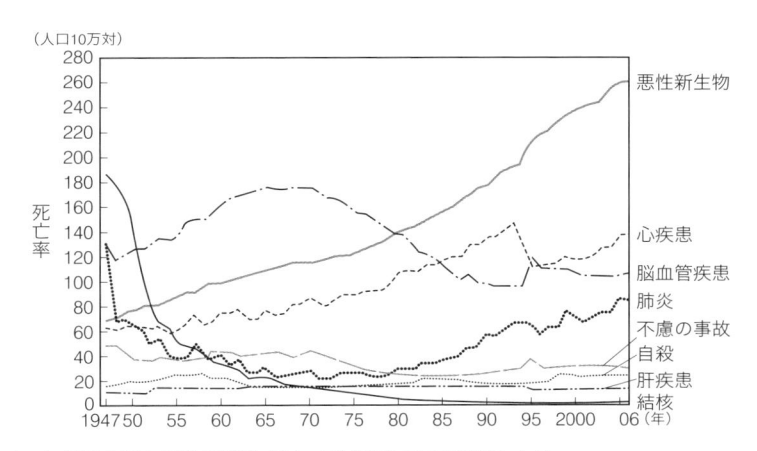

図 1・10　わが国の死亡原因の推移　(出典：厚生労働省「人口動態調査」より)

　通勤等による積極的な自転車活用を行い、適切な運動量をこなせば、高齢期でのこれらの大幅な削減に寄与できるものと考えられる。

(2) 生活習慣病に対する自転車活用の効果

　表1・14は、イギリスの自転車推進機構という公的機関が2007年の11月に公表した資料である[注6]。自転車を推進する立場から、自転車がどれだけ生活習慣病の抑制によいかということを、医学専門誌の論文から地道に集めて、学術的にまとめている。とくに疫学的による立証がなされた形で、具体的に、個々の生活習慣病ごとに分けて紹介するというところが、今までの資料と大きく違う点である。

　それによると第一に、死亡率について、コペンハーゲンの4万人のデータをもとに、自転車通勤をしていない人はしている人に対して、死亡率が39％高いことを疫学的に立証している。

　第二に、冠状動脈や心筋梗塞、脳梗塞、糖尿病などは、適切な運動をしていれば相当割合で防止できるということを立証している。これに加えて、最近の研究からは、がんの予防にも効果があることがわかってきている。すなわち、大腸がんと乳がんの二つについては、肉体運動が効果があるとされている（胃がんや肺がんに対しては、因果関係が薄いとされている）。肉体運動が十分足りていると、大腸がんの場合、40〜50％発生の危険性を減らせる。乳がんの場

表1・14　生活習慣病に対する自転車利用の有効性

項　目	内　容	備　考
①死亡率	非自転車通勤者は自転車通勤者に比べて、死亡率が39％高い	左の39％は、コペンハーゲンの4万人の疫学的データによる
②冠状動脈・心筋梗塞	発生の危険性の軽減のため、予防に中年時の低燃焼運動が有効	心臓疾患は、死亡原因のうち、男性の1/4、女性の1/6を占めている
③脳梗塞	発生の危険性の軽減	予防に軽度・中度の運動が有効
④糖尿病	発生の危険性の軽減（33〜50％）	肉体運動の欠如による
⑤大腸がん	発生の危険性の軽減（40〜50％）	肉体運動の欠如による
⑥乳がん	日常自転車利用ありの場合、34％発生の危険性の減少	エネルギーバランス肉体運動の欠如
⑦体重過多・肥満	軽減できる（成人人口の50％が肥満）	肥満の軽減は、高血圧、冠状動脈疾患、糖尿病、慢性関節炎等の原因の除去効果
⑧精神	精神の安定・情操の維持・自信の高揚が図れる	季節感の体得、まちの再発見、レクリエーションなどによる

(出典：イギリス自転車推進機構「自転車と健康」より筆者作成)

合は、日常生活に自転車利用がある場合、34％発生の危険性を減少させる。これらは 90〜95％の確率でいえるとしている。このため、自転車を日常反復して乗ることによって防ぐことができるという意味の予防効果は高い。なお、がんの原因としては、喫煙、食事、運動、飲酒という代表的な生活習慣要因が68％を占めるといわれている[注7]。

　がんが自転車の反復継続運動と関係がある理由を医学の専門誌でたどってみると、がんというのは増殖する際に脂肪と塩をたくさん必要とする。そのための兵糧を絶つことが一つの対策である。脂肪や塩は、体に摂取しないといけないが、余分にとってしまって体に残すと、がん細胞は、おいしいものがやってきたということで、どんどん吸収して増殖することがわかってきている[注8]。

　したがって、脂肪などのエネルギーバランスがとれないような生活をすると、がんの危険性が高くなる。ということから考えると、健康の増進にとって自転車利用は非常に役に立ちそうだということが理解できる。

（3）他の運動と比べた場合の自転車こぎのメリット

　しかし、他の運動、たとえば、ジョギング・ウォーキングなどでもよいではないかという疑問がわく。そこで、自転車こぎの運動形態の特徴を見てみる。自転車こぎは、理想的なものだといわれる三つの特徴がある。

①自転車こぎは特別の時間を使わなくてすむ

　一つ目は、特別の時間を使わないで、日常生活に組み込まれ、必要な移動時間中にできることである。たとえば、アスレチックは、費用と時間をかけて、アスレチッククラブに通うか、または自宅でも場所と時間を用意する必要がある。ジョギングは、通勤や買物では、実践が難しく、また、ウォーキングは、誰にでも可能かもしれないが、距離をかせぐのはなかなか難しい場合が多い。また、これらは、通勤や買物以外では、特別の時間が必要となる。朝早く起きたり、仕事や夕食の後などに時間を割いて行う必要がある。意思が強くないと三日坊主につながる。

②自転車こぎはしんどくない

　二つ目は、自転車こぎは、呼吸が通常より深いが、息切れがしないことである。たとえばジョギングは一般人ではすぐに息切れがするストイックな運動になってしまって、苦しくて我慢できない人も多く、これも三日坊主の原因になってしまう可能性がある。

③自転車こぎは膝に負担がかからない

　三つ目には、自転車こぎという運動形態は、体重の負担の70％が、サドルやハンドルで吸収されて、3割しか膝にかからない。これは次の④で述べるように膝や腰の悪い人はもちろん一般の人にとっても、非常に大切なことである。

④項目別に整理した場合の自転車こぎの際立ったメリット

　表1・15は、運動形態としての自転車こぎとジョギング、水泳との各種項目に関する比較である。場所の制約、時間の制約、行動範囲、運動持続時間、運動強度の調整、膝・腰の悪い人、運動中の会話および医学的安全性の8項目が比較されている（山崎元先生らの分類による）。この表では、グレーのところはメリットになっている。自転車こぎは、少なくとも八つの項目の全てについて、メリットとしてのプラス評価となっている。すなわち、自転車は、場所、時間の制約がない、移動範囲が広く、運動持続時間が長く、また、運動強度の調整

表1・15　自転車こぎと他の運動形態との比較

比較項目	自転車こぎ	ジョギング・散歩	スイミング
場所の制約	自由	自由	限定（プール、海）
時間の制約	自由	自由	限定（泳げる時間）
行動範囲	広い	狭い	非常に狭い
運動持続時間	長時間	長くは続かない	比較的短時間
運動強度の調整	範囲が広い	範囲が狭い	範囲が狭い
膝・腰の悪い人	可能（体重の3割）	困難（体重の5〜6倍）	可能（歩行で体重の1/2〜1/3）
運動中の会話	前後の人で可能	前後・並走の人で可能	水につかっているため困難
医学的安全性	高い	比較的高い	制約（血圧、狭心症等）

※ハッチの部分はメリットに、ハッチのない部分はデメリットに相当する（出典：山崎元ら『中高年のためのスポーツ医学』（世界文化社）より筆者作成）

範囲も広い。さらに膝の悪い人でも、自転車こぎは可能であるが、散歩やジョギングでは、膝に体重がかかる。具体的には、散歩でウォーキングする場合でも、着地の際に膝に体重の2〜3倍の重力がかかる。さらに、ジョギングでは、これが4〜6倍かかる。水中歩行は膝によいといわれているが、膝にかかる体重は、へそまでの水中歩行で体重の2分の1、首までつかってやっと自転車と同じだけの体重の3分の2を軽減できるという。これらに加えて、自転車は、場所の制約もほとんどない。スイミングはプールや海や川に行かないといけないし、海や川は季節に制約があり、また、おぼれたりする危険性もある。全体では、ジョギングは半分の四つの項目がマイナスの項目となっており、また、スイミングでは、膝にかかる重さを防ぐことは可能であるが、それ以外の項目についてはマイナスの評価となっている。

このように考えると、1日30分程度の有酸素運動を継続して週5回程度行うことができる通勤や買物などでの自転車こぎは、最も理想的な運動形態であるといえる。

自家用車の普及に伴い、自家用車による通勤や買物が一層増えている。その人たち全てに自家用車をやめて自転車にというわけにはいかないが、移動距離の割合から考えると、その半分ぐらいの移動が自転車に転換できる可能性を持っている。このような移動に、少しでも、また、若い年齢から、自転車に転換してもらえるように、各種優先的な施策を講じて、生活習慣病による国民健康医療費をどんどん減少させることが可能となる。そうすれば、歳出削減に効果のある施策として、公共事業による自転車走行空間の整備にももっと多くの予算を確保でき、さらに一層自転車利用が盛んになり、ますます医療予算が削減できる。後代にも、自転車活用のための良好なストックを残すことができるもっとも生産的な方法ではないかと考える。

4　ライフスタイルも豊かにでき、子供の発達にもよい

①五感による地域の魅力の再発見

　車での移動は、気候、寒暖、天候等の影響がなく、エアコンを利かせた室内で快適に目的地まで行ける。これは、車の大きなメリットである。このために、長い距離でもドアツードアで快適に行けるという大きなメリットを生かして、車は移動割合を拡大してきた。

　しかし、このような移動は、極めて有効かつ快適であるが、外部と隔絶された異空間で移動するため、四季を十分に感じることはない。多くの野菜が年中手に入る生活に季節感がないのと同じで、車で移動する生活も、十分な季節感を得ることができない。また、車は速度も速く、まち並みの景観はどんどん後ろに流れて、移動時にまち並みを楽しむことや新しい発見はあまり期待できない。このように五感で感じられる総合的な季節、まち並み、景観、雰囲気など移動の途中の過程の楽しみを享受することはできない。

　自転車は、徒歩に比べると速度は速いが、自分で自由に調整でき、興味や優れた美観のある眺め、建物などがあれば、立ち止まって鑑賞や景観の楽しさを満喫でき、地域の魅力の再発見ができる。目的地まで急いで行くことのみをめざす人には、このようなことは関係がないかもしれない。しかし、スローライフとして移動の過程を大切にする人にとっては、ある程度の移動距離をカバーできつつ、まちの環境を味わうことができる極めて有効な移動手段である。

②時間と金銭の無駄を省き文化、芸術、趣味などに活用できる

　自転車は、5km弱までの近中距離では、時間的にも早く着けるとともに、渋滞に巻き込まれることがなく、移動時間の節約と渋滞による時間ロスをなくすことができる。また、消費される燃料費や車の維持費、これに加えて健康維持のためのフィットネスクラブに費やされる金銭や時間なども馬鹿にできない。これらの時間や金銭を有効に活用して、読書や趣味、文化活動などに有意義な人生を送ることができるのである。

③災害時の移動を支える

　大地震等の災害時は、公共交通や道路が寸断されたり、通行禁止になったりする場合にも、自転車は担いで乗り越えたり、迂回したり、さらには船に積んだりして容易に移動でき、救助などの移動、避難や帰宅のための移動も困難になることもない。このように自転車は、ライフスタイルを豊かにできるとともに、安心安全の生活にも寄与できる可能性を秘めている。

④子供の心身両面の発達にもよい

　近年先進国では、肥満児の割合が増加している。わが国の場合にも、肥満児の割合（14歳）は、1983年に9％であったのが、93年には12％、2003年には14％と増加傾向にある（文部科学省資料）。これは、子供たちが塾やゲーム機などの普及などにより自分の判断で外で遊んだり、動き回ることが少なくなっているとともに、親が子供を目的地まで自家用車で送迎することが多くなってきたことも原因である。子供がいったん肥満になると、大人になってからもその肥満をずっと引きずることが多い。本当は、子供たちは自転車を利用して自由に移動したいと思っている。発達過程にある子供が学校の体育の時間だけの運動で十分とはいえず、自分で外出して大いに運動したり動き回ることも大切である。また、この際に自分の意志と判断で安全を確認して、地域を移動するという子供の判断能力の醸成と自主性、社会性の回復を図ることも大切なことである。

　自転車の活用は、この子供の運動と体力の向上、肥満や生活習慣病の改善、そして、これらの精神的な能力の発達を促すものであり、子供の心身の発達に大いに貢献する。

　さらに、親たちが自家用車ばかりに頼り切っている生活に対するアンチテーゼとして、実践的な環境教育にもなる。自転車の活用がどれだけ健康と経済、環境に寄与するかということを理解してもらう内容を自転車教育に含めれば、その効果は高い。「三つ子の魂百まで」のたとえの通り、子供に対する自転車の大きなメリットと実践的な活用により、健康的で、活動的なライフスタイルを奨励することは、大人になってからもこの継続を促す環境教育となる。

　また、親たちも、このようなしっかりとした環境教育があると、自分たちが

車に安易に頼り切った行動を取っていては、子供たちに環境の大切さを教えることはできない。親たちも自ら反省し、自転車の活用による心身の健康の向上や環境に対する寄与が同時に可能となる。

　これに対して、子供たちの自転車活用は、交通安全や誘拐等の危険等からも、なるべくなら回避したいという意向も多くの人々の間に存在する。しかしながら、かわいい子供に旅をさせ、上に上げた大きなメリットを享受することができるようにするとともに、このような安全の課題に対して、地域ぐるみで取り組むというきっかけを作る。結果的に自転車を活用する前の状態よりもはるかに安全性を向上できるだろう。特にわが国では事故が起こったらせっかくのメリットが台無しになることは目に見えている。このためにも、必死で地域での安全性の確保に対する意識の向上と努力がなされることが期待されるのである。

⑤ 安全学習もしっかり実施されている

　自転車の交通安全の推進に関しては、学校では、自転車安全教育を含めた交通安全教育が、現在の学習指導要領等のもとで行われている。このうち、安全学習としては、体育または保健体育の保健領域や「総合的な学習の時間」等の中で行われ、安全指導としては、学級活動やホームルーム活動、学校行事、生徒会活動、クラブ活動等の中で行われている。また、現実に、自転車の通行方法に関するルール等を教えたり、自転車走行の実技指導を行う自転車教室は、数多く開催されている。一部には、スタントマンを活用して、交通事故の現場を目前で再現してみせて大きな効果を上げたり、高校生が携帯電話の使用中に他人を死亡させた場合の損害賠償金額を示すなど、事故の責任の大きさを具体的に示して意識を向上させている例もある。2006年では、警察主催の自転車教室は、2万4971回開催され、のべ

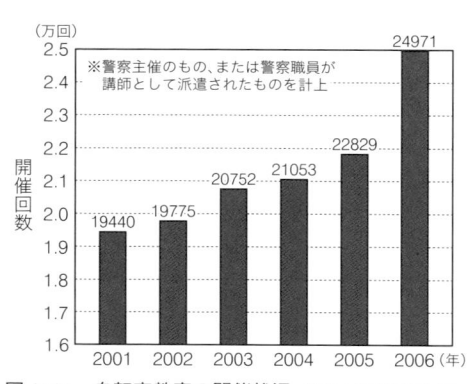

図1・11　自転車教室の開催状況　(出典：警察庁資料「自転車の安全利用の促進に関する提言」)

※警察主催のもの、または警察職員が講師として派遣されたものを計上

年	開催回数(万回)
2001	19440
2002	19775
2003	20752
2004	21053
2005	22829
2006	24971

276万1524人が受講した（図1・11）。このうち、小学生は170万人、中学生が41万人、高校生が35万人となっている（図1・12）。これらの努力により、安全教育は、相当程度浸透してきているのである。

しかし、安全教育のみを実施するよりは、積極的に自転車利用のメリットや重要な役割をアピールして、自転車利用を促進する方向の中での安全への取り組みも重要であり、世界的に見ても効果を上げている（第4章3）。たとえば、自転車利用者は、積極的に自転車を利用する中で自転車のルールの意識の向上と遵守を励行すること、車のドライバーは自転車利用が盛んになると自転車が走行していることを前提にして運転するようになること、行政も自転車利用を促進をする以上、最優先で自転車の安全対策を講ずるようになることなど、自転車利用を前向きにとらえることが安全性の向上につながることが立証されている。

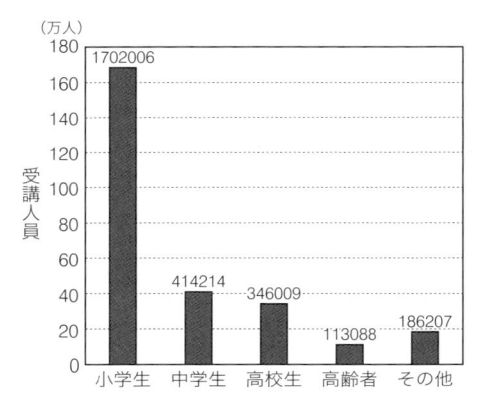

図1・12　受講人員　（出典：警察庁資料「自転車の安全利用の促進に関する提言」）

⑥地域ぐるみでの取り組み

日本では地域ぐるみで、子供に対して自転車の安全運転のための教室は数多く開催されているが、子供たちに自転車の利用を推進する例は少ない。すなわち、自転車の安全性の向上を目的にしており、その効用を説いて、もっと利用しましょうというような環境教育につながる内容ではない。

しかし、外国では、子供たちの肥満を解消し、体力を養うとともに、判断能力、自主性などの人格形成に役立つ実践的な教育手段であると認識されている。そして手軽で簡単に、しかも、移動の際にできる運動として、子供たちのセキュリティの確保とセットになって、国家的なプロジェクトとして、地域ぐるみで推進されている。例えば、米国や英国では、国の最重点課題として、国によ

るさまざまな取り組みがなされている（米国 SAFE ROUTE TO SCHOOL など）。これらの内容は、自転車通学の推進が中心であるので、p.80 第 2 章 4 の自転車通学の推進の箇所で解説する。

5 　主体別にみた自転車利用のメリットとその訴え方

(1)主体別・項目別にみた自転車利用のメリット

　自転車のメリットは多種多様で、数え上げれば切りがなく、それを単に羅列していては理解しにくいと考えられる。そこで、全体を主体別のメリットと項目別のメリットにマトリックスで整理すると表 1・16 のようになる。
　まず、主体別であるが、個人にとってのメリット、企業にとってのメリット、地域・自治体にとってのメリット、国にとってのメリット、さらに、地球にとってのメリット、と分けて考えることとする。さらに、縦軸では、メリットの性質によって、経済性、環境性、健康性、時間性という項目別に整理してわかりやすくすることとする。
　この中には重複しているものもあり、同じ内容が何度も出てくる。これは、同じメリットが異なる主体別の項目にもあるためである。
　それでは、なぜこんなメリットを主体別と項目別に整理するかである。まず、従来は、主体別に、箇条書きにして説明していたが、メリットの項目が多すぎ、かつ、多様であり、主体別に項目ごとに表に整理した方が自転車のメリットの全体の体系を理解しやすいためである。
　また、このように主体別にメリットを整理するのは、重要な意義がある。すなわち、自転車利用の促進を呼び掛けまたは説明する際には、主体別にそのメリットが異なる点が重要である。第 2 章で述べるように、自転車利用者である市民とこれを支えるべき自治体で、自転車利用のメリットの認識がまったく異なっている。自転車利用者は、自転車の手軽さ、経済性など身近な点を重視しているが、自治体は、まず、地球環境を重視している。市民のことを考えて、

その経済性などを重視している自治体は極めて少ない。また、企業、地域、国、地球などでも、表1・16のように優先すべきメリットの項目や内容が立場によって大きく異なるのである。これをすべての主体に一律に同じような内容で提示し、説明するのは、効果が薄いし、意味のないことである。

それぞれの訴求対象ごとに、その項目や内容、さらには、提示の順位を変えることが必要である。この表は、そのようなためにも、訴求対象とその項目を分けて考えることを提案するものである。

①利用者個人のメリット（表1・16のaの欄）

自転車は、個人にとって、1. 初期費用、運行費用、管理費用等の移動に必要

表1・16 自転車利用のメリット主体別項目別一覧

	a. 個人	b. 企業	c. 地域・自治体	d. 国	e. 地球
1. 経済	安価な車体で初期費用、運行費用、管理費用、維持費用の削減。健康費用不要。移動手段の平等化	安価な車体で初期費用、運行費用、管理費用、維持費用の削減。健康費用不要。移動手段の平等化	健康費用、道路整備費用、公害対策費用の削減	健康費用、公害対策費用、道路整備費用等の削減。財政負担の軽減（医療費・健康費用）。エネルギー・資源の国外依存の軽減。貿易収支の改善	資源の枯渇、代替エネルギーのための食糧危機回避
2. 環境	公害（騒音、振動、大気汚染）加害者の回避。公害被害の削減	企業イメージの改善。通勤・営業活動による環境負荷の削減	良好な地域環境。車公害・交通事故の減少	国の環境の維持増進。交通公害対策の進展	地球温暖化防止、自然保護。環境負荷削減
3. 健康	生活習慣病回避。心身健康。体力維持。車公害の回避、季節感の体得	体調・健康良好な従業員で効率・意欲の確保	交通事故減少。国民健康保険の費用の減少、医療費の削減	国民全体の健康増進・生活習慣病からの解放。幸福度の向上	医療・健康のグローバルな改善
4. 時間	渋滞時間、運動時間の節約。自由時間の拡大。スローライフの実現。安心安全生活	企業活動の円滑化。時間厳守。労働時間有効活用	仕事の効率化。現場への到達、福祉巡回の効率化。災害・緊急時対応	移動の円滑化による時間節約。豊かな国民生活	時間節約。豊かな生活

※表中「健康費用」は、フィットネスクラブ、医療費などを、「移動手段の平等化」は、オーストラリアなどでいわれている貧困層や移民層でも移動手段を容易に入手できることにより、だれでも平等に移動する権利が保障されることをいう（出典：各国の自転車計画等より筆者作成）

な直接的な経済的負担の軽減、健康費用、医療費用等の間接的な経済負担の軽減など経済面、2. 公害の少ない、または加害者にならない環境面、3. 生活習慣病の予防、健康維持等の健康面、4. 渋滞による移動時間の軽減、ジョギング・フィットネスクラブ等に費やす時間の節約等の時間面（これからくるスローライフ、レクリエーション等のゆとり面を含む）の四つの面で大きなメリットがある。（番号は上表の該当番号）。

②企業のメリット（表1・16のbの欄）

　企業自身があまり気付いていないが、自転車の利用を奨励し、被雇用者の通勤や営業活動、日常の用務、その他に自転車を活用することは、企業にとって、大きなメリットがある。すなわち、企業は、経費削減、生産効率の向上が大きな命題であるが、企業活動のために必要な交通手段として、車を調達する場合、初期費用、運行費用、管理費用、維持費用等が必要になってくる。これに加えて、これを駐車するスペースが必要であり、駐車場の不動産購入調達、管理費用等が必要になってくる。これに対して、企業が自転車利用を促進する場合、1. 車の直接費用の軽減、通勤手当の削減（公共交通の定期代の節約）、従業員の健康費用等経費削減、健康保険の企業負担分の軽減（料率の改訂）、生産効率向上によるコスト削減、2. 通勤時や営業時の移動における環境負荷の削減への寄与、環境負荷の削減に努力や社会貢献をしているという企業イメージの形成等のメリット、3. 健康な従業員の労働による職場環境の向上（遅刻、欠勤等の減少）、また、職場の意欲の向上、4. 活動の円滑な実施として、アポイントの厳守による信頼性の確保、労働時間の短縮、従業員のゆとり回復等、時間的メリットなどがある。

③地域・自治体のメリット

　1. 自転車への転換による道路管理費用の削減、渋滞のための改良予算の削減、国民健保の収支改善、自転車活用による中心市街地の活性化等の経済面、2. 車交通量の削減による騒音・振動など公害の防止、地域環境の向上、交通安全の向上等の環境面、3. 交通事故の減少、通勤通学による市民の健康状態の改善等による市民の健康面、4. 自治体の職員の仕事の効率化、現場到達時間の削減、

福祉巡回その他の巡回の効率化、災害・緊急時の対応の迅速化等の時間的なメリットなどがある。

④国のメリット

1. 健康対策予算、公害対策予算、道路整備・管理予算の削減等による財政収支の改善、貿易収支の改善（石油の輸入の削減）等の経済面、2. 国の良好な環境維持・増進、交通公害対策の進展、低炭素社会の実現などの環境面、3. 国民の健康増進、生活習慣病の減少による国民の寿命の増進、健全な身体の形成等の健康面、4. 移動の円滑化による国民の生活のゆとり形成、豊かな国民生活の実現等の時間面のメリットなどがある。

⑤地球のメリット

1. 資源の枯渇、代替エネルギーのための食糧危機の回避等の経済面、2. 地球温暖化防止、自然保護、各種環境負荷削減等の環境面、3. 世界保健機構のめざすグローバルな健康状態に寄与するなど世界の人々のグローバルな健康の改善、4. 世界の人々の移動時間の短縮、スローライフの実現など時間的なメリット等が存在する。

以上のように、さまざまな主体に対して、実に多角的なメリットをもたらすことができ、また、トータルとしても、このようなオールラウンドなメリットを有する移動手段は自転車をおいて他にないことをあわせて強調したい。

（2）自転車計画等でのメリットの位置付け方

①メリットについて住民の見方と自治体の考えにずれがある

そこで、このメリットの理解について、住民と自治体でずれがあることを、具体的な例で見てみよう。次の調査は筆者が担当したアンケート調査であるが、全国の自治体に自転車のどういう点にメリットがあるか（自転車利用を推進する必要性）について質問したものである。これによると、「自転車は環境に優しい」が82.2％、「その分車が減り渋滞が少なくなる」が33.5％、そして、「市民の健康・経済上のメリットがある」が24％、そしてその他ということになって

表1・17 自治体の自転車利用を促進する理由 (回答数N＝454、複数回答)

項　目	割　合
自転車は環境にやさしい	82.2%
その分車が減り渋滞が少なくなる	33.5%
市民の健康・経済上のメリットがある	24.0%
自転車の施設整備が安価である	1.5%
その他	3.3%
合　計	100.0%

※回答自治体613のうち自転車施策の方向性として「利用促進」または「どちらかというと利用促進」を採りたいとするものの理由である。(出典：全国の市のアンケート調査2002（国土交通省総合政策局）筆者担当)

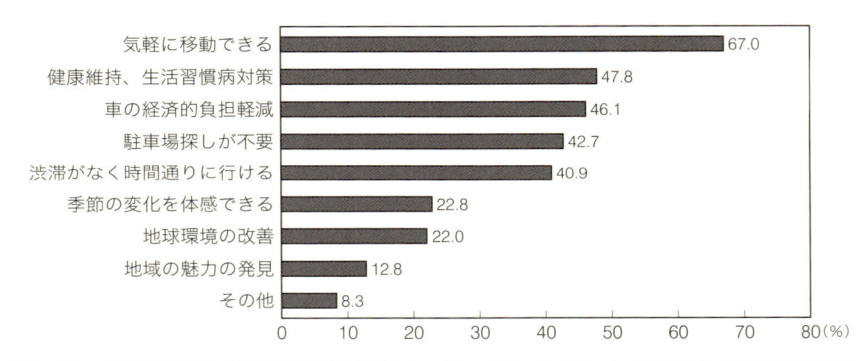

項目	割合
気軽に移動できる	67.0
健康維持、生活習慣病対策	47.8
車の経済的負担軽減	46.1
駐車場探しが不要	42.7
渋滞がなく時間通りに行ける	40.9
季節の変化を体感できる	22.8
地球環境の改善	22.0
地域の魅力の発見	12.8
その他	8.3

図1・13　自転車利用者の自転車に乗る理由 (N＝531)(出典：柏の葉キャンパスタウンにおける自転車利用者(駅前駐輪者)に対するアンケート調査結果)

いる。自治体は、「環境に優しいから」を大多数の団体が選んでおり、市民の健康・経済上のメリットは、4分の1しか、考えていない。

　これに対して、住民は、図1・13のグラフを見ると、自転車に乗る理由としては、「気楽に移動できる」（67.0％）や「健康維持・生活習慣病対策」（47.8％）、「車の経済的負担軽減」（46.1％）などが上位にあり、「地球環境の改善」（22.0％）は「その他」をのぞいて最後から数えて2番目となっている。

　1999年に当時の総務庁交通安全対策室が行ったアンケート調査結果での順位（これと同じような項目がある）でも、その他を除いて最下位から2番目である。この地球環境が課題になっている昨今でも、10年前と変わらない。これは、住民が地球環境を意識していないのではなく、それよりも、もっと追求したい動機を扱っていることを示している。

　ここに自治体と住民の意識のずれがある。市民は自転車に対して、気軽に利

表1・18　米国民の自転車利用の理由　　　　　　　　　　　　　　　　　　　　（複数回答）

	ポートランド（オレゴン州）	ユージーン（カリフォルニア州）	テンペ（アリゾナ州）	シアトル
運　動	72%	71%	30%	42%
楽しみ	58%	49%	37%	6%
環　境	52%	41%	5%	15%
コスト	37%	45%	12%	2%

（出典：米連邦交通省 1994　The National Bicycling and Walking Study Case Study No.1,p.18-19）

用できるメリットや健康や経済上のメリットを中心に考えている。これに対して、本来最も市民のことを考えるべき自治体サイドでは、市民のことをまず考えている団体が少ないのである。

　なお、このような住民の意識については、アメリカの連邦交通省も、認識しており、いくつかの地域で調査したアンケートにより、住民は、自転車に対して、環境の側面より運動や楽しみの側面をより期待しているという報告がある（表1・18）。ただしこの場合の環境というのは、1990年代前半のため、地球環境でなく、車公害による騒音や大気汚染のことである。

②対象ごとに訴えるメリットを変える

　表1・16のメリットの一覧表は、様々に活用できる。自転車計画の中で、自転車施策の重要性や他の交通手段に対する優位性・優先性を説明する場合に利用する。また、この計画にもとづいて、自転車をもっと使いましょうと説得するときに、誰にいうかによってメリットが異なることに注目して、説得する相手によって項目を変化させて、広報啓発する際にもきわめて有効である。たとえば、個人に向かって自転車利用を呼びかける場合には、個人が喜ぶメリットがあるなど対象によって取り上げる項目を変えることが効果を上げる。しかも、そのメリットも個人と企業、政府では重視する順番が異なるのである。しかし、自転車を利用するのは最終的には個人であるから、その個人に特有のメリットを、その重点を置く順番に強調して説明することが最も重要である。個人に企業のメリットを説明しても、間接的な説明にしかならないのである。さらに、個人は、筆者が調査したアンケートによると、経済的なメリット、すなわちaの1の経済性を一番重要視しており、地球環境は上位ではない。

よって、こういうアンケート調査の結果がある場合には、個人に利用を呼びかける際、経済的な問題、たとえば初期費用が車を買うよりは安上がりであること、ガソリン代も電車賃も不要なこと、管理費用、維持費用も不必要であること、健康費用や医療費がかからないことなど、経済メリットを訴求する。
　その次に、健康面で、生活習慣病にかからないこと、時間的にも渋滞に巻き込まれずに済むから、その分自由な時間が生まれて、趣味その他に生かすことができること、という形でどんどん訴求していく。
　なお、たとえば富裕層の多い地域に呼びかける場合には、この経済性よりは、aの3の個人の健康やaの4の時間の側面を強調した訴求もあり得るのではないかと考える。富裕層は、経済面よりも健康面や時間面を重視する可能性があるからである。このように、自転車利用を呼びかける場合にも地域特性や個人の属性などを考慮して行うと効果が高い。
　次に、自転車利用は、企業にとっても多様で大きなメリットがある。企業がメリットと考えるところを強調して、企業側から自転車通勤を奨励してもらう。
　さらに、たとえば、自治体の中で、何で自転車を優遇するのかという時に、自治体全体にとってもメリットがあるということが理解されないと施策の優先および予算の獲得などで説得できないと思われる。さらに、健康部局と自転車の健康活動への活用の議論をするときには、cの3の健康の側面を強調することが肝要である。
　このように、個人、企業、自治体など訴求対象ごとに、後ほど述べるようなアンケート調査結果などをもとにして、自転車の利用に当たって重視する順に強調して、自転車利用の必要性を説明するのである。
　これに加えて、国の中で自転車予算をもっと増やそうというためには、これによって、他の費用を節減でき、結果的にトータルで国費の削減ができること、すなわち費用対効果を測定して、説得することが必要であるが、このためには、このようなプラスの側面が整理されていることが必要である。
　このように、それぞれ訴求対象によってメリットが異なる。これを正しく理解した上で、訴求対象ごとに分けて説明していくことが大切である。

第2章 自転車の用途別施策

1 促進方策は利用目的別に考えること

(1)自転車の利用目的

　自転車の利用用途（目的）は、どのようなものがあるか、また、その割合はどのようになっているのであろうか。一般的な住民アンケートでは、買物が多くなっており、次いで、通勤、レジャー、健康増進、業務などであるが、その他の私事も多い。これは、アンケートの取り方によっても異なり、自転車の直行型の利用と端末的な駅までの利用、すなわち、自転車単独の利用と他の交通との連携利用を区分すれば、異なった結果になる（図2・2）。このグラフからは、単独は買物その他の私事が圧倒的に多く、併用（多くの場合は自転車と鉄道）の場合は通勤・通学が圧倒的に多い。この辺を区別して、自転車施策を講ずることが必要である。

　駅までの利用（すなわち併用の利用）については、放置問題の誘発が自転車利用促進の障害となり、また、自転車駐車場の整備という駐輪環境の確保が課題となる。自転車のみの利用、すなわち自転車による直行型の利用は、走行環境の確保が課題となる。これらの違いにより、自転車政策で重点をおくべき対象や施策内容も異なるのである。

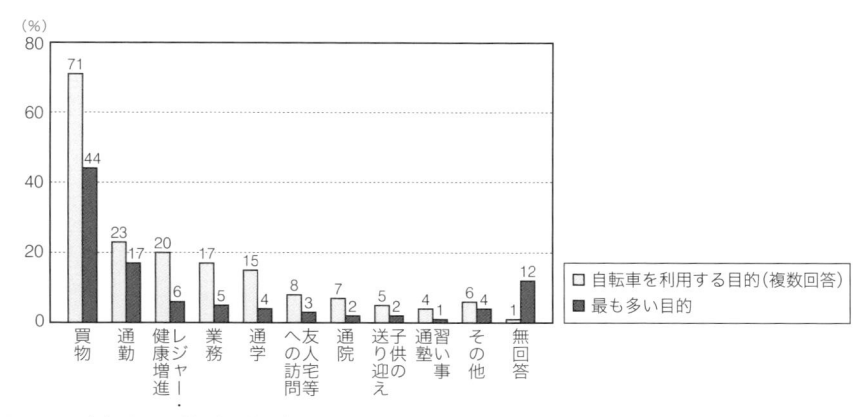

図2・1　自転車の目的別の利用状況　(出典：㈶全日本交通安全協会アンケート調査（2005年8～9月）)

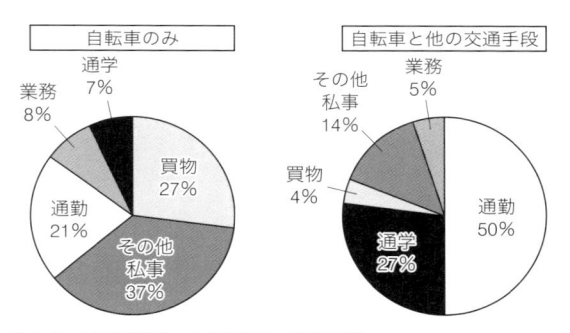

図2・2　自転車のみと他の交通手段との併用別の利用目的　(出典：第4回東京都市圏パーソントリップ調査（1998年10～12月）)

(2)利用目的別の施策が必要

①ハードのみの先行は無駄を呼ぶ

　自転車の活用策を検討する場合に、利用目的をあまり特定せずに、一般的な利用を考えて、施策を設定する場合が多い。特に、ハードの施策としての走行空間の整備や駐輪空間の整備についても、空間という器を作るだけで、その器を何に利用するかを明確に設定しないまま、また、場合によっては、自転車の交通量の明確な予測もなしに、走行空間の整備計画が先行する場合も多い。

　これに対しては、総合的な用途に活用できる走行空間の整備というようなあ

いまいな設定目的であるとの説明もある。しかし、設定目的が不明確な場合、幅広い何の用途にも利用できるような大規模な空間整備が必要である。今の時代にいたずらに目的の特定しない大規模なハードの空間の整備を行うことが適切かどうかは明らかである。このような空間は、たまたま、活用されることもあるが、それは、外部の条件が偶然に自転車利用に幸いしただけである。走行空間に税金をかけて作るからには、誰がどういう用途の移動をどのように行うかなどを明確にして、これに応じた的確な施策を検討することが必要である。

②明確なコンセプトのない自転車利用の推進は衰退する可能性が高い

　自転車に限らず明確なコンセプトがないプロジェクトは、破たんすることは明らかである。特に、自転車は身近な存在であり、環境にやさしく、健康にも寄与することからわかりやすいので、利用の用途を明確にしないまま、自転車利用施策を推進しようとする傾向が見られ、また、住民も当初は自転車は身近でわかりやすいので安易に歓迎する。ここには、自転車利用を盛んにするという意識はあるが、一体どのようなシーンを考えて、どのような用途に自転車を活用するかという思想が希薄である。

　多くの自転車政策や自転車計画は、最重要項目として、自転車走行空間の整備を提唱している。これは、各種アンケート調査でも最も自転車利用の促進効果が高いものとしてトップに挙げられているので、ある意味では正しいといえる。

　しかし、そもそもどのようなシーンや用途を前提に自転車の利用を推進するかにより、その空間の作り方も異なるはずである。ある目的には利用されて、ある目的には利用されないかもしれない。また、やみくもに広範囲なネットワークを整備しても、特定の用途での利用はあるものの、全体として利用されることはあまり期待できないかもしれないのである。

　また、自転車政策や自転車計画は、そもそも自転車の利用の現状や今後の見通しを前提にしたトレンドの需要に応じた整備だけでは不十分である。自転車の利用の用途を想定し、それを前提にどのように伸ばすかについての利用促進のための戦略を中心に計画すべきである。車のための道路は、車の交通需要の増に対応して計画するものの、車の利用促進をめざすわけではない。根本的に

異なるにもかかわらず、同じようなスタンスで計画するのは不適当である。

③利用用途別の施策が必要

　このように、わがまちでは、そもそも自家用車の利用に代えて自転車利用を推進するのかどうかという基本の考え方が必要である。これを推進する場合には、次に、どのような車の移動が多く、これに代えて自転車をどのような用途として促進するかを、自家用車の利用者や自転車利用者、買物者、通勤通学者などの意向や、経済、社会的、自然的な条件を踏まえて検討することが必要である。

　たとえば、朝夕のラッシュや大気汚染などを惹起していることを重視し、環境に負荷を与えている自家用車通勤に代えて、通勤手段を自家用車から自転車に転換することをめざして、このためのソフトおよびハードの施策を講ずるとする。この場合、ハードの面では、自転車空間の整備を渋滞が生じている郊外の住宅地域から中心部のオフィス街に、または既成市街地から郊外の工業団地群の方向にアクセスできるように自転車通勤のある方向を重点にネットワークを形成して、整備を行うことになるであろう（一般的な距離で3〜5km弱程度以内を想定できる場合）。

　これとあわせて、ソフトの面では、企業に対して、自転車通勤の意義と効果を説いて、これを奨励するような具体的な方策（社員の通勤計画の策定の支援など）を講じていく。また、これにもとづいて職場の駐輪場整備やシャワー・ロッカーの提供、通勤手当の支給などへの支援を総合的に行うことで、通勤者が容易に自転車通勤を行うことが可能となってくる。

④用途別に継続したバックアップ策が必要

　これらの場合に、単に自転車走行空間の整備を行うだけでは、一部の自転車愛好家（自転車通勤のよさを理解する人が増えて愛好家の数自体は増加するが）は、その整備された空間を活用して、自転車通勤を継続してくれるが、一般の通勤者は、自発的に車から転換し、自転車通勤を継続することまでは期待しにくい。ソフトおよびハードの環境整備を総合的に提供して、自転車通勤に他の手段を上回るメリットを持たせること、さらにこの優遇が見えるようにするこ

とが必要不可欠である。そして、この優遇策を少しずつでもグレードアップすることで、自転車利用者が優遇されていることを認識させ続けることも必要である。たとえば、一時的に車が渋滞や駐車場不足で自転車にシフトする可能性もあり、この場合に便利な街路や自動車駐車場の整備など車が手軽に利用できる環境になれば、再び車が選択されて、一般の自転車利用は衰退する可能性もある。

(3)自転車の用途別の有効な利用促進施策

自転車の利用用途別に自転車利用への転換の可能性は異なる。どのような施策を講じるのが効果があるかについて、用途ごとに異なっており、また、その効果の程度も異なっている。

施策内容により自転車利用者に対するインセンティブになりうるかの有効性も異なる。たとえば、柏の葉キャンパスタウンで、実際に走行実証実験で、被験者に走行してもらった結果をもとにして、自転車を利用するために必要な用途別施策として選択されている順位が表2·1である。もちろん、有効な施策の第一は、自転車走行空間の提供であるが、これは当然のことなので、この表に入っていない。それ以外の施策で車から自転車への転換効果が高いものの順位である。これを見ると、駐輪場の提供（駅前のみならず、自転車で行く各目的

表2·1　アンケート調査による施策の有効性の順位　　　　　　　　　　　　　　（回答数N＝50）

提供すべき施策	通勤	通学	買物	観光・回遊	業務・営業	日常用務
駐輪場	①	①	①	②	①	①
電動アシスト	⑤	③	④	⑤	⑤	③
通勤手当	③	＊	＊	＊	＊	＊
買物ポイント	＊	＊	②	④	＊	＊
レンタサイクル	＊	＊	＊	③	②	＊
良質な自転車	⑥	④	⑤	⑥	⑥	④
奨励・キャンペーン	④	②	③	＊	②	②
シャワー・ロッカー	②	＊	＊	＊	④	＊
自転車マップ	＊	＊	＊	①	＊	＊

※①〜⑥は選択割合の高い順位、＊は選択肢なし（出典：柏の葉キャンパスタウンにおける走行実証実験におけるアンケート調査より筆者作成）

施設における駐輪場）がおおむね1位であるが、観光・回遊用途については、これよりも自転車マップが1位として選ばれている。また、その次は、ばらばらであり、通勤では、職場のシャワー・ロッカーであるが、通学では学校からの奨励、買物では買物ポイント、観光・回遊では行き先での駐輪場、業務・営業ではレンタサイクル、日常用務では、用務先の施設での自転車来場の奨励である。

　このように、自転車の用途ごとに、施策の有効性の順番が異なっている。このため、自転車利用の目的用途を明確に設定して、このために有効な施策を取捨選択して、それに優先順位をつけて的確かつ有効な自転車利用促進施策を取捨選択することが必要である。

（4）まず促進したい利用目的と、それに即した方策を考えよ

　本書ではあえて自転車空間の整備のあり方を各論の最初に配置していない。まず、自転車を何に利用して、その促進を図るかについて、明確な利用目的を設定することとし、これに対応したハード面やソフト面の必要施策を提示する。その後、この中で重要な施策である空間整備などの方策を詳細に提案する構成にしている。それぞれの目的ごとに、利用者の施策に関する意向をある程度把握し理解したうえで、有効な施策を講じつつ、それを広げていくため、まずそれぞれの用途別の施策メニューを提案するものである。このようにして、いずれの用途をわがまちの重点にするか、このためにどのような施策メニューから選択すればよいかのヒントを提案するものである。

2　自転車による通勤　〜企業と従業員の経費節減

　自転車による通勤は、自転車を最もまとまった距離で活用でき、かつ、日常的定期的に利用できる点で、特に自転車利用の健康メリットを享受する有効な用途である。また、時間やルートなど決まったパターンの利用方法であるので、

わかりやすく、政策的にも施策を講ずることが容易である。一方、車通勤は朝夕の通勤ラッシュ、初期の段階に大気汚染や騒音などの多くの問題を抱えこれの軽減が急務である。このため、用途別の自転車利用促進策の第一として、自転車通勤を取り上げている。

(1)自転車通勤のメリット

本書の第1章の自転車利用のメリットは、特定目的にしぼらずに一般的に解説したが、ここでは、自転車通勤という特定目的の利用について、個人および企業の双方のメリットを詳細に考えてみよう。もちろん、自転車での通勤が疲れない程度の一定の距離以内（後ほど述べるように、約5km弱以内）であることを前提としている。自分の可能な距離の範囲を超える人や距離以外の支障のある人には、敢えて奨励する必要はない。そんなことをしても、長続きしないだけであり、ここが重要なところである。

①通勤する側のメリット（安くて健康）

通勤する個人の側のメリットを整理すると、表2・2のようになる。自転車通勤は、渋滞もなく、鉄道の待ち時間や駐車場探しの時間の必要もなく、一定の距離以下では早く、かつ、定時に職場に到着できるなど、時間的に大きな節約になることである。また、健康の増進および病気の予防にも役に立つこと、この結果医療費の節約にもなる。さらに、通勤時間中に車や満員電車ではできない有酸素運動ができること、このため、わざわざフィットネスクラブで費用と時間を費やして自転車こぎをする必要はないなど、効率的である。

表2・2　自転車通勤による通勤する側のメリット

ア．時間的	鉄道の待ち時間または駐車場の探しの時間の節約が可能 都市内での近中距離通勤は迅速、渋滞なく定時通勤可能
イ．健康的	健康、血管系等の病気からの解放（医療費節約）
ウ．効率的	通勤時間中に有酸素運動ができる（フィットネスクラブに行く費用・時間を節約）
エ．人間的	通勤ラッシュがなく、絶えず座れて、快適・四季を感じられる
オ．経済的	通勤手当がお小遣いになり、しかも、一定額までは無税であること（企業の自転車通勤手当てが用意される場合）

これに加えて、通勤ラッシュはなく、絶えず座れて、快適であること、四季を体感できること、など人間的な通勤ができる。特に指摘したいのは、直接的なメリットとして、企業に自転車通勤手当があれば、一定の金額以内は無税のポケットマネーができることである。すなわち、通勤手当が支給されても、公共交通での通勤のための定期代や車での通勤の場合のガソリン代相当であれば、これらを買うのに使わざるを得ないが、自転車通勤手当は、文字通り、自らの足でかせぐ小遣いになるのである。金額は標準的には2000円程度とわずかではあるが、毎月の定額の経済的なメリットがある。このように多方面のメリットを個人にもたらす通勤手段は自転車をおいてほかにはない。ただし、雨等に弱い点が指摘されるが、後ほど課題として整理してまとめて述べる。

②企業側のメリット(安くて健康)

　企業側のメリットも数多く存在するが、最大のものは、生産性が向上することである。自転車通勤をしている従業員は、朝の勤務時間を使ってわざわざラジオ体操するまでもなく、すでに運動が足りているし、通勤ラッシュのストレスもない。朝の通勤だけで心身ともに疲れが出てくる従業員が大勢いるよりは、自転車に乗って気分よく通勤している従業員がいる方がよほど仕事が効率的である。また、欠勤や事故が少ない極めて健康な職員が多く揃っていることだけでも、企業としては極めて大きな戦力である。

　それから、経費の面でも、企業の健康保険会計の収支が改善されて事業主の負担の軽減が可能となることである。さらに、自転車通勤の可能距離では鉄道の定期代と比較しても通勤手当の方が低額であり(通常5km弱の近距離でも定

表2・3　自転車通勤による企業側のメリット

効率＝生産性の向上	心身の健康・血液循環によく、通勤ラッシュのストレスのない従業員による作業能率の向上、無断欠勤、転倒、負傷などの費用が減少
健康＝従業員の健康	健康の向上・改善による企業の健康費用の削減
経費＝削減・利益向上	通勤手当の削減、車の駐車場の土地代・管理費の削減
社会＝雇用の確保	通勤可能性の範囲を拡大し、雇用の可能性の拡大
環境＝企業イメージ向上	組織ぐるみでフィットネス、環境に取り組む姿勢の評価、企業イメージの向上
営業＝営業活動メリット	約束時間の厳守、駐車場不必要、健康維持、経費節減(車、移動費用)

期代は 5000 円程度するが、自転車通勤手当は一般的には 2000 円程度）、通勤手当の削減が可能となることである。

さらに、通勤用の車の駐車場は、駐輪場に比較しても格段に必要面積が大きい（1 台当たり通常は 8 倍も必要）ため、その土地代や管理費用・固定資産税などの負担も大きくなる。雇用範囲も、車を保有している人のみを雇うのではないので広がる。何よりも環境にやさしいというエコ通勤企業としてのイメージの向上につながる。また、企業活動や営業活動に自転車を活用すると、営業車の調達・管理費用、駐車場代金の節約、従業員の渋滞時間分の人件費の節約、約束時間の厳守等にもメリットがある。このように企業にも素晴らしいメリットが数々ある。

③企業側の問題点（車より危険か）

自転車通勤の問題点としては、交通事故が心配で、危ないと思われている。しかし、自転車通勤で事故が起こる可能性を心配するよりは、車通勤で事故が起こる可能性を心配している企業の方が多い。

すなわち、地方都市（福島市および静岡市）の立地企業 300 社に対して行った通勤に関するアンケート調査では、通勤で困っている点について、車通勤と

表 2・4　車通勤および自転車通勤で困っていること（企業アンケート）　　　（回答数 N = 112）

通勤で困っていること	車	自転車
①通勤途上での交通事故の危険性	67%	42%
②駐車場・駐輪場の確保	45%	18%
③労災問題	28%	20%
④渋滞などによる従業員の遅刻・ストレス	27%	―
⑤駐車場における車の管理	21%	9%
⑥帰宅時における酒気帯び運転	13%	―
⑦車または自転車通勤者がいない	9%	13%
⑧車通勤は環境にやさしいイメージに影響がある	7%	―
⑨出入口での交通渋滞または放置自転車	5%	17%
⑩雨などの天候による遅刻	―	15%
⑪快適に走れる道路がない	―	16%
その他（自転車用のシャワー・ロッカー 2% 含）	5%	6%

※「―」は選択肢がない（出典：2003.3 福島市および静岡市での企業で従業員上位各 150 社アンケート調査（回収率 37.3%）より筆者作成）

自転車通勤に分けて質問したところ、車通勤での交通事故に困っているとする企業が7割、自転車通勤での交通事故に困まっているとするのは4割ぐらいである。つまり、企業側も、車通勤での交通事故の方を恐れているのである。

また、交通事故の危険性以外でも、天候等の自然条件を除くと、駐車空間の確保や労災問題、従業員の遅刻・ストレス、駐車場の管理などほとんどの点で、企業側にとっても、自転車通勤が車通勤よりも問題点が少ないことがわかる。

(2) 就業者の通勤の実態

①圧倒的に多い自家用車通勤（通勤手段の実態）

にもかかわらず、現実に多くの通勤は、自家用車で行われている。2002年の国勢調査では2700万人が自家用車だけで通勤通学していることはすでに紹介した。また、表2・5は千葉県柏の葉キャンパスタウン周辺の工業団地の通勤者の通勤手段である。大半の通勤距離は自転車で通える距離以内ではあるが、自家用車が主体となっている。

一方、図2・3に示すように車による通勤割合は大都市圏よりも地方都市圏が多い。p.24の表

表2・5　会社までの通勤手段

会社までの通勤手段	回答数	構成比
電　車	4	5.2%
バ　ス	2	2.6%
自家用車	40	51.9%
自転車	15	19.5%
徒　歩	1	1.3%
その他	0	0.0%
複数回答（組合せ）	15	19.5%
総　計	77	100.0%

（出典：柏の葉キャンパスタウンにおけるアンケート調査（就業者2009）より筆者作成）

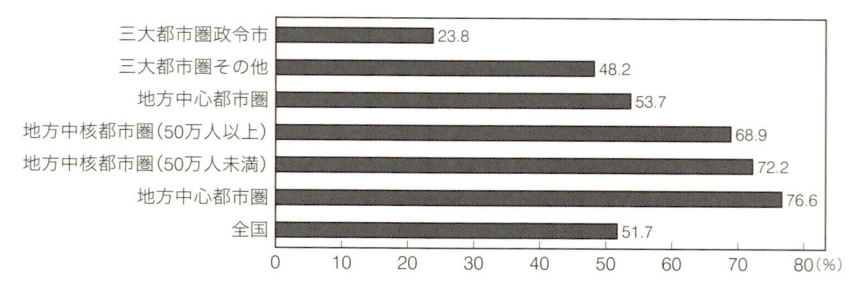

都市規模	自家用車通勤割合(%)
三大都市圏政令市	23.8
三大都市圏その他	48.2
地方中心都市圏	53.7
地方中核都市圏(50万人以上)	68.9
地方中核都市圏(50万人未満)	72.2
地方中心都市圏	76.6
全国	51.7

図2・3　都市規模別の自家用車通勤割合　（出典：「都市における人の動き～1999年全国パーソントリップ調査から」p.9　国土交通省等作成）

表2・6 通学者通勤者の自転車での通勤限界距離

	高校生	就業者
2km 未満	1.7	0.0
2km ～	5.0	2.0
3km ～	10.0	13.7
5km ～	18.1	29.4
7km ～	6.7	17.6
10km ～	58.5	37.3
	100.0	100.0
5km 以上累計	83.3	84.3
回答者数	359.0	51.0

(出典：千葉県柏の葉キャンパスタウンにおける周辺高校の生徒、周辺立地企業の就業者に対するアンケート調査（2009　無回答、わからないを除く）より筆者作成)

表2・7 通勤距離の実態（大都市圏）

大都市圏郊外工業団地			
距　離	回答数	割合（％）	
2km 以下	15	18	小計 56
3km 以下	10	12	
5km 以下	22	26	
7km 以下	8	9	
10km 以下	10	12	
10km 超	20	24	
	85	100	

※調査回答者数85名（出典：「千葉県柏の葉キャンパスタウン周辺立地企業就業者アンケート調査2009」より筆者作成)

1・7の表ですでに紹介したように、人口の少ない都市圏に行けばいくほど、車の近距離の移動の割合は高くなっており、たとえば、地方中心都市圏では車で5km以内を移動する割合は、57.7％になっている。

すなわち、地方都市に行けば行くほど通勤距離は短くなり、自転車通勤の可能な割合が高いと推定され、車から自転車への転換の可能性が高まる。

②自転車通勤が可能な人は多い（自転車での移動可能距離）

このように、通勤の実態は、圧倒的に自家用車が多いのに対して、通勤距離は比較的短い可能性が高い。これに対して、通勤者はどの程度の距離なら自転車で移動が可能であるかが、次の問題である。

多くのアンケート調査では、自転車で行くことができる距離（限界距離）を5km以上としている割合が、半数以上である。次の表2・6は、千葉県の柏の葉キャンパスタウン駅前およびその周辺でのアンケート調査である。通学者である高校生と通勤者である就業者とも5km以上を自転車で移動可能とする割合は、80％以上にのぼる。

③通勤距離の実態は半数以上が5km以内（通勤距離の実態）

また、通勤距離の実態を見ると、表2・7のように、大都市圏郊外の工業団地立地企業や地方都市圏の立地企業でも、5km以下の通勤距離（すなわち、過半

数が自転車で移動が可能である距離）の人が、それぞれ 56％および 44％も存在し、通勤可能とされる距離の人が相当多いことがわかる。他の調査でも同様の結果が得られており、大半の通勤者の通勤の実態は、自ら認める自転車での可能距離である。

　以上、通勤距離の実態（大半は 5km 程度以内としている）、自転車での通勤可能距離の実態（大半が 5km 程度以上は自転車で通勤できるとしている）、および交通手段の実態（相当数が自家用車で通勤している）の三つから、人口規模の小さい都市へ行けば行くほど多くの人が自家用車通勤をしており、また、その距離も短くなるため、自家用車から自転車への転換の可能な人が増加し、かつ、大半の人が実施可能であることが立証される。あとは、これらの人にいかに効果的なインセンティブを与えることができるかである。

(3) 企業の自転車通勤に対する態度

しかし、通勤者を受け入れる企業側では、表 2・9 のように自転車通勤を直ちに推進すべきだと考えている企業はわずかしかない。ただし、一方で、長期的に推進したいという企業は 4 割にのぼり、推進すべきでないとする企業はわずか 4.5％であり、また、どちらともいえないとする企業も半数近くある。調査時点

表 2・8　通勤距離の実態（地方都市）

地方都市大規模事業所			
距　離	回答数	割合（％）	
1km 以下	2	2	小計 73
2km 以下	11	11	
4km 以下	22	22	
5km 以下	38	38	
10km 以下	26	26	
10km 超	2	2	

(出典：福島市および静岡市の地元大手企業数社の従業員対象アンケート調査 2003（361 名中自転車通勤者以外 101 名）より筆者作成)

表 2・9　自転車通勤の推進に関する企業の考え方　　　　(回答数 N = 112、単一回答、回収率 37.3％)

回答内容	福島市	静岡市	全　体
自転車通勤は直ちに推進すべき	7.5％	6.7％	7.1％
自転車通勤は長期的には推進すべき	43.3％	37.8％	41.1％
自転車通勤は推進すべきでない	6.0％	2.2％	4.5％
どちらともいえない	40.3％	53.3％	45.5％
無回答	3.0％	0.0％	1.8％
合　計	100.0	100.0	100.0

(出典：筆者ら調査（2003.3）福島市および静岡市での企業で従業員上位各 150 社アンケート調査)

(2003年)に比べると、現在では、地球環境等の視点から自転車に対する理解が進行しているものと考えられるので、自転車通勤に対する企業の態度は、より肯定的になっていると考えられる。一定の誘導策で、多くの企業は、自転車通勤の推進の方向に転換する可能性が高い。

(4) 自転車通勤の有効な促進策

①考えられる促進策

それでは、自転車通勤を盛んにするには、どうすればよいかが、次の重要な問題である。各種アンケート調査によると、自転車通勤を盛んにするために最も有効な方策は、職場までの走行空間の提供であることとは明らかになっている。しかし、ハード空間を提供することには、相当の予算と時間と工夫を要する（具体的には、次の章で述べる）。次いで、職場等における駐輪場の提供、それから自転車通勤手当と電動アシスト自転車の提供などが有効となっている（表2・10）。

走行空間や駐輪空間は、単独でも利用促進効果はあるが、さらに、これらが複合的に提供されると、一層効果が高いものとなってくる。柏の葉キャンパスタウンでの走行実証実験アンケート（p.53）にもとづき計算する[注1]と、自家用車から自転車通勤への転換の可能性（一定の距離以内）は、走行空間のみの提供の場合は52.4%、走行空間以外の利用促進環境の複合的な提供の場合は63.4%という結果となっている。

表2・10　自転車通勤が盛んになるための施策　　　　　　　　　　　　　(回答数 N = 50)

駅や勤務先に十分な駐輪場がある	38	76.0%
自転車通勤手当ての支給や増額がある	12	24.0%
勤務先にシャワーやロッカールームがある	16	32.0%
電動アシスト自転車が利用できる	8	16.0%
ブランドまたは高品質自転車が利用できる	5	10.0%
会社が自転車利用促進の方針や推進を定める	10	20.0%
その他	6	12.0%

(出典：柏の葉キャンパスタウンにおける走行実証実験アンケートより筆者作成)

②通勤手当の引き上げの効果

　アンケート結果では、これまでに述べたように、走行空間や駐輪空間の提供の効果が高そうだが、現実には、経済的なメリットの方が、より即効性があると考えられる。

　筆者の実施した他のアンケートでは、経済面のメリットが最も自転車利用促進効果が高いという結果が出ている[注2]。特にその中で通勤手当の支給または増額が最大の効果があるという結果である。名古屋市役所では、職員の通勤手当について、近距離（2以上5km未満）で自転車を2倍に、車を半分に、その上の距離（5以上10km未満）では自転車を2倍にして車は据え置きに、さらに、その上の距離（10以上15km未満）も、自転車を優遇するようにした。この結果、自転車通勤者数と車通勤者数は、改訂前と2007年とを比較して、それぞれ全体で2.2倍および0.7倍になっている。自転車通勤手当の増額は、極めて大きな効果をもたらしているのである（表2・11）。

　大分市でも、自転車通勤手当の引き上げの効果が明確に現れている。また、最近では、豊橋市についても、自転車通勤を奨励するためにその引き上げを行っており（3600円から4600円に引き上げ。車は3600円から2000円に引き下げ）、これに加えて通勤用自転車の購入補助（半額。1万円を上限）や互助会から毎月500円のクオカードの支給を行い、その効果が期待されている。しかし、自転車に転換できる車通勤者が多く、自転車通勤手当を支給してもその分以上の車通勤手当が減るため、トータルの財政的な負担は減るという。これは、先ほ

表2・11　名古屋市役所職員の自転車通勤手当の引き上げとその効果

通勤距離 km		2000.1		2006.4		2007.4	
		自転車	車	自転車	車	自転車	車
2以上5未満	人数	725	1453	1004	1111	964	1023
	金額	2000円	2000円	4000円	1000円	同	同
5以上10未満	人数	87	2423	627	1734	676	1721
	金額	4100円	4100円	8200円	4100円	同	同
10以上15未満	人数	13	1413	138	985	166	972
	金額	6500円	6500円	8200円	6500円	同	同
合　計（人数）		825	5289	1769	3830	1806	3716

※通勤手当の改定は、2001.3（出典：名古屋市へのヒアリングより筆者作成）

表2・12　自転車通勤に関しての企業の支援策の状況　　　　　　　　　　　　(回答者N＝112)

選択肢	静岡市	福島市	全体
自転車通勤者への手当ての支給	10.4%	11.1%	10.7%
着替えのためのロッカールームの設置	0.0%	0.0%	0.0%
シャワールームの設置	0.0%	0.0%	0.0%
通勤用自転車の貸与または購入補助	0.0%	0.0%	0.0%
自転車奨励のための社内での広報	0.0%	2.2%	0.9%
特に行っていない	71.6%	71.1%	71.4%
その他	0.0%	0.0%	0.0%

(出典：筆者らの実施に係る福島市および静岡市での企業アンケート調査2003より作成)

ど述べたように、企業にとって経費節減にも寄与するというメリットである。

しかし、現状では、通勤手当の実費支給の企業が多いため、自転車は通勤費の実費負担がないことを理由にして、自転車の通勤手当を支給していない企業が多く、全体で10％程度しか支給していない（表2・12）。筆者の行った別のアンケートでは、自転車に通勤手当が支給されたら、もっと乗るといっている人が圧倒的に多いのは、現実に通勤手当が支給されていないからであり、支給されるようになれば相当増えるという可能性を示唆している。

③自治体によるサポート
◉ 企業が求める自治体の施策

まだ、自転車通勤がほとんど推進の対象になっていない2003年に実施した静岡市および福島市における企業のアンケート調査では、先ほど述べたように、自転車通勤の推進に対する意識は低い。しかし、仮に実施するとした場合には、企業は自転車通勤に必要な奨励策として、自転車走行空間の整備、自転車利用に必要な施設（駐輪場、シャワールーム等）に対する補助、税制の優遇などを求めている。（なお、この選択肢は、米国等で自転車通勤に実際に活用されている施策から抜き出して、選択肢として設定したものである。）

自転車通勤は、個人が単発的に行っても、全体の効果は限られている。まず、これを受け入れる企業が、その効用を認め、従業員に集団的に奨励することが、自家用車による通勤からの転換に大きな効果がある。

● 自治体の取り組みの必要性

　さらに、個々の企業がそのメリットを理解して、推進しようとしても、最も利用促進効果のある施策である自転車走行空間の提供は、企業単独ではできないし、さらに、地域全体で自転車通勤の効果を上げようとしても、個々の企業がばらばらに実施しても限界がある。自治体が、地域の取り組みとして、しっかりとした目標を持って行うところに大きな意味があるのである。

　まず、自治体が、率先して自らの職員の自転車通勤手当を改善することにより、自転車通勤を奨励するとともに、企業に、全体では経費の節減にもなることを示して、自転車通勤手当の創設、または、自転車通勤手当の支給の増加を呼びかける。これは、ハードの走行空間の整備を待たずにすぐにできる。そして、この通勤手当の支給の呼びかけと並行して、ハード面の施策として、自転車通勤の多い企業の所在地域の方向を重点にして、次の章で述べるようなハード・ソフト両面からの自転車のネットワークの走行環境を提供する。これらは、諸外国の例にもあるように、自転車通勤にまず重点を置いて自転車施策を講ずる一環として行うことで可能となる。このようにネットワークの空間整備では、一般的な利用目的を限定しない自転車利用の促進ではなく、何のためにその空間を整備して、使ってもらうかというはっきりとした目的意識、すなわち戦略的な利用用途の設定が必要である（予算上の制約等から全ての目的のため空間整備を一気にできないことも大きな理由である）。

(5)自転車通勤の推進に対する具体的な取り組み

①企業の自転車通勤に対する取り組みの具体策

● 外国の取り組み

　一番早く自転車通勤の促進という自転車の利用用途別の施策を開始し、この一環として自転車通勤の施策に着手したのは、オランダである。後に述べるように、1991年の国の自転車マスタープランでは、自転車通勤の総数を2010年までに50％増加させることや、1995年までに50人以上の企業・団体に自転車通勤計画の策定を行わせることを目標に立てるなど、国の自転車計画で自転車通勤を位置づけ、かつ税制面で所得税の優遇を図るなどして、推進している。

表2・13 自転車通勤を実施するため必要な条件（企業例）　　　（複数回答、回答者 N = 112）

施策内容	割合
①地域における自転車走行空間（自転車レーン・駐輪場等）の整備	64.3%
②自転車に必要な施設（駐輪場、シャワールーム等）の整備に対する補助金	39.3%
③自転車を奨励している企業に対する税制の優遇	38.4%
④マナーやルールを守るための交通教育の実施	21.4%
⑤国や公共団体との協力による自転車通勤促進キャンペーンの実施	19.6%
⑥企業が通勤用自転車の貸与または購入する場合の補助	19.6%
⑦手軽なレンタサイクルの普及	17.0%
⑧自転車を奨励している企業に対する表彰などの認定制度	8.9%
⑨新しい自転車の開発と支援（天候や坂道対応、荷物たくさん運べるなど）	9.8%
⑩会社付近のフィットネスクラブとの提携による通勤者の自転車の預かりとシャワーロッカーの利用システム	8.0%
その他	4.5%

（出典：筆者らの実施に係る福島市および静岡市での企業アンケート調査2003より作成）

　オランダ政府の報告書を見ると、企業が自転車通勤を奨励することは、通勤者、つまり従業員に対して大きな見えないプレッシャーになると書かれている。このために従業員の自転車通勤計画の策定を行う。これに合わせて、通勤用の自転車（特に電動アシスト自転車やブランド自転車）を従業員に提供するとすれば、雇用主から自転車通勤しなさいといわれていると受け取って、よい意味でのプレッシャーになる。当然のことではあるが、これに合わせて、駐輪場、シャワーや着替えのためのロッカー室等を提供する。自らこれらを提供できないような中心市街地の立地企業のときは、これらが集まっている地域に、自治体がまとめて駐輪場の整備、シャワー、ロッカーの提供等を行うことが考えられる。

　アメリカでは、自治体が2000年前後から駐輪用の自転車ロッカーの提供と民間のフィットネスクラブなどと提携したシャワー、衣服ロッカーの提供が行われている（バイクセントラルなどと呼ばれている）。図2・4は、代表的なオレゴン州のポートランドでのダウンタウンの駐輪場の位置である（Pで表示されている）。至る所に駐輪用の自転車ロッカーの駐輪場が設けられ、そこに駐輪して職場まで歩いて行くのである。このような自転車ロッカーの提供は、この都市だけではなく、全米の他の都市でも行われており、車での郊外からの通勤ラッシュを防止し、健康にも寄与するために、各自治体が自ら実施し、月額2

〜5ドル、年額40〜75ドル程度でこの自転車ロッカーが借りられる[注3]。

　英国でも、1996年の国家自転車戦略において、企業が従業員に自転車通勤を奨励することができるよう環境整備を行うことに焦点を当てるとしている。また、企業に交通計画（Travel Plan）の策定を推進し、その中で自転車通勤や自転車営業、顧客の自転車での来訪呼びかけなどの計画を定めることを推奨し、交通エネルギー財団はこの交通計画の策定のマニュアルを作成している。この交通計画にもとづき、自転車通勤用の自転車と自転車安全用品（ヘルメット、自転車用の服装など）を通勤者に供した場合は、その分は企業利益から必要経費として差し引ける(英国国税庁資料)。通勤者が自転車や自転車安全用品の購入をした場合長期ローンを借りれば、税金が安くなる。また、国の省庁のほとんどは、自転車通勤のための自転車購入費用に対する無利子借り入れを職員に用意している。さらに地方公共団体でもこれにならっているところも多いとされている（英国政府資料 Cycling to work）。また、通勤者に対しても、パンフレットにより自転車通勤の税制面の優遇を含めた自転車通勤のノウハウの指導をしている（Cycling England の Cycle to work 資料）。

　以上のように企業の交通計画の中に含まれる自転車通勤計画は、通勤者、雇用者の両面で国からの税制面での優遇を受けている。わが国でも、

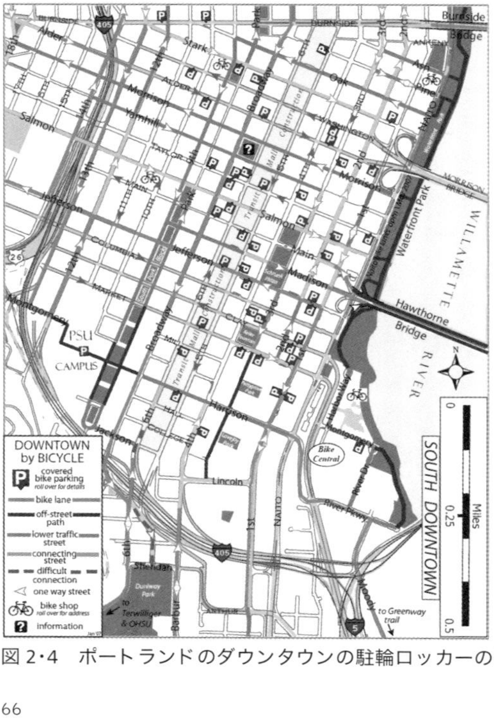

○ Riverplace Athletic Club または Lloyd Athletic Club を利用する場合
ア．料金　35ドル/月　2.5ドル/日
イ．サービス内容　衣服ロッカー＋シャワー＋サウナ＋自転車ロッカー
○ 自転車ロッカーのみの利用
25ドル/3ヶ月　35ドル/半年

図2・4　ポートランドのダウンタウンの駐輪ロッカーの位置

エコ通勤の推進に当たって、今後、国等からの経済的な優遇施策が不可欠である。

◉ 日本での取り組み

わが国でも、民間ベースで自転車通勤者等のために、シャワー、ロッカー等と駐輪場所を提供する施設が東京都千代田区や新宿区などですでに設けられており極めて盛況である。バイク会員は、月額料金はある程度（23,000円）必要だが、そのような潜在需要があったわけである。今後は、施設の箇所や量および料金の充実が課題であるとともに、自治体もこれらの推進に向けた支援策等の施策が必要である。

また、表2・14のように企業の自転車通勤奨励の姿勢がにわかに活発化してきた。自転車通勤手当や電動アシスト自転車を提供する企業も徐々に生まれつつある。これらの中には、国土交通省の進める「エコ通勤」の一環として認定され、推進されているものもある。

表2・14　民間企業の自転車通勤奨励策の例

会社名	項目	内容
はてな （京都のウェブサービス会社）	自転車通勤手当	一律2万円/月
	駐輪施設	周辺の駐車場に30台分
	その他	シャワー等の利用可能 （参考）8割（京都オフィス）、4割（東京オフィス）の社員が自転車通勤
デンソー	エコポイント（デコポイント）	徒歩、自転車での通勤で20ポイント/月（エコ商品との交換、エコ活動に）
シマノ	管理人付き駐輪場	300台
	空気入れ、工具、個人ロッカー、更衣室・浴場	更衣室・浴場は駐輪場の上に整備。従業員の3割が自転車通勤、週3回以上の人は体重1.7kg、体脂肪率1.6％減少の効果
キャッツアイ	自転車通勤手当	最大4000円/月
	自転車購入補助	費用の20％（最大2万円）
サンヨー	自転車通勤手当	自家用車のガソリン代実費相当額
ヤマハ発動機	エコ通勤手当	四輪自動車から二輪車、自転車、徒歩通勤に切り替えた場合

（出典：新聞記事等より筆者作成）

表2・15　自治体の自転車通勤奨励策の例

自治体名	項目	内容
福井県	通勤用電動アシスト自転車の購入補助	通勤用に購入する場合、一律3万円の補助
勝山市、越前市	用途を問わない電動アシスト購入補助	一律2万円
鹿児島市	電動アシストの購入補助（通勤用と限られないが、主なターゲットは通勤者）	購入価格の3分の1、上限3万円まで補助
茅ヶ崎市	ちがさき方式レンタサイクル（用途は問わず企業、団体がその活動に利用する場合）	企業に、自転車通勤を行う従業員用のレンタサイクルとしても貸付け
草津市	電動アシストの貸出	自転車通勤を行う事業所に貸付け

(出典：各種新聞記事等より筆者作成)

② 自治体の取り組み

　自治体においても、表2・15のように自転車通勤を後押しする動きがだんだんと活発化している。これからは、ハードの自転車の空間の整備だけではなくこのような、通勤者や企業の要望に応じたきめ細かい支援策の検討も必要である。例としては、レンタサイクルに加えて、企業のシャワー、駐輪場等の整備やこれらを含めた企業の自転車通勤を推進する計画の策定の支援など、企業の自転車通勤奨励策に対するソフト面のバックアップも必要である。

3　自転車による買物 ～自転車客こそ良いお客

　自転車の用途別施策の第2は、自転車による買物である。買物と聞くと、すぐに荷物が多いし、ショッピングセンターまでの距離もあり、車でしか行けないというふうに思い浮かべる人も多い。しかし、既成市街地の商店街では自転車で買物に来ている人は多いし、また、後ほど述べるように、郊外店での買物でも荷物の平均は2～3個であり、必ずしも自転車で買物ができないケースばかりではない。何でもかんでも車での買物ではなく、車でしかできない場合のみに車を活用し、その他は自転車を活用するなどの使い分けが大切である。

(1)買物に行くのは車、自転車、徒歩?

店に来ている来店者の交通手段はどのようなものであるのか。宇都宮市における中心市街地のスーパーの来店者アンケート調査によると、車が一番で33.7%、次いで、自転車が24.4%、徒歩22.7%、バス12.8%などとなっている(図2・5)。中心市街地でも車での来店が多いが、自転車も2番目で、かつ相当な割合がある。一方、3000台の駐車施設がある郊外大規模ショッピングセンターでは、98%が車であった。郊外は、中心市街地から相当距離が離れており、周辺部には、あまり人家もないので、自転車での来店はあまり見込めないようであるが、中心市街地では、自転車による買物もある程度盛んであることがわかる。

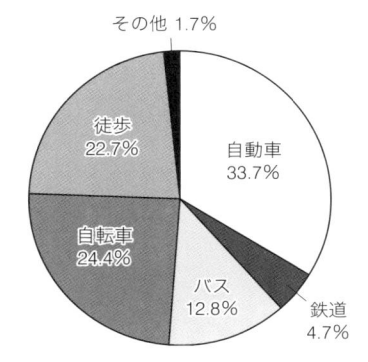

図2・5 中心市街地のスーパー来店者の来店手段
(出典:「パークアンドライドを視野に入れた自転車活用による自転車中心市街地活性化方策の検討」2007でのアンケート調査結果より筆者作成) (N = 172、郊外店は N = 240)

(2)自転車による買物のメリット

自転車による買物は、通勤と同じで、利用する個人とこれを受け入れる店舗の双方にメリットをもたらすことがいろいろな調査で明らかになっている(表2・16)。

①買物をする人─ガソリン代節約にとどまらない─

個人にとっても自転車による買物は大きなメリットがある。たとえばフィットネスになることである。帰りの荷物を積んだ自転車で帰ると重いが、非常に運動になり、肥満の防止につながる。しんどい、疲れるという人は、毎回でなくても、2回に1回でも自転車利用をするとよい。

さらに大きいのは、1円だって安いものを買いたい人たちが、往復のガソリン代をけちらずに使っている。これに対して、自転車で買物をしている人は、

表2·16　主体別自転車による買物のメリット

個人	①	健康＝フィットネス（帰りの荷物も含む）
	②	経済＝往復のガソリン代
	③	満足＝こまめに特売に対応
	④	快適＝入口近くにとめられる
	⑤	時間＝入庫待ちがない
店舗	①	売上の増
	②	にぎわいの増
	③	駐車場の整備・管理コストの減
	④	駐車待ちの車による周辺環境負荷の減
	⑤	環境にやさしい企業の評価・イメージの増加

特売にこまめに対応している人でもある。本当の節約は、このようにこまめに買物をするとともに、フィットネスクラブの費用と時間をカットし、かつ、健康になって医療費と脂肪をカットし、また、ガソリン代を減らすことにあると考える。さらに、駐車場待ちの時間の節約、入口近くの駐輪場にとめられるなどのメリットもあり、このお金と時間の節約の時代に、もっと賢く動き回ることが買物をする人にも要求されるのではないかと思う。これが真のスマートな買物である。

② 商業店舗にとっては利益の向上

　車で来てくれる人の方がたくさん買ってくれるため、車での来店の利便を優先して自転車による来店を軽視することが、長い間の商業政策の大きな柱ではなかったかと思う。しかし、本当にこれを柱にしていてよいのであろうか。車による買物を奨励するために、中心市街地の商店街等も車の駐車場の整備一辺倒であった。しかし、駐車場の確保は、それがかえって大きな負担になったにもかかわらず、活性化のキーポイントでもなく、利用がなされないという状況であった。また、一方では、自転車での来店者は、実は、近くからこまめに来てくれる良客を多く含んでおり、また、商店街に大切なにぎわいをもたらすキーポイントの人たちである。これらの人をもっと大切にすべきであるにもかかわらず、まともな駐輪場すら提供しないばかりか、さらに、商店街にとって安全と交通秩序を脅かす邪魔者扱いをしてきたのである（これは商店街の責任だけでなく、行政もそのようなことを見落としてきたのである）。

　この「まともな駐輪場」の意味は、もちろん需要に見合う十分の台数という量的な面もさることながら、その質である。自転車での買物の場合、後ほど述べるが駐輪場は買物場所から平均約120m程度以内でないと利用者は駐輪に抵抗があるため、あまり利用しない。つまり、一カ所に、しかも、離れた場所に、

いくらたくさんの駐輪空間を整備しても利用されないケースが多く、結果的には、商店街の店の前まで持ち込んでしまい、人通りの障害になってしまうのである。その地方の買物客のせっかち度等に応じ

表 2・17　商店事業者が考える自転車通勤のメリット

(回答数 N = 67、回収率 22.3%)

ゆっくり買物してもらえる	50.7%
駐車場の面積の有効活用が図れる	37.3%
環境にやさしい企業アピール	37.3%
駐車場の混雑、入庫待ちが減る	31.3%

※静岡市および福島市の商業事業者合計 300 対象（出典：筆者らの調査より作成）

て、一定の間隔ごとにこまめに十分な駐輪場を用意することが、真の意味での「まともな駐輪場」である。

　このような駐輪場を用意すれば、商店街の自転車問題は大幅に解消するし、さらに、店舗側に、最も重要視されている売り上げとにぎわいの増につながるのである。なお、商店街を通過するだけの自転車利用者には、自転車の乗車通行の制限（すなわち、押し歩きのみを認める）と合わせて、ここを迂回する歩行者が少ないなるべく併行した自転車ルートの設定が望まれる。

　商業事業者に対するアンケートで、自転車による来店での買物をしてもらうメリットを聞いたところ、1番目は、「ゆっくり買物してもらえる」、2番目は、「駐車場の面積の有効活用が図れる」（車ばかりの駐車場が必要だったところに、スペースが生まれる）であった。さらに、「環境に優しい企業のアピール」「駐車場待ちの混雑を減らせる」の順になっている（表 2・17）。

　この一番多い「ゆっくり買物してもらえる」という意味であるが、これは、スーパー業界の常識として、経験的に、客に店に3分長く滞在してもらうと、1.5品目買物が増えるという傾向があるそうである。頻繁に来てもらうことも含めて客になるべく長く店舗にいてもらうことが、売り上げの増につながる。車で来た場合、1時間は無料でその後有料であれば、必要なものしか買わず、さっさと帰ってしまう。ところが、自転車で来ると、一般的には車よりは長くとめていられるから、その分滞在時間が増え、買物も増える。つまり、ゆっくり買物をしてもらうというのは買物が増えるというメリットがある。また、人がたくさんいることは、店の賑わいも増えるのである。

(3)「車で来る客こそ良客」ではない

①自転車による買物は車よりも売り上げが多い

　買物による自転車利用に関して重要な問題がある。やはり車で来てくれる人の方がたくさん買物をしてくれる。後ろのトランクにもたくさん積めるではないかという点である。

　これについて、目と鼻の先でも車で行くという車社会である宇都宮市で、買物の交通手段と売り上げの関係について、自転車利用に関するアンケート調査により、分析を行った（表2・18）。すなわち3000台の駐車場のある郊外店と中心市街地のスーパーについて、車で来た人と自転車で来た人（郊外店に自転車できた回答者はなし）に、その日の買物の金額を質問した。回答者一人当たりの平均値は、車で来た人は、駐車台数3000台の郊外店は7800円であり、中心市街地で5300円であった。これに対して、自転車で来た人（中心市街地のみ）は3700円。やはり車で来た人の方がたくさん買ってくれるという結果が出ている。

　しかし、ここで大切なことは、来店回数である。週当たり何回ここに買物に来ているかについての回答では、車での来店者は、郊外店で1.4回、中心市街地店も1.9回であるのに対して、自転車での来店者は中心市街地店で3.4回である。もし同じ金額を毎回買ってくれたらという仮定のもとで計算すると、週当たりの売り上げは、自転車が1万2500円、車は中心市街地店で1万円、郊外店でも1万1000円となる。ということは、自転車で来てくれる人の方が一週間のトータルでは一番多い金額を買っているのである。

　商業事業者は、真の意味の売り上げを伸ばすとすれば、車での来店者に対するサービスも重要であるが、自転車での来店者をもっと優遇してもいいのではないかということになる。数多くの来店者が自転車で来てくれれば、駐車場のスペースの有効活用ができる、駐車の整理のガードマンの費用が減る、駐車場や駐車待ちの混雑が減る、その他にも商業事業者にとっていろいろメリットがあるうえに、売り上げも伸びる可能性があるのである。

　また、これに加えて、自治体と一緒になら、自転車に対する車の駐車場の割引券のようなサービスを実施してもいいというところも多くあり、官民一体で、

表2・18 宇都宮市の郊外店と中心市街地店の買物の金額、袋、回数の比較

来店回数を週当たりで回答した者		週当たり来店回数a	1回の買物（平均）		買物回数（週）	
			荷物または袋の数b	金額c	荷物または袋 a×b	買物金額 a×c
郊外店	車	1.4	2.8	7789	3.92	1万905
	自転車	回答者なし	回答者なし	回答者なし	―	―
中心市街地店	車	1.9	1.8	5326	3.42	1万119
	自転車	3.4	1.8	3691	6.12	1万2549

※回答者：郊外店350、中心市街地店184。うち、荷物や金額に回答のあった者（出典：㈶土地総合研究所等受託都市再生モデル調査（宇都宮市対象の調査）より筆者作成）

表2・19 交通手段別来客の売り上げ金額の割合

	徒　歩	自転車	公共交通	車
まちなかからの来客	19%	56%	14%	25%
地域からの来客	0%	21%	32%	40%
広域からの来客	4%	5%	39%	37%
合　計	11%	34%	25%	35%

（出典：オランダ政府資料（2004年グローニンゲン市の調査））

自転車で買物に来る人たちをもっと優遇することが大切であると考える。

　オランダのグローニンゲン市でも、自転車で来た人と車で来た人の総売り上げを調査している。これによると、自転車で来た人と車で来た人の売り上げは拮抗しており、ここでも、自転車で来た人も、相当程度買物をしてくれる上客であることがわかる（表2・19）。さらに、ドイツについても、来店回数の調査があり、1カ月の来店回数は、車の来店者が月7回であるのに対して、自転車の来店者は月11回と約1.7倍となっている（EUの実施機関ECの資料）。

②自転車で運べないほど買物量が多い人は限られる

　もう一つ、買物の荷物の量がある。車で来ないといけないような荷物量かどうかであるが、郊外店でも荷物は平均2.8個、中心市街地店で車および自転車の両方が平均1.8個であった。車で来ることは買物の量が多いためかというと、必ずしもそうではなさそうである。中にはどうしても荷物が多いという人も存在すると思われる。そういう人は、どうぞ車で来てください。しかし、平均的には、車で来なくてもよいような荷物の量である。

　また、同様に、ドイツにおける調査でも、車で来なければいけないようなレ

ジ袋の数二つ以上の人の割は、車来店者25%、自転車17%であり、買物量の面でも車で来なければならない必然性は乏しいとしている（上記 EC の調査）。

③自転車客が増えると駐車場不足も解消できる

次に、店舗が最も力を入れている駐車場の確保に関してのマイナス面の軽減である。全国の商業事業者に対するアンケート（2002）では、車の駐車場の不足に関して、曜日による不足を含めると「不足している」と答えているところが5割以上ある（表2・20）。さらに、駐車場の混雑も5割以上があると回答している（表2・20）。

すなわち、商業事業者も車での来店の増加を望んでいるものの、現実には、さまざまな課題を抱えている。駐車場のコストを負担に感じているとするものが多い（33%）が、やむを得ないとするのも半数（50%）あり、合計約8割は、実質的には負担があると感じているのである。これに対して、負担に感じないとするものは、10%と極めて少ない（表2・21）。

すなわち、なるべく自転車で来てもらったほうが、彼らにとっても負担が少なくなり、プラスになる。できれば、駐車場を減らせる状態で、来店者の増加が期待できれば店舗としても最高であることになる。

表2・20　駐輪場の不足・混雑の状況　　　　　　　　　　　　　　　　　（回答数 N = 91）

駐車場の不足		駐車場の混雑	
不足	7.7%	生じている	11.0%
曜日により不足	42.9%	時々生じている	39.6%
足りている	45.1%	生じない	42.9%
無回答	4.4%	無回答	6.6%
合計	100.0%	合計	100.0%

（出典：全国商業事業者に対するアンケート調査結果（2002）より筆者作成）

表2・21　駐車場のコストの負担感　　　　（回答数 N = 91）

負担に感じている	32%
やむをえない	50%
負担に感じない	10%
無回答	9%

（出典：全国商業事業者に対するアンケート調査結果（2002）より筆者作成）

(4) 自転車による買物の有効な奨励策

　筆者の実施した福島市、練馬区および名古屋市の街頭での住民アンケート調査では、自転車来店者に対して割引券などのサービスがあれば、自転車をもっと利用したいとする割合は、極めて高い（76％。17項目中第2位。複数回答）。自転車利用促進策として、有効性が最も高い施策の一つである。

　そこで、自転車来店者（実際は車の来店者以外の者。以下同じように考える）に対して、駐車券の全部または一部に相当するポイントや割引などを来店奨励策として考えることの店舗側の可能性について考える。

　まず、車に対して無料の駐車券を出すのであれば、自転車を奨励するために、自転車に対してもこれに相当するサービスを提供してもよいのではないかと考えるのが素直である。すなわち、車で来店するための駐車場の建設や管理の経費は、相当かかっており、これを、駐車場を利用しない徒歩や自転車での来店者にもその利益から負担させることは、車による来店者を優遇しているのである。環境に貢献している来店者を優遇しないで、環境に負荷を与えるだけでなく、自分たち事業者にも、駐車スペースの確保、費用などで負担がかかっている車来店者のみ優遇することが、いかに売り上げを伸ばすためとはいえ、社会的企業として、事業者としての立場として、公平かどうか、または適当かどうか、ということを考える必要がある。

　これに対して、一般の人は、車で行くとたくさん買うので、駐車券分のサービスをするのは当たり前であり、自転車での来店者はあまり買わないのであるから、あまりサービスの必要はないとも考えられる。しかし、買物金額の多少をいうなら、自転車で来る人も、売上額の合計の平均額が大きいことは先に述べた通りであり、また多い人ももちろんいるのである。売り上げ金額はポイントカードやレシートその他で簡単に把握できる。車で来ている人のみ優遇するのは、社会的企業としての公正さの点で再検討すべきである。もし優遇するとすれば、車での来店者ではなく、売り上げが多い客を対象に駐車場のサービスか、または、これに相当する割引などをすればよいのである。

　このように考えると、一方で車の無料駐車サービスがあるとすれば、他方でこれに相当するか、または、少しでもよいから、自転車来店（徒歩なども含む）

表 2・22　自転車に対する割引券等への店側の意向

(回答数 N = 91)

賛成	8%
自治体の施策・指導で	42%
反対	22%
どちらでもない	25%
無回答	3%

(出典：全国商業事業者に対するアンケート調査結果（2002）より筆者作成)

表 2・23　自転車利用の積極奨励への店側の意向

(回答数 N = 91)

賛成	22%
自治体の施策・指導で	44%
反対	4%
どちらともいえない	28%
無回答	2%

(出典：全国商業事業者に対するアンケート調査結果（2002）より筆者作成)

表 2・24　自転車の利用促進で企業イメージの向上が図れると考えるか（店側の意向）

(回答数 N = 91)

賛成	34%
自治体の支援・表彰で	34%
反対	3%
無回答	1%

(出典：全国商業事業者に対するアンケート調査結果（2002）より筆者作成)

に対する割引券などのサービスがあってもいいのではないかと思われる。自転車での来店に対しては、上のように店舗側も一定のメリットを感じている。アンケート調査で、自転車来店者に対して、割引券などによるサービスを行うことについてどう考えるかと質問した（表 2・22）。結果は、賛成は 8% と積極的に考える企業は少ない。ところが、自治体の指導や施策があればやってもいいというところが 4 割強ぐらいもあり、合計すると 5 割が条件付きの賛成である。反対は、2 割程度と少ない。このように、自転車来店に対する一定の理解は進んでいると思われる。

　また、この割引券等の面以外で自転車利用をもっと積極的に促進していいと考える企業は 22% あり、一部でしかないが自治体の指導とか奨励があれば積極的に奨励したいとするものが 40% あり、これを合わせると、自転車による買物を奨励したいとする潜在的な意向は 60% を超える（表 2・23）。

　これらの結果、自転車利用を奨励することについて、企業イメージが向上すると考える企業は多く（34%）、自治体の支援や表彰等があればとするもの（34%）を加えると、合計 7 割近くに達する（表 2・24）。

　すなわち、これらについての共通のキーポイントは、何といっても自治体が積極的に自転車による買物に焦点を当てて、自転車政策を推進するかどうかである。自治体の支援・奨励等があれば、自転車を奨励したいとする事業者が多

いことが以上のアンケート調査で明らかになっているのである。

　また、これらは、中心市街地の活性化の一つの手段として、自転車による来街を奨励するかどうかという点にもつながる。自治体が何らかの形で自転車による買物（中心市街地活性化に絡めて）に焦点を当てて、セットで買物奨励策（地域振興策を含めて）を行えば、実施してもよいという企業が結構あるということは容易に推測できる。

　以上のように、まず、自治体が主導し自転車による買物を推進することが大切で、それに呼応して店側も頑張るものと思われる。

(5)自転車による買物の奨励策の方向および実例

①奨励策の方向

　買物についても、すでに述べた安全で快適な自転車走行空間が提供されていて、店舗や商店街まで容易にアクセスできるようにすることが一番の奨励策である。また、入口近くの駐輪場があり、車の駐車場よりも便利であることが重要である。

　しかし、自転車利用は、このようなインフラとともに、経済性を重視して行われることも事実であり、このために、自転車による買物に対して、車による来店者に対する優遇サービスに見合うようなサービスを提供すれば、自転車による来店を伸ばして、結果的には、環境にやさしい企業として、また、売り上げが伸びる基礎を形成することになるのである。

　すなわち、以上をまとめると、表2・25のような方策が、自転車での来店を奨励するものとなりうるのである。

表2・25　自転車による来店を推進する方策

①自治体の主導による自転車買物奨励の推進を方針として持つこと。これにもとづき、個人・商業事業者のメリットを強調した広報啓発や指導を行うこと
②その方針に従い、店舗に対して自転車来店を奨励するよう指導すること
③自転車来店を奨励してくれる店を重点にして、ネットワークとしての自転車空間の整備・提供を行うこと
④そのかわり、駐車券と同じ額程度の割引の推奨を行うこと
⑤また、店舗での十分な量および質（入口に近い、屋根つきなど）の自転車の駐車場の確保を指導すること

この表2・25のように、自転車による買物を奨励する様々なソフト施策と利便性の高い駐輪場などのハード施策のバランスのとれた総合策が有効となると思われる。日本では自転車通勤すら、ソフト施策がやっと講じられ始めた段階である。なかなか、自転車による買物を推進する段階まで行かないと思われるが、今後はこういうこともテーマに取り上げて、自転車利用促進による中心市街地活性化などを含めたまちづくりを推進する必要がある。

②自転車による奨励策の実例
　このような自転車による買物を奨励する施策は、これからという段階であり、自転車による来店に焦点をあてた実例は少ないが、次のようなものがある。
● 逗子ポイントカード事業協同組合"エコ・アクション・プロジェクト"
　これは、全国商店街エコ・アクション・プロジェクト（S-EAP）として、2009年度 環境省 エコポイント等CO_2削減のための環境行動モデル事業として、実施されたものである。
　「楽しくエコに取り組んで、1万円分の商品券がもらえるエコ大賞をめざそう」という呼びかけで、「しおかぜカード」を運営する逗子ポイントカード事業協同組合では、期間中「エコ・アクション・プロジェクト」を展開した。「レジ袋を辞退したら1ポイント」「徒歩・自転車で来店したら3ポイント」など、環境保全につながる消費者の行動に対してエコポイントを進呈し、貯めたポイント数に応じて表彰。しおかぜカードの加盟店約160店舗のうち、34店舗がプロジェクトに参加した。各店頭で専用の「エコアクションカード」を配布し、買物客に呼びかけていく。期間中もっとも多くポイントを貯めた1名には、「エコ大賞」として、しおかぜカード加盟店で使える商品券1万円分を、それに次ぐ20名には「エコ貢献賞」として2000円分を贈呈した。

● 茅ヶ崎市でののきさき駐輪場
　茅ヶ崎市の商店街では、多くの自転車による来街者があり、その駐輪場の確保が難しい。これに対して、茅ヶ崎市商店

図2・6　エコ・アクションカード

会連合会が、①商店会・まちの駐輪場づくり、②自転車が走りやすい・利用しやすいまちづくり、③茅ヶ崎ライフに似合う茅ヶ崎ブランドの自転車づくり、および④レンタサイクルの推進をめざして、のきさき駐輪場とレンタ号を用意している。

　このうち、のきさき駐輪場は、商店街で買物する人のための無料駐輪場として、商店からのスペースの提供により設置されたもので、自転車で利用しやすい便利な商店街をめざすものである。利用時間は午前10時から午後5時までの間の2時間以内である。設置場所は、駅周辺9か所に分散している。一か所当たりではわずかのスペースであるが、買物場所に近いというメリットを生かして商店街に買物に来た人に提供されている。

◉ スーパーの駐輪場を買物者に取り戻す

　従来、駅前のスーパーの駐輪場は、開店前にロープを張っていても、駅を利用する多くの通勤・通学者が駐輪していた。このため、買物客に利用できるスペースが十分になく、あぶれた自転車が路上に放置される事態となっていた。

図2・7　茅ヶ崎イトーヨーカ堂前駐輪場

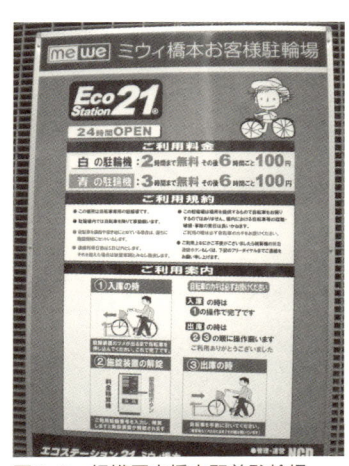

図2・8　相模原市橋本駅前駐輪場

図2・9　同橋本駅路上駐輪施設
買物客は2〜3時間無料。路上駐輪場も同様でこれらの自転車は放置ではなく、電磁ロック式で管理されている

第2章　自転車の用途別施策　79

このため、スーパーの駐輪スペースに電磁ロック式の駐輪施設を採用して、一定の時間（たとえば 90 分）無料として、それを超える場合は、公共の駐輪場よりも高い料金になるように設定することも行われている。これにより、通勤・通学の駐輪者は、公共駐輪場の利用に回り、スーパーの本来の駐輪場は、買物客が利用することができるようになり、自転車による来店者に大いに貢献している。全国で多くの例があるが、茅ヶ崎市のイトーヨーカ堂の駐輪場（図2・7）などは、この実例である。また、相模原市の橋本駅前では、公共スペースに駐輪場が設置され、この駐輪施設も、短時間は無料であるため、自転車による買物の駐輪スペースとして活躍し、自転車による買物を促進している（図2・8）。

4 自転車による通学 〜健康と環境教育の切り札

(1)自転車通学の状況

　自転車通学は、わが国の危険な道路の状況において、自転車利用促進策の一環として取り上げるには、おおよそ考えも及ばないものと見られており、まだその効用が十分に理解される状況にはない。しかし、先進国ではこれを交通施策の最重要課題として取り上げ、推進している。自転車通学を含む子供の自転車利用の促進は、自転車政策として、地球環境施策として取り組むべき重要な課題を含んでいるので、ぜひとも紹介しておきたい。

①日本の状況
　わが国では、自転車通学というと、特に小学生などは、もっとも危険なものと見られているが、通学距離が長い中学生と高校生の一部について認められ、また、大学生の多くが活用している貴重な通学の手段である。大学の学生が多いまちは、通常は自転車利用が盛んである。しかし、これらの自転車通学について、自転車利用促進策の立場から公からのアプローチはほとんどなく、主と

して学生や生徒の自転車の安全面、放置問題やルールやマナーといった自転車利用態度面から抑制的にとらえられがちである。

　学校側としては、このような「危険な」そして「放置問題」や「ルールマナー」を守らない自転車利用をできるだけ避けて、公共交通とか徒歩に切り替えて登校してほしいが、現実に通学の手段の選択肢がない生徒に、やむを得ず自転車通学を許可しているというシステムが多い。教育委員会が通学距離などの基準を設けて、それに従い学校が許可している。

　わが国の自転車利用の状況は、表2・26のとおりとなっている。

　これによると、小学校では92.4%、中学校では34.3%が自転車通学を認めていない。

　小学校で認めているのは6.7%とわずかであるが、通学距離が長いなど特に地方部の実情に配慮したものであると考えられる。中学校では、小学校区をいくつかまとめているものが多いこともあり、一般的には通学距離が増えること、また、体力や判断力も増加していることから、無条件および条件付きで通学を認めている割合が64.9%と、小学校に比較すると高い割合になっている。

　ただし、自転車通学を認めている場合も、表2・27のように、自

表2・26　日本の小中学校での自転車通学割合（%）（2004年）

	小学校（N = 1497）	中学校（N = 627）
無条件に認める	0.3	7.2
条件付きで許可	6.4	57.7
認めていない	92.4	34.3
無回答	0.9	0.8

※抽出によるサンプル調査（出典：文部科学省スポーツ・青年局からのヒアリングより筆者作成）

表2・27　全国の自転車通学の例

①北海道斜里郡小清水町立北陽小学校では、学校から遠距離（2km程度）に通学している生徒が多いため、天気のよい日には、自転車で通学することが許可されている。北陽小学校周辺の道路は、自転車も通行が可能な幅の広い歩道になっているので、児童はその歩道を利用して自転車通学する。ただし、毎年新学期に自転車試験が実施され、それに合格しないと自転車通学をすることができない。児童は正しい自転車の運転方法を身につけて、楽しく通学している。通学の際はヘルメットの着用が義務になっている。 ②千葉県山武市では、市立の小中学校児童生徒自転車通学用のヘルメット購入補助金制度がある。 ③千葉県南房総市では、市立の小学校および中学校遠距離通学費補助金として、自転車通学の場合自転車購入費の1/2の補助が1万円を限度として支給される。 ④茨城町立小中学校児童・生徒自転車通学用ヘルメット購入費補助として、1/2が支給される。なお、茨城県内で自転車通学する児童は18市町村で約1400人と報じられている。

（出典：各学校、市役所等のHPより）

転車に関する安全教育を徹底して実施し、危険性のないように指導したり、ヘルメット補助金、新しい自転車購入補助金等が用意されており、安全性が向上するように措置されている例も多い。自転車に多い頭部外傷を防ぐ意味で、ヘルメットの着用を義務付けている割合も5割に達している[注4]。また、全国的に小学生、中学生、高校生等を中心に、自転車教室が数多く開催されており、ここにおいてルールの講習等を実施している。

②海外の自転車通学推進施策の状況

　わが国では、自転車通学を推進する積極的な実例はほとんどない。しかし、子供の心身の発達や社会性、親の子供に対する教育態度など多くの論点を含んでいるので、敢えて外国の事例や推進施策を紹介して、自転車通学促進の事例の最先端を明らかにし、今後のわが国の自転車通学の推進の一歩としたい。

　後に述べるように、自転車通学は、特にアメリカ合衆国やイギリスでは、小学生などの運動不足の解消手段として、国を挙げて重要な自転車施策として、さまざまな方策が講じられている。その背景の一つには、日本以上に自家用車による送迎が増え、その直接または間接の悪影響が懸念されていることがある（表2・28）。

　これらに対して、オランダでは、小学校の生徒の49%が自転車による通学で

表2・28　米国、英国の自転車通学の推進施策の背景等

米国の状況	きっかけ	通学児童の肥満の増大→大人になっても肥満の継続→健康予算の継続的拡大→財政支出の中で健康予算の大幅カットの必要性
	起源	デンマークのオーデンセで1970年代に始まったが、ニューヨーク市でも1997に取り上げ、2000年全国に急速に拡大して、国策として法定された（SAFETEA法）
	通学実態	①1969＝徒歩・自転車42%、通学距離1マイル以下の生徒87% ②2001＝徒歩・自転車16%と大幅に減少、通学距離同63%と近距離が減少 ③2004＝スクールバス1/4、自家用車通学半数以上
	親の送迎理由	①通学距離61.5%、②交通安全30.4%、③天候18.6%、④犯罪11.7%、⑤学校等が単独通学を禁止6.0%、⑥その他15.0%　（2004年全国アンケート、N＝1588）
英国の状況	通学実態	①通学距離増大、交通量増加、学習用荷物の増加等により、 ②自家用車送迎16%→30%　通学距離1/3の増加（10年間で）
	親の送迎理由	自家用車保有増加、交通安全の危惧、いじめ・誘拐の危惧等、1/3の子供は自転車通学希望、実態は自転車通学2%未満

（出典：各国政府の資料より筆者作成）

あり、徒歩の37%よりも多い。また、自家用車による送迎は14%にすぎない。中学校では、自転車による通学は、その割合が若干高くなる（オランダ政府「オランダの自転車」による）。自転車利用を長年にわたり先進的に推進している成果がここにも表れている。

(2)自転車通学のメリット

①自転車通学の奨励の出発点は子供の発達の促進

　自転車通学推進の考え方を整理すると、次のような自転車活用型の子供教育が出発点である。

　すなわち、親が子供を学校や友達の家などにも、車で送る習慣を持っている場合が多い。子供たちは、このような親の車依存の生活習慣を見ている。そのような生活習慣は、将来の健康の維持・形成にとって有効なものであろうか。自分の足で移動することをしない子供たちが大量に生み出されている。親にとって、学校まで送り迎えしたり、子供が自宅にいるか、またはそこから歩いて行動できる範囲にいることは、安心・安全につながる。しかし、通学をはじめとして、あらゆる場面で、両親や家族などの監視下に置かれていて、無菌状態の車で送り迎えして、本当に子供の人格が形成されるのであろうかという大きな疑問が生じる。子供には、自らの自主性・人格を形成するために、通学時や放課後の行動などで様々な経験を積むこと、また、車依存でない自転車利用の習慣の形成が必要である。これは子供の時だけでなく生涯を通じて、車に頼った生活が有効な生活態度とはいい難い。歩いて暮らせるまちづくり、コンパクトシティの形成の中で、自転車で行けるところは、自転車で移動することが大切である。なお、徒歩も大切な移動手段ではあるが、その移動の範囲があまりにも限られており、子供の人格の形成、経験の範囲からすると制約が大きい。

②自転車通学のメリットおよび重要性

　以上のようなことから、自転車通学は、そのメリットが、次の表2・29のように整理できる。また、その推進の際の課題として2点がある。

　最も中心となるのは、子供の肥満の防止や健康の維持改善であり、第1章で

表2・29 自転車通学のメリットおよび推進の課題の整理

メリット	1	子供のメタボ対策(肥満児の増加、生活習慣病の蔓延など)体力の増強	日本の肥満児割合14歳で14%(2003)、12%(1993)、9%(1883)
	2	子供の自分の判断能力の醸成、自主性の回復	送迎なしで通学可能の習慣醸成、一人での外出能力向上
	3	子供の教育(親の行動を子供が見る)	車に頼る生活習慣からの脱皮。子供の将来の健康・生活習慣・自主性・人格の形成。三つ子の魂百までのたとえもある
	4	親の健康維持、生活習慣病の予防(自転車による送迎を行う場合)	生活習慣病にかかって入院すると、100万円から200万円の入院費用
	5	親の時間、経済の節約	送迎、フィットネスクラブなどの時間と費用の節約
	6	学校周辺の交通量の増加、交通混雑、事故危険性、大気汚染、騒音の防止対策	朝の交通混雑の20〜25%は送迎(英国18%)。一番空気が静謐・清浄が要求される学校等の周辺の大気汚染、交通渋滞を惹起
	7	地球の温暖化防止対策	環境負荷削減
課題	1	自転車事故の危険性	米国14歳以下の子供の自転車事故死者493名、負傷者2万9000名、車事故死者1638名、負傷者24万6000名
	2	セキュリティの低下(誘拐その他)	米国18歳以下の誘拐は刑法犯の2%、学校周辺ではその4%と少ない

> (自転車通学などの子供の自転車利用は)子供のための遊びと活動の機会を増やす。
>   健康省は、すべての若者が、少なくとも、1日に1時間、中程度の運動をすることを推奨しているが、調査では、少年の40%、少女の60%が週のほとんどの曜日にこのような運動をしていない。
>   近年における肉体運動の水準の低下は、交通環境が段々と厳しくなっていることによるものであり、また、このことが、子供の自転車利用の大きな減少の原因となっている。
>   自転車利用にやさしい交通環境の形成は、カーミング(車の速度を出させない道路上の施設)などの交通インフラを通じて、また、道路空間の再編成を実施することを通じて、車の速度規制により実現されるものである。
>   おそらくもっと重要なことは、高速での移動交通が、若い人たちに環境と適切に付き合うこと、周りの状況を学習すること、リスクと冒険の楽しみを見つけ出すことの可能性を封じてしまうことである。また、高速での移動交通の道路は、よい遊び場を提供しない。そして、英国医学ジャーナルがのべたように、「悲しい現実は、ほとんどの通りが車の駐車場になり、中央部がレースのレーンになってしまっている」。
>
> (英国政府資料「自転車と健康」より)

も述べたように、自転車での移動は有効である。

　この自転車通学の健康上のメリットについて、英国政府の出した「自転車と健康」では、次のように説明している。すなわち、運動しない子供たちがどん

どん増えているため、自転車利用による通学や外出は、子供たちに楽しみと運動の機会を増やすことになる。

　親の側にも、メリットが大きい。子供が車に頼らずに通学や外出（塾なども含めて）してくれると、親の負担が軽減される。また、車を利用する場合の環境負荷とガソリン代が軽減される。このように、親の負担の軽減が、時間的にも、経済的にも大きい。

　また、親たちも、子供たちにしっかりとした環境教育をする際には、自分たちが車に安易に頼り切った行動を取っていては、子供たちに環境の大切さを教えることはできない。地球環境に対する負荷の削減をいくら机上で親が子供に教育しようとしても、車に頼る生活をしていては、説得力がない。親たちも自ら反省することで、自転車の活用による心身の健康の向上や環境に対する寄与が同時に可能となる。

　これに加えて、仮に保育園や幼稚園の送り迎えやその他の子育て行動や買物などに自転車を利用することは、子供の教育や自身の健康のためでもあるという動機を持てば、インセンティブにもなり、効果も高い。

（3）自転車通学の有効な推進策

①重点施策としての位置付けと内容―米国と英国の場合―

　以上のようなことから、欧米では、自転車通学を奨励する動きが盛んである。特に米国と英国が自転車や徒歩での通学を強力に推進している[注5]。

◉ 米国の場合～連邦が最重点に掲げる通学路安全事業

　米国では、連邦自ら通学路安全事業を推進し、連邦からの補助率を100％とするとともに、通学路安全対策担当官の地方への設置を連邦法で義務化している。また、通学路の整備、通学路の地図の整備による情報提供などの事業を行っている（表2・30）。この施策の連邦の予算も、年々うなぎ上りである（表2・31）。

表2・30　米国の自転車通学等に対する取り組み

①連邦補助金100％連邦負担（SAFETEA法）
②州、都市圏に通学路安全担当官（専任）の必置規制
③通学路整備の推進
④通学路の地図作成による情報提供

（出典：米国の各種資料より筆者作成）

この根拠が連邦法のSAFETEA-LU法（米国連邦の陸上交通政策に関する法律）であり、2009年度までの米国の交通政策の基本的な内容を詳細に定めている法律である（表2・32）。

　注目すべきは、この制度は、国が徒歩および自転車通学の奨励をすること、安全かつ魅力的な通学手段を提供し、小さいときから健康的で活動的なライフスタイルを奨励すること、そして、安全性を向上し、車の交通量、燃料消費および学校周辺の大気汚染を減少させるための計画の策定、事業の企画および実施を促進することをめざしていることである。自転車通学を積極的に活用して、安全かつ魅力的な通学環境を整えることが目的となっているのである。

表2・31　米国の連邦予算額の推移

年	2005	2006	2007	2008	2009	合　計
予算額	0.54	1.0	1.25	1.5	1.83	6.12

※安全通学路推進事業、単位億ドル（出典：米国連邦交通省資料）

表2・32　SAFETEA-LU法（米国連邦の陸上交通政策に関する法律）

①予算：2005年度から2009年度までの年度ごとの安全通学ルートプログラムに計6.12億ドルを使用することができる（同法1101条（a）項（17）号）
②制度の創設：行政当局は初等中等学校の生徒の利益のために、安全通学ルートプログラムを創設し、これを実施しなければならない（同法第1404条（a）項）
③制度の目的：このプログラムの目的は、(1) 身障者を含む子供達に徒歩自転車による通学を可能にし、かつ、奨励すること、(2) 自転車通学徒歩通学を安全で魅力的な通学手段として提供し、これにより、小さいときから健康的で活動的なライフスタイルを奨励すること、(3) 安全性を向上し、かつ、交通量、燃料消費および学校周辺の大気汚染を減少させるための計画の策定、事業の企画および実施を促進することである（同条（b）項）
④資金配分：(1) 号　資金配分の原則として、初等中等学校の在籍の生徒の人数比により各州に配分、(2) 号　資金配分の最小限度を100万ドルとする、(3) 号　行政経費の支出限度（＝300万ドル）などを規定（同条（c）項）
⑤資金の配分の担当省庁：連邦交通省とする（同条（d）項）
⑥プログラムの対象となる活動：インフラ（ハード）のプロジェクトと非インフラ（ソフト）の活動の両方が対象となる。配分予算の10から30％の範囲は非インフラの活動に使用することを規定。州の安全通学ルート総括官の設置を義務とし、その支出は④の（3）の行政経費から行う（同条（f）項）
⑦情報センターに対する補助：(A) 安全通学ルート情報センターの運営経費、(B) 安全通学ルートに関する情報教育プログラムの開発（C）安全通学ルートプログラムが適切に実行されるための技術的援助技術の普及に必要な費用を補助（同条（g）項）
⑧特別委員会の設置、議会への報告書の作成：研究開発のために、健康、交通、教育の長と連邦の各機関の代表により構成される特別委員会を設ける。2006年3月31日までに研究の成果、戦略の策定状況等について報告（同条（h）項）

● 英国の場合〜国の自転車戦略の2本柱の一つ

　また、英国でも早くから「国家自転車戦略」1996の中で取り上げており、用途別には利用目標の設定はないのに、自転車通学だけは利用目標値の設定を行い、国が率先して取り上げている。また、国の「国家自転車戦略」1996のアクションプランとしての「未来のための自転車Ⅱ」（2007年9月）は、事業を二つにしぼり込んでいるが、その二つの事業（他の一つは自転車都市の整備）のうちのひとつとして、子供を対象にした自転車利用促進事業を取り上げている。この中で、①自転車利用の環境を整え、子供たちが生涯にわたり自転車を利用できる環境を整えること、②通学における自転車利用のレベルを高め、親が運転する車での送迎の通学に伴う交通混雑と環境汚染の回避および子供たちの肉体運動レベルを高め、健康と福祉の増大を図ること、③意志のあるすべての子供に通学と家庭での自転車の安全利用の能力と自信を持たせること、と述べている。このために、2012年までに、この運動に参加しているすべての学校で通常の自転車通学率を10%とすること、同年までに車でなされている通学を5%削減すること、すべての子供たちに小学校の卒業までに自転車の安全運転に関する知識と技量を生涯の技術として習得させるなどとしている。

表2・33　子供を対象にした国家START[注6]戦略の事業内容（英国）

事業内容（対象地域）	目　標	費用（年）
自転車利用可能性	2012年までにすべての子供たちに中央政府が定めた国のレベル2の標準※まで達するように自転車利用可能性を伸ばす機会を提供する	1200万ポンド（約15億円）
学校のための支援専門家の選定	イングランドの小中学校のすべてに自転車利用の増大と学校間競争による支援専門家の選定の機会を与える。助成期間内に学校の半分1万校について、これを実施する	1000万ポンド（約12.5億円）
安全通学ルート	600の通学ルートを整備するとともに1000の駐輪施設を追加する	1000万ポンド（約12.5億円）
レクリエーションおよびスポーツの実施	2012年までに学校における自転車クラブの数を倍にすることによりネットワークを拡大する。2008年からの実施学校に自転車利用をオプションとして提供する。2008年から家庭での自転車利用活動が盛んになるように学校にその手段を提供する	500万ポンド（約6.3億円）

※卒業までに自転車の安全運転知識を生涯の技術として習得させること、自転車通学比率を10%とすること、自家用車通学を5%減らすことなど、円換算は、1ポンド＝125円で計算（出典：英国自転車推進機構『未来のための自転車Ⅱ』より筆者作成）

表 2・34　英国の自転車通学等に対する取り組み

①国家自転車戦略 1996 に自転車通学の目標値の設定（倍増）。また、英国の自転車利用を推進する二大事業の一つとして取り上げている（「未来のための自転車Ⅱ」の戦略）
②自転車徒歩通学のマニュアルの作成配布
③アドバイザーの派遣
④通学計画の策定の推進

　具体的な事業内容とその目標、費用は、表2・33のとおりである。

　その具体策としては、表2・34のような取り組みがなされている。

◉ オランダの場合

　オランダでは自転車通学のための学校までのルートは、必ずしもつながっていない。ルートとして開拓できるのは、学校周辺のルートのみであるが、最低限このルートの開拓事業を実施している。これとともに、小学校までのルートのうち、地域全体やまちの核となる部分の交通安全対策を行う。また、自転車通学の推進事業では、インフラの整備、交通教育、親とのコミュニケーションなど、幅広い対策を講じることが求められ、連帯して責任を持つことが必要である。学校当局、親、教師、子供自身、近隣地域の居住者、警察、自治体などの連携でこれに当たる総合施策を講じている（オランダ政府「オランダの自転車」による）。

②具体の推進の取り組み事例

◉ 推進体制

　米国では、連邦法で州や都市圏の自治体において、専任の通学路安全担当官の設置を義務付けている。この担当官は、通学路の整備、安全確保、地図の作成などの推進を担当している。

◉ 通学地図とマニュアル

　特に、通学地図の作成と通学路の整備により、自転車・徒歩通学を推進している。具体的には、学校周辺の通学路の安全性をチェックし、ルートの方向性、設定の仕方などを指導した通学用の地図（図2・10）の作成などを推進するとともに、自転車および徒歩の通学に関するガイドブック（図2・11）を作成するなどをしている。

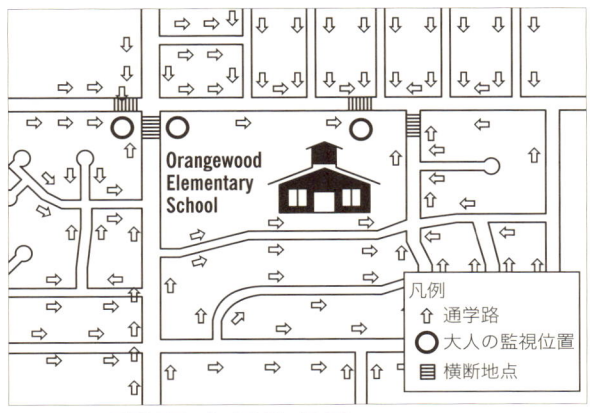

図 2・10 通学地図の作成事業（米国）（出典：国立通学ルート情報センターの安全通学ルート促進事業のための地図と手段についての資料から筆者作成）

図 2・11 自転車通学路安全事業ガイドブック（米国連邦交通省・自転車情報センター・通学路安全事業センター等作成）

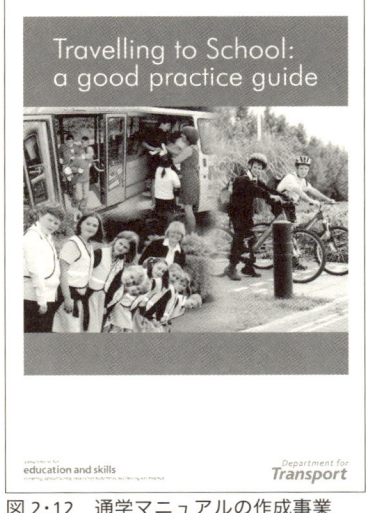

図 2・12 通学マニュアルの作成事業（英国）〜英国交通省作成の通学ガイドブック

● 英国の自転車通学のマニュアルの作成

　英国でも、自転車・徒歩通学などの実例集（図 2・12）などを作成・配布するとともに、アドバイザーの派遣、通学計画の策定などより、これらを推進するようにしている。

図2・13　英国ロンドンで親の自転車実践教育

二つの図を見て、違う点を10個見つけ出し、正しい行動を学習する。上は、正しい図で、下は誤りの入った図である。

図2・14　米国ニュージャージ州の州政府の子供自転車学習教材（出典：ニュージャージ州資料）

図2・15　オランダの子供乗せ自転車の例

③親の子供に対する実践教育

また、図2・13は、子供に対する自転車教育を他人任せにせず、親も自ら利用し、ルールを子供に教えている場面である。子供は歩道を走行し（英国では子供の歩道通行は認められている）、親は街路樹をはさんで並行して車道を走行して、自ら自転車の走行の模範を示し、また、ルールについて実際の場所で指導をしている。

また、米国では、州が子供向けの自転車学習教材を作成して、公開している。これは、子供にクイズ形式で自転車の安全な乗り方を指導するもので、正しいものを選択することにより、一つ一つ自転車の安全な乗り方が学習できる教材である（図2・14）。

④子供乗せ三人乗り自転車に注目が集まる日本

日本では、世界各国と同様、子供を保育園へ送迎する場合や親が子供と一緒に買物などの用足しに出かける場合に、自家用車が多用されているが、道路の渋滞や駐車場の問題、ガソリン代の節約などで、自転車で出かけることも必要になっている。このため、

子供を同乗させる安全な自転車の開発、活用が盛んに行われている。特に、三人乗り自転車で安全性等が認定される形式のものは三人乗りが認められることとなったため、これの購入の補助やレンタルの制度が地方公共団体において続々と登場している。出かけるときに車を選択する理由で、家族と一緒に目的地に行けるという理由が一定割合を占めている。三人乗りの自転車で親子での交流を図りながら、日常の買物や保育園等の送迎に活用すれば、交流とエコと親の健康の増進を同時に図ることができるのである。

図 2・16　町田市の三人乗り自転車のレンタルの募集

図 2・17　日本での子供乗せ自転車の開発の実例

(4) 自転車通学等の推進による子供の環境教育の意義

　以上、先進各国の事例やわが国の例などを見てきたが、自転車通学は、(2)で述べたようなメリットがあるのはもちろんであるが、今後の自転車政策を考える上で、自転車利用の促進の必要性と安全性の課題の両立など大きな論点を提供している点で重要な意義がある。
　メリットの部分と少し重複するが、敢えて整理したい。

①自転車の安全環境や地域活動の向上に大きく貢献

　子供の自転車利用促進をすると、子供の交通安全と誘拐等の不安があると指摘される可能性がある。これに対しては、このようなことが起こらないよう、自転車の安全環境を行政も地域も必死で整えるからこそ、地域の交通安全性やセキュリティ全体が向上する。その結果、子供の自転車利用のみならず、大人の自転車利用をも活発化させることになることが重要である。子供の安全やセキュリティを守るためには、行政も何をさておいても、安全な自転車の走行環境の提供を必死でやらざるを得ない。これが、米国やオランダなどでの大人も含めて自転車事故全体の減少につながるという結果になっている。このように自転車通学の推進は、地域の自転車交通環境の向上に大きく貢献するという結果をもたらすのである。

　また、誘拐等の危険性に対しても、自転車利用を抑制するのではなく、積極的に推進することに伴うマイナス点をカバーするために、行政やボランティアが細心の注意を払い、活躍せざるを得ないことになる（図2・10の米国の通学地図には、大人の監視位置が記されている）。このボランティアの増加によるコミュニティ活動の活発化、コミュニティの連携の強化の点も見逃せない。

②環境教育の世代間の継承

　さらに、子供たちは、小さいときから、親の行動を見ながら育っていること、この子供たちに、いかに地球環境が大切であり、これを守るために多少の不便も我慢するような生活態度を教育することができるかがポイントであることはすでに述べたとおりである。重要な点は、この生活態度は地球環境という観点から、短期間ではなく、これから一生涯を超える長いスパンでずっと続けなければならないものである。さらに、これは、子供の世代を超えて受け継がれていかなければならないのである。

　このような習慣化したエコの態度を身につけていかねばならない毎日の行動において、親の世代が自転車などで行ける距離で安易に自家用車を利用していては話にならず、ここで自転車をどんどん活用することが重要である。前にも述べたように生活の中での自家用車の環境負荷が群を抜いて最も大きい。他の多くの場面で節約をしても、生活の中で最も多くの二酸化炭素を排出する車の

移動について、排出を削減しなければ効果は薄い。

　日常、子供たちが目にする親や家族の態度が重要であり、行政やNPOがいかにエコな生活を広報啓発しても、日常の家庭生活において、親自らが安易に車を利用せず、自転車を利用するというきっちりとした態度を示す環境教育がなされなければ意味がない。

　その毎日の教育をすべき親の行動を見て子供たちが育つとすれば、単に子供たちに自転車利用を奨励するだけでは足りないのである。このため、子供の自転車通学は、これを支える親や教師、さらに地域、行政などが一体となって、脱自動車を図る態度が要求される。まさに、牛にひかれて善光寺参りの例えではないが、子供の健康と環境のための自転車通学は、回りの親や地域を巻き込んだ重要なエコと健康のための行動なのである。

　すなわち、子供の自転車利用の促進は、子供にとっての心身のメリットと、一生涯続く生活習慣を左右する環境学習の場であると同時に、親を巻き込んで、親や家族さらに地域に影響を与えてその生活に大きなメリットを与えるものである。さらに、この輪が地域の交通安全や国の環境教育、環境行動の永続性にまで広がっていくのである。

　このように、単なる子供の自転車通学の推進は、思わぬ広がりを持つ施策として、地域や国の環境政策の現在のみならず子供の教育を通じて世代の継承にまで広がるのである。

　このようなことから、この自転車通学については、我が国においても今後その重要性を認識して、前向きの取り組みが望まれる。

　現に、世界の先進国は、自転車通学を通じて、自転車から子供を遠ざけるのではなく、自転車に親しませるために、親や地域と一体となった取り組みとあわせて自転車の安全教育を多くの努力を払っており、安全な自転車の利用促進を図っているのである。長い目で見れば、自転車利用の安全性の向上と環境への寄与は、子供を自転車から遠ざけるのではなく、自転車を安全に操るしっかりとした実践の教育と、これの必要性を認識した親や地域から生まれてくるのである。

5 自転車による回遊・レクリエーション ～地域活性化

(1) 4275kmにおよぶわが国の大規模自転車道

①レクリエーションを目的とした自転車走行空間

　初期の本格的な自転車政策は、レクリエーションとしてのサイクリングをターゲットにして、大規模自転車道が作られた。これは、1970年に制定された自転車道の整備等に関する法律にもとづき、交通事故の防止と交通の円滑化に寄与し、あわせて自転車の利用による国民の心身の健全な発達に資することを目的（同法第1条）として、1973年度から整備が始まったものであり、全国各地の自然公園、名勝、観光施設、レクリエーション施設等を結ぶ長距離自転車専用道として位置づけられている。全体計画は、延長4275kmであり、2006年度までに内3529km（全体の82.5％）が整備されている。河川の堤防などを活用し、河川の上下流を結ぶものなどで、一部は、都市交通のインフラとしての意味はあるが、基本的には、車との空間分離による安全性確保を図りながら、レクリエーションやサイクリングなど非日常的な用途に利用されることを目的としていたものである。

②大規模自転車道の効果と限界

　バイコロジーブームなどに乗り、全国にわたり長距離の大規模自転車道が整備されたことは、当時としては極めて有意義であり、自転車のレクリエーション需要を満たすこととこのための安全空間への自転車の収容を図るものであった。これと合わせた宿泊施設・レンタサイクルを用意したサイクリングターミナルが全国で大規模に数多く整備され、利用者の利便に供された。

　しかし、当時としては、自転車を都市の正式の交通手段としてその利用促進を図るという意識はあまりなく、観光の振興と国民の心身の健全な発達の二つの側面に特化している。つまり、都市間や都市内のネットワークの形成とは別の体系での独立した自転車専用道が多く、観光利用やレクリエーション利用の価値が見出せるものの、移動手段としての自転車を支える性格のものではなか

った。連続した専用空間が確保できるところが選ばれ、この専用空間は必ずしも都市内の人々の日常の移動の方向とは一致するものではない（鉄道の廃線敷きなどを活用したものは例外）。なお、参考に、米国の自転車に関する連邦法では、レクリエーションのみを目的とする自転車道は、交通手段としての意味がないために補助対象から外されている。

③観光回遊・レクリエーションでの自転車活用の流行

　しかし、最近においては、都市内の交通混雑の回避や地域振興などのために、自転車を活用して、回遊・観光的な需要の都市内移動を行う動きが盛んになってきている。この需要の流れを背景にして、たとえば、奈良県では観光利用を主体とした自転車利用促進のための方策の検討がなされている。また、横浜市のみなとみらい地区では、コミュニティサイクルにより来街者の地区内の回遊範囲を拡大するなど都市内の回遊のための自転車の活用もなされている。このようにして、全国的にも自転車を回遊観光の手段として活用する例は枚挙にいとまがないほど盛んになってきた。今や、観光都市や集客都市などと標榜する都市のほとんどは、レンタサイクルやコミュニティサイクルを用意するようになり、一種のブームになっている。

(2)自転車による回遊・レクリエーションのメリット

①自転車による回遊・レクリエーションのメリット

　自転車による回遊・レクリエーションの奨励は、特に中心市街地の活性化に大きな貢献ができるというメリットがある。中心市街地の衰退が叫ばれて久しいが、それでも、中心市街地には、多くの機能が集まっていることもあり、車が集中し、交通渋滞があり、交通事故や駐車場の不足などが問題となる。中心市街地の活性化のためにも、トランジットモール（車を原則入れない地区）を設けて、人々のにぎわいを取り戻そうとする実験が各地で行われている。この場合に、中心市街地の移動を徒歩で行うことも必要であるが、徒歩では、回遊の範囲は限定される。

　一方、車での来街者に対しての駐車場も、中心部から少し離れたところでは、

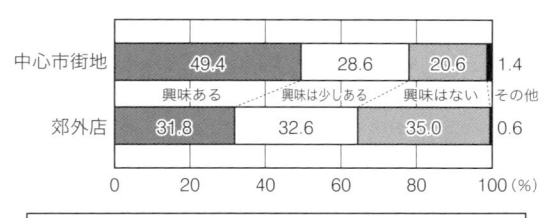

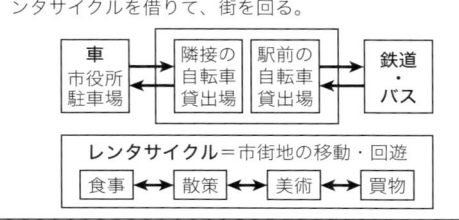

図 2・18　パークアンドサイクルライドに対する興味（宇都宮市アンケート）（出典：中心市街地（宇都宮駅、オリオン通り、長崎屋）N＝714 人　郊外店　N＝314 人に対するアンケート調査より筆者作成）

適当な空き地を活用することにより、多くの駐車台数を確保することができる。このような駐車場を中心部から少し離れた縁辺部に配置して、そこから、トラムや自転車に乗り換えて、中心市街地にアクセスするとともに、必要な範囲を回遊してもらうことがヨーロッパでは盛んに行われている（いわゆるパーク・アンド・ライド）。車で中心市街地に行っても、駐車場の料金や駐車待ちで煩わしい。しかし、中心市街地にもまだまだ魅力があるスポットが存在したりしている。このような場合に、車を駐車させて中心市街地を自転車で回遊する方策は、宇都宮市でのアンケート調査でも、大きな支持が得られている（図 2・18）。車で来街し駐車した後に、レンタサイクルをその駐車場で借りて、これにより、ぎょうざ店、ジャズ店や大谷石づくりの建物、その他の地域資源を回遊するなどに対して大いに魅力がある。

　自転車による回遊は、このようなシステムで、来街を奨励し、中心市街地をにぎわいのあるものに仕上げる可能性を秘めている。

②回遊・レクリエーションにおける自転車活用で重要な点

　回遊の推進のために、レンタサイクルを用意するところが増えている。レンタサイクルは、自分の自転車を持ち合わせていないシーンでの回遊や移動にとっては、極めて有効な手段であり、地域の多くのスポットを効率的に回遊することを可能にし、周りには何もない郊外のショッピングセンターでは享受できない中心市街地とその周辺のさまざま文化や歴史、人との触れ合いなどを体験

することを可能とする。ただし、このために用意するレンタサイクルというハードや自転車地図などの情報提供というソフト面などについては、これらの目的を達するために、また、リピーターを獲得するためにも、より的確なものを提供することが必要である。すなわち、次のような点に配慮することが重要である。

第一に、レンタサイクルという移動手段を提供するのみでは、自転車利用を盛んにして地域の振興を図るには不十分であり、まずもって自転車で移動してもらうための安全快適な走行空間の提供が必要であることは、容易に理解される。しかし、これを市街地での回遊・レクリエーション用途を主たる目的として提供するところは少ない。仮にあったとしても、道路空間の余裕のあるところのみ単発的に整備をすることが多く、ネットワークでこれらの回遊等の需要を満たすような空間構成はほとんどない。この観点から、現在行われている奈良県の自転車走行環境の検討は、観光のためのネットワーク形成および走行空間の提供に焦点を当てている点で注目に値する。

第二に、地域の外からやってくる人たちの来街の手段との連携を図ることが重要である。すなわち、たとえば車で来街した場合に、その車を駐車して、そこで自転車を借り受けて回遊する方策（いわゆるパークアンドサイクルライド）、自転車を列車に持ち込んでやってくる方策（いわゆる輪行）など、自転車と来街手段の連携を考慮することが必要である。鉄道の駅では、その駅付近にレンタサイクルの貸出・返却ができるようにポートを設けることが必要である。

第三に、自転車の活用に当たっては、車では回れないような狭い幅員の道路を含めたコースや、名所、旧跡、回遊スポット、食べ歩きなど地域資源との連携を図り、駐車を気にせずにゆったりと回遊できる自転車ならではのコースなどの設定が求められる。また、このコースは、上級ユーザー、中級ユーザー、初級ユーザーなどに応じた距離やこう配などを考慮したきめ細かいコースのオプション設定が必要になってきている。

第四に、良質な自転車の提供である。いわゆる安価なシティサイクル（いわゆるままちゃり）や放置自転車の転用は、短距離の回遊の利用は可能であっても、長いコースを一日かけて安全・快適に回遊するには、不適切である。ある程度の距離の移動を可能とするための自転車の種類および質の確保は必須であ

る。この場合、放置自転車等の転用がいかにもアイデアがあるように思われがちであるが、まとまった距離の自転車利用に慣れていない人に、中古で自転車こぎに大きな負荷がかかるような重い自転車で、かつ、長距離の利用に適さない自転車を貸与することは、避けるべきである（放置され、引き取られない自転車は大半がこのような質の低いものである）。

　できれば、電動アシスト自転車や質の良い自転車を貸与して、自転車はこんなに乗りやすい、または楽なものであったかと思ってもらうことが必要である。勾配が少ない場合も、風の影響や回遊距離の関係で、車体の重量が小さいこと、また、安全・快適な走行ができるよう質が確保されていること、初心者でも疲れが出ないこぎやすさであることなどが必要である。せっかく自転車を利用してもらうからには、自転車のよさをわかってもらい、自転車利用が素晴らしく、次回も自転車を利用したいと思わせるような車体の提供が、自転車利用促進策として必要不可欠である。他の都市から来ている人であっても、また来てもらえるリピーターを増やす意味で、また、自分の都市に帰ってから、自転車利用に転換してもらうことを期待する意味でも、ユニバーサルにこのような施策を提供することが自治体の責務であると理解する。

　第五に、自転車駐輪空間のネットワークとその位置である。放置をまち中にばらまかないためにも、適切な箇所と位置に自転車のための駐輪場が必要である。このように、自転車を貸与するだけでは極めて無責任であり、適切な位置の駐輪空間をも提供する必要がある。適切な位置としては、たとえば、目的地である回遊スポットの100mから150m以内に設けることが、利便性が高く、利用者に利用される可能性が高いことが各種アンケート調査等で明らかになってきている。この点も考慮し、走行空間のネットワークと同時に、目的施設で駐輪空間の適切な提供も重要である。

（3）回遊レクリエーション利用の有効な推進策

①利用されるための条件

　回遊・レクリエーションに自転車が利用されるためには、他の場合と同様、利用者がこれを利用したくなるような方策を工夫することが必要である。駐車

表2・35　自転車による回遊レクリエーションに必要な条件(回答数N＝50、複数回答)

1	安全快適に走行できる自転車地図がある	64%
2	観光・レジャー施設の駐輪場	60%
3	使い勝手の良いレンタサイクルが利用できる	54%
4	自転車による観光・レクリエーションに優待	32%
5	電動アシスト自転車の利用	22%
6	ブランドまたは高品質自転車	6%
7	その他	8%

(出典：「柏の葉キャンパスタウンにおける走行実証実験でのアンケート調査2009」より筆者作成)

場の料金、レンタサイクルの利用料、用意する地図の情報の質、地域資源の特性、季節などに応じた適切な情報提供など、きめ細かな工夫が必要である。

　回遊レクリエーション利用にとって、安全・快適な走行環境の提供は、他の用途と同様に、車から自転車に転換する最も効果が高い条件である。しかし、それ以外の条件としては、他の用途では、駐輪場の整備（商業施設の入口近くの駐輪場など）がトップであったが、回遊・レクリエーションでは、自転車地図があることが一番効果の高い条件である。次いで、施設に駐輪場があること、レンタサイクルがあることなどである。このような結果があるので、これを参考にして、観光・回遊のための条件設定の方策を検討することが望ましい。

②回遊・レクリエーションでの自転車の活用の目標

　次に、自転車利用に応じた適切なコースの設定を行うためには、来街者の実力、体力に応じた移動の限界距離の設定が必要である。日常生活では、あまり遠くまで自転車で行くことはないが、非日常的な回遊・レクリエーションにあっては、おのずと自転車で行ける距離を長く設定し、足を延ばしてもらって、なるべく広範囲の地域資源に触れてもらうようにすることが観光戦略上重要である。

　この移動の限界距離は、各種アンケート結果から、日常的な移動が3〜4kmである（日常的な限界距離は5km程度ではあるが、気楽に移動する場合この程度である）のに対して、非日常的な移動は、7〜8km程度が多くの人の限界距離となっている。また、初心者か、より高いレベルの人かによって、コースの設定の考え方が異なる。また、重点の置き方が、観光スポットであるか、また

は、途中の移動過程にあるのかによっても異なる。どのように対象を設定するかによって、自転車利用のあり方も異なるのである。

(4)自転車利用の奨励方策の実例

①空間の提供

　先述したが、他の利用用途と同じく、回遊・レクリエーション利用にも適切な空間の提供が必要であるが、これは必ずしも立派な専用空間を意味するものではない。そのような空間の整備は、大規模自転車道などを設けることができる空間が存在する場合は可能であるが、既存の都市内にこのような空間を求めることは不可能である。利用者に対する空間の提供は、既存の空間をその特性に応じて適切に組み合わせて、行うことが必要になってくる。また、これにあわせて、まち中のネットワークでの駐輪空間の提供も重要である。

②回遊・レクリエーションのための地図の提供

　回遊・レクリエーションは、多くの人にとって、はじめての走行コースとなるので、きめ細かな安全性・快適性に関する情報を含み、地域資源を目的に応じて細かく情報提供した地図が必要とされる。このような地図は、アンケート調査結果からも、他の用途に比較すると、極めて利用促進効果が高いものである。

　この際に、本格的な自転車利用がはじめての利用者、またはその機会が多くない利用者を、この機会をとらえて自転車利用に関して啓発するためにも、単に観光や地域資源の情報のみならず、必要な安全の知識や自転車利用のこつやメリットなどを、掲載することが適当である。

③案内標識の充実

　また、初めて地域を回遊する人には、特に路線番号やその路線における現在地（地図と照合できる出発点からの距離数など）に関する情報を、現地の案内標識など統一したデザインで提供することも必要である。しかも、重要な点は、この標識は車からも十分認識できることが必要である。ここが、自転車のルー

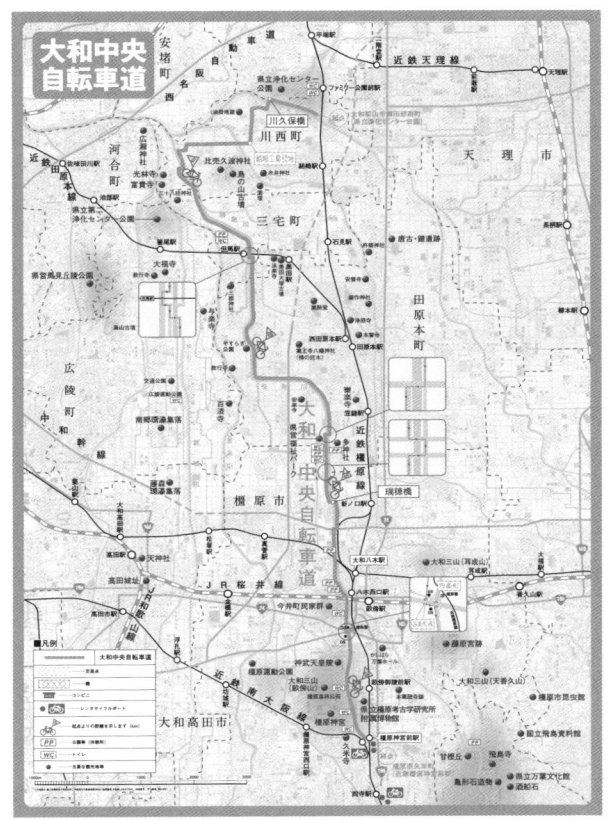

図 2・19　自転車回遊地図（奈良サイクリング観光マップ）の例
（出典：奈良県 HP）

ロンドン案内標識 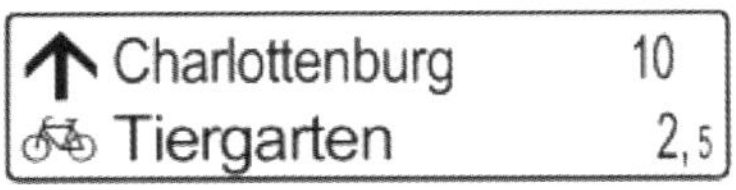　　　　　　　　　　　　ベルリン案内標識

図 2・20　案内標識の例

トとなっており、多くの自転車が通行することを示し、車に自転車との共用を呼び掛けるとともに、自転車が走行していることをあらかじめ認識しておいてもらい、事故の発生を未然に防止することができる。

④公共交通との連携

回遊レクリエーションの利用では、鉄道で自転車を携行して、現地に到着後組み立てて利用する、いわゆる輪行が最近盛んになってきた。公共交通との連携は、第1章に譲るとして、このような利用形態は、車で自転車を積んで目的地まで行って駐車するというものではなく、一層エコ的な利用形態である。より容易に輪行できるようにするため、分解しないで、そのまま電車やバスに持ち込む実験が色々な地域で行われて、多くの場合には、極めて好評である。

しかし、そのための列車の用意、駅での持ち込み方法など、実施をする側もさまざまな課題がある。また、茅ヶ崎市の例では、バスの前面のラックに積み込むことができ、盛岡では、タクシーのラックに積み込むことができる例があることを紹介した（第1章、図1・8）。これらは、たとえば、出発地と目的地の間で勾配がある場合に、往路が上り勾配であるようなケースで公共交通を利用し、復路を自転車で下り勾配で帰ってくるなどの方法と組み合わせて利用する設定方法もある。それぞれの持つメリット・デメリットを補うことで、公共交通との連携も一層有意義なものになる。

表2・36 サイクルトレイン利用による回遊・レクリエーションのツアー

1. ツアー名称　「いつもの自転車で秋の吉野をサイクリング！サイクルトレインツアー」
2. 実施日　2009年11月23日（月・祝）※小雨決行、荒天中止
3. 募集人員　80名（最少催行人員50名）
4. 発駅発売額　①大阪阿部野橋駅発 大人2920円、小人1620円 　　　　　　　②橿原神宮前駅発 大人2140円、小人1220円
＜旅行代金に含まれるもの＞ 近鉄運賃、地場産品（野菜、箸等）、保険料等
5. 行程　大阪阿部野橋駅（9：00発）〜橿原神宮前駅（9：51発）〜吉野駅（10：41着）＝サイクリング（約8km）＝津風呂湖（「津風呂湖紅葉まつり」に参加）＝サイクリング（約8km）＝吉野駅（15：44発）〜橿原神宮前駅（16：35着）〜大阪阿部野橋駅（17：33着）…解散
6. 列車　一般車両の臨時列車4両編成
7. 主催　近畿日本鉄道株式会社
8. 共催　奈良県

（出典：近畿日本鉄道資料）

表2·36の例は、近畿日本鉄道が奈良県と共同で実施したサイクルトレインである。4両の車両に各自の自転車を持ち込んで、往復するものである。参加者が多数で、満員となり締め切られた。実施結果としては、利用者アンケートでは、参加者の87％が満足している。このようなレクリエーションでの鉄道と自転車の連携を鉄道会社が実施する実例は、全国的に多数存在し、季節や企画内容にもよるが、一般的には好評である。このような例をきっかけにして、回遊・レクリエーションでの常時の実施、その他の用途での自転車と公共交通の連携の推進が行われ、自転車と公共交通との相互効果を享受することができるようになることが望ましい。

図2·21　サイクルトレインの様子（近畿日本鉄道）（出典：奈良県資料）

6　その他の自転車利用用途

(1)日常利用

　アンケート調査やパーソントリップ調査によると、自転車の利用は、日常の私事目的（通院、習い事、知人宅訪問、雑事など）が最も多い。この自転車利用は多様であり、一定の自転車利用のパターンを想定しにくいので、利用を促進する方策を提示しにくい側面がある。

　しかし、アンケート調査によると、すべての用途に共通して、自転車走行空間の提供と目的とする場所での駐輪空間の充実がインセンティブとして効果が高いことは明らかである。このため、自転車の日常的な利用が多い場合、その利用のパターンを見出し、これに応じて、利用の多いルートでの走行空間や駐輪空間を提供すればよいが、その用途やコースはさまざまであり、個々の空間

の提供方策を一般化して提示することは難しい。

　一般的な対応方策として掲げるとすれば、走行空間については、ネットワークの密度をまちじゅうで一定にすること、ベルリンのように、ネットワークを考慮する際に、公的な施設のみならず、一般の交通需要を惹起する施設をネットワークに入れて、全体を形成するなどを検討することが適当である。もし自転車利用によるアクセスが多い施設が明らかになってくれば、その周辺については、より密度の高いルート設定を追加で行うことにすればよいと思われる。さらに、駐輪空間は、そのような施設についての付置義務の対象の追加、またはよりきめ細かい基準（入口までの距離など）の策定が必要となる。

（2）業務利用

　従来から、交通渋滞の影響を受けずに確実に短時間で書類などを配送するバイク便などに自転車が活用されてきた。最近では、これに加えて密集地域や車の駐車車両が輻輳する区域で、自転車による宅配の実施やコピー機のメインテナンス営業なども行われている。たとえば、ヤマト運輸では、2002年以来都市部で導入を進めている市販の電動アシスト自転車で荷物を積んだリアカーを引く「新スリーター」を、全国で約1700台稼働させているという。佐川急便でも、荷台と一体化した電動アシストを導入する動きがある。

　事務機器の販売・保守などを手掛ける富士ゼロックス東京（東京都新宿区）でも、保守・管理のためのエンジニアの移動手段として、環境配慮などを目的に2006年から導入した電動アシスト自転車約550台により、従来のバイクのガソリン使用量は約3割減、約4年間でCO_2排出量を約335t削減したとのことである。今後、違法駐車の取り締まりの強化とあわせて、会社のコンプライアンス、顧客への迅速な対応等のメリットがあり、これらの傾向が様々な業種で一層、加

図2・22　ヤマト運輸

図 2・23　富士ゼロックスが活用している電動アシスト付き自転車 (写真提供：富士ゼロックス)

速、増幅するものと考えられる。このようにして自転車活用ビジネスの拡大が到来しているのである。

交通混雑の緩和、環境負荷の削減等から行政もこれらの動きを後押しすることが求められる。たとえば業務地域を重点にした自転車走行空間の提供やまち中の小規模な駐輪空間の提供等が今後の課題である。

第3章 自転車の空間別施策

　自転車施策のあり方を、用途別施策という切り口で述べてきた。用途別施策は、自転車の利用目的別に整理したいわば縦割りの分野別施策である。これに対して、空間別施策はこれらのいずれの用途にも共通する走行空間と駐輪空間、そして、それらのインフラの上を走行する車体のあり方という横割的な施策である。本章では、この横断的なインフラやその上を走行する自転車のあり方について、述べる。

1　専用空間の確保のみにこだわっている日本の取り組み

　自転車の利用促進に最も効果があるものは、自転車走行空間の提供であることは、各種利用者アンケートでも明らかである。よく日本には、自転車の走行空間がないといわれる。もちろん、狭い道路空間が多い。しかし、この狭い道路空間は、別にわが国に限ったことではない。世界に行けば、どの国でも狭い道路空間が数多く存在する。狭い道路空間だから自転車を走らせるなということになれば、世界で自転車を推進することのできる地域はごく一部になってしまう。現実には、この狭い道路空間を前提に、これを生かして、自転車ができるだけ安全快適に走行できるように工夫するのが、自転車政策の大きな役割で

ある。自転車利用を進めようとする多くの国では、少なくとも、新たに自転車のために道路を拡幅することが難しい場合がほとんどであり、既存の道路空間を割いていかに専用空間を設けるか、または、既存の道路空間の中でどうやって車とシェアーしていくかという大きな課題をクリアーするために頑張っているのである。

(1) 自転車専用空間の確保がベター

　どの国でも、自転車利用を進めようとする場合、まず既存の道路空間の中で自転車のための専用空間を確保しようと考える。できることなら、歩行者とも車とも混合しない自転車の専用空間が安全性や快適性の点で、もっとも良いことは明らかであり、安全に自転車利用を促進することができるのである。

　この専用空間による自転車の走行空間の提供の方法は、わが国では、新たな道路整備での自転車道の整備はもちろん、既存の道路での自転車道[注1]、自転車専用レーン（道路交通法では自転車専用通行帯）の指定、自転車歩行者道の上の自転車通行位置の指定などが、一般でいわれる自転車道のイメージに含まれているようである。便宜上これを自転車道と呼んでおくこととする。自転車利用を進めている他の多くの国では、おおむねこのような方法のいずれかで専用空間を確保しようとしている。

　しかし、すべての道路にこのような自転車の専用空間を設けることができるほど道路空間に余裕を持っている国は全世界にはない。したがって、車と共用する空間にも相当程度の自転車の走行空間を確保せざるを得ないことになる。

　また、この空間をいかに自転車にとって安全快適な走行空間にするかは、何もハードの空間を確保するのみではない。自転車のハードの空間整備は、他の交通手段のためのハード施設に比べると事業費は少なくて済むが、一定の工事や新規の用地の取得なども伴うこともあり、すべての道路を自転車のためだけに改良するわけにもいかない。ソフトの施策として、法的に専用空間の指定を行い、その空間の確保を行うか、さらには、その空間的な余裕がない場合は、安全確保の広報啓発をしながら、自転車と他の交通手段との共用空間に自転車を走行させるかしかない。

(2)歩行者にも自転車にも危ない歩道通行

　歩道に自転車の走行空間を確保すること、すなわち、歩行者と共用することは、歩行者はもちろん自転車にも危険であることが明らかになってきた。近年、特に歩行者との事故が増加している。速度の出ないシティサイクル（ママチャリ）よりもきわめて速度が速い自転車が売れており、これらが歩行者と同じ空間を走行することの危険性がより高まっていることも、明らかである。

　しかし、危険性は、歩行者ばかりではなく、自転車利用者にも大きいことを、自転車利用者はあまり知らない。1978年の道路交通法の改正以来わが国では、ほとんどの場合自転車空間を歩道に取るようにしてきた。このような歩道上で歩行者と混合する空間を自転車空間であるとの認識が、いまだに一般に存在することは、自転車問題の解決を遅らせることになる。もはやこのような空間の取り方は、自転車の事故の多発問題を放置する最悪の解決方法である。

　すなわち、自転車の歩道走行は、自転車事故の7割以上を占める交差点で、出会い頭の事故の大きな原因となるとともに、沿道の施設の駐車場から出て歩道を横切る車が、歩道走行している自転車をはねる事故の原因になっている。車との事故を防ぐためにせっかく自転車を歩道に上げても、歩道上で自転車と車との事故が多発していれば意味がない。このように、自転車の歩道走行は、自転車自身にも極めて危険な走行形態である。これは、後に詳細に述べる。

(3)世界の自転車先進国は車と自転車の共用空間が主流

①外国の都市の自転車走行空間

　世界の自転車先進国といわれる都市の自転車走行空間を計画ベースで見ると、ニューヨーク市で約2900km、ロンドン900km、パリ700km、ベルリン620kmなどとなっており、一つの都市で相当長い自転車走行空間を有していることがわかる（表3・1）。

②日本の都市の自転車走行空間は非常に少ない

　これに対して、たとえば、東京の中心（千代田区・中央区）のネットワーク

表 3・1　世界の都市の自転車走行空間の延長（計画ベース）

都　市		走行空間	人　口
欧米の都市	ニューヨーク市	2896km	820 万人
	ロンドン	900km	742 万人
	パリ	700km	214 万人
	ベルリン	620km	340 万人
	コペンハーゲン（世界最良の自転車都市）	397km	52 万人
	サンフランシスコ	205km	78 万人
日本の都市	東京都千代田区・中央区	34km	14 万人
	東京都板橋区	0.8km	53 万人
	東京都練馬区	0.3km	69 万人
	名古屋市	97km	222 万人
	静岡市	293.9km	71 万人
	前橋市	90km	32 万人
	徳島市	5.8km	27 万人
	大阪市	600km	253 万人

※ニューヨークは 2030 年。ロンドンは 2010 年、パリは 2014 年目標（全道路 1604km 中）、2009 年で 645km および 400km となっている（国交省資料等）。静岡市は 2024 年目標、大阪市は完成済 470km としているが、単なる「歩道の自転車通行可」の区間が約 240km もある（出典：各都市の自転車計画等により筆者作成）

の延長は 34km である。相当進んでいる名古屋でも 100km ぐらいである。特に世界の大都市東京が、34km であり、ニューヨーク、ロンドン、パリなどの国際都市と肩を並べるには、極めて貧弱であるといわざるを得ない。わが国で現状において長いのは、名古屋市である。名古屋市では区画整理事業の割合が合計で 7 割以上あり、自転車空間を比較的ゆったりと取ることができるため、これがネットワークで提供されている。また、静岡市は、2024 年を目標とした壮大な整備計画である。それでも、まだまだ世界に比較すると見劣りがする。

③世界の自転車道の真の状況

　しかし、このような差が本当にあるのか。このような観点から見ると、たとえば、オランダは、都市内の自転車専用空間を持つ道路の割合は 13.5％しかない。ニューヨークでも専用道および、専用レーン以外に、車との共用空間が相当ある。専用空間を確保するのは、何も日本だけが苦労しているのではなく、専用空間のみで自転車ネットワークを構成するというのは、困難を伴うということである。もちろん、専用空間を確保する方が安全・快適であることは確か

表3·2　オランダの道路と自転車専用空間

	現　状（km）	割　合
道路合計	11万3400	100.0%
自転車道・専用道	1万9000	16.8%
（市街地の道路）	5万5200	100.0%
（市街地の自転車道・専用道）	7450	13.5%

※オランダ政府からの入手資料と思われる（出典：「欧州における自転車交通を中心とした都市づくりの実態調査報告書」都市駐車場対策協議会2000調査 p.49 より筆者作成）

表3·3　アメリカの各都市の専用空間の状況（計画ベース）

	ネットワーク総延長（km）	共用部分（km）	専用部分（km）	専用化率（%）	目標年次または計画年次
ニューヨーク	1463	1104	359	24.5%	1997（旧）
サンフランシスコ	330	229	101	30.7%	2002
シカゴ	805	428	377	46.8%	2015
シアトル	732	378	353	48.3%	2016
サスカトーン	134	78	36	31.7%	

※「専用部分」とは、自転車専用道、自転車専用レーンのほか、歩行者との共用である自転車歩行者専用道が含まれる。ニューヨークは旧計画のもの。サンフランシスコ道路総延長は1088マイル（出典：計画のうちの専用空間の率が計算できる各市自転車計画より筆者作成）

であるが、石造りの欧米の都市では道路拡幅も困難であり、既存の空間の中で専用空間を作ることは、現実はそう簡単なものではない。最近の動向は、各都市で当局の強い決意と努力が払われ、車の空間を削減しながら専用空間の拡大に取り組んでいるが、それでも全体をくまなくカバーできない。日本との違いは、要は、次に述べるように、専用空間のみでネットワークを構成すると考えるか、または、共用空間を適宜取り込んで、連続性のあるネットワークを確保するかのスタンスの差である。

アメリカの都市のうち、専用空間かどうかが表示されている自転車走行空間ネットワーク計画では、表3·3のように専用空間が3割から5割程度以内である。

また、パリやロンドンの自転車空間の統計的な状況は不明であるが、自転車走行空間の地図を見ると、自転車専用空間は、環状道路などでは、連続性があるが、中心地や裏道での連続性は少ない。これで700kmのうちの400km以上が完成したとされているのである。リヨン市の自転車道担当の副市長にこの点に関して聞いたが、リヨンもパリと同じだが、「すべて専用道によるカバーではな

い」との回答であった。

　また、ロンドンのネットワークの地図がウェブで出ているが、この地図を頼りにその道路の現地を見ると、写真のとおりであり、交差点の前は10〜15mを除いて専用空間は存在しなかった。他の多くの区間も、専用空間があったり、なかったりであり、車との共用空間も相当あるのである。

図3・1　ハイドパーク近くのネットワーク路線の現状

　日本でもよく見かける通常のまちの幹線道路で、車の交通量が極めて多いが、図3・1のように車道を次から次へと自転車利用者が走行している状況である。

④共用空間の自転車道への積極的な取り込みが世界の流れ

　以上から、自転車の空間整備に積極的に取り組んでいる都市でも、自転車の専用空間の拡大を図ってはいるが、これだけでネットワークをつくろうという考えではなく、専用道と共用道をセットで自転車空間を提供することにしないと、とてもこのような長距離の自転車空間の計画は、その計画期間のような短期間で整備できないのである。

　日本はたしかにキロ数から見ると、見劣りはする。しかし、世界の自転車道は、多かれ少なかれ、車との共用道を多く取り込んだ上での自転車ネットワーク構成であるから、わが国も車との共用空間の安全性を確認して取り込んだ上で、ネットワーク構成を考えれば、それほど見劣りするものではなくなるのである。

　国レベルでも、イギリスでは、全国で1万9300kmの全国自転車道ネットワークが2007年12月までに完成したとされている。しかし、これも7割程度が車と共用である。

　このように考えると、専用レーンや専用空間ばかりにこだわる日本が、自転車ネットワークの延長距離が少ないのは当然のことである。

（4）ネットワークの重要性

　すなわち、このような走行空間を確保する場合に、専用的な空間を取れる道路のみに自転車の走行空間として位置付けるか、または、専用的な空間と車との共用の空間を取り込んで、ネットワークを確保するかという重要な選択がある。

　ニューヨークの自転車のネットワークは、2900kmにもおよび、このような専用の空間と共用の空間を組み合わせている。これを地図に示して（図3・2）、ここは共用空間である、ここは専用レーンであるなどの表示がなされている。すなわち、この空間の種類は、クラス1からクラス3までであり、クラス1は、物理的に分離されている自転車専用道、クラス2は、路面表示の自転車専用レーン、クラス3は、標識のみの自転車ルート（共用）である。これらを、適切に組み合わせることにより、ネットワークが形成されている。このように、自転車利用の価値を高めようとすると、共用空間も生かしたルートの方が、専用空間でのみ構成される自転車ルートより、広範囲かつ連続性も高くなることは間違いなく、有用性も高い。

　また、このネットワークは、一都市内に収まらず、全国的な規模のものとなることが求められる。まちの境を越えて自転車が利用されることは、以前はあまり想定されていなかったが、自転車利用の広域化が進展している現在では、ヨーロッパ全土にわたるユーロベロのような広域のネットワークが必要とされている。

　ユーロベロは、ヨーロッパ自転車連盟が提唱して、ヨーロッパ大陸や英国などの国境を越えた自転車ネットワークである。2020年までに、6万6000kmのネットワークの確

図3・2　ニューヨーク市の自転車地図 （出典：ニューヨーク市交通局「cycling map 2009」）

保をめざしている。これと連携して、各国の官民が設定しているネットワークは、英国の全国自転車道ネットワーク（総延長1万9300km）、ドイツのD-NETZ（総延長1万218km）、オランダのLF（Long Distance）ネットワーク（総延長6000km）、デンマークの全国自転車ルート（総延長1万km）などである。各国の自転車道ネットワークは、ユーロベロがあり、これと連続している自分の国のみネットワークをおろそかにすると、全体がつながらなくなるため、連携して設定せざるを得ず、結果的には、ユーロベロのネットワークを基軸にした壮大な自転車ネットワークが形成されつつあるのである。しかも、各国の自転車ネットワークは、各都市のネットワークと連携しているケースも多く、たとえば、ロンドンやベルリンの自転車ネット

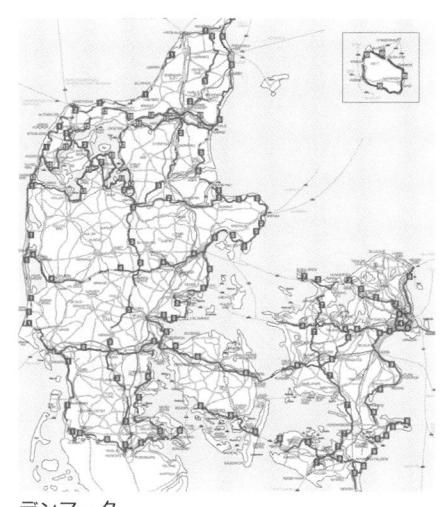

デンマーク

ユーロベロ

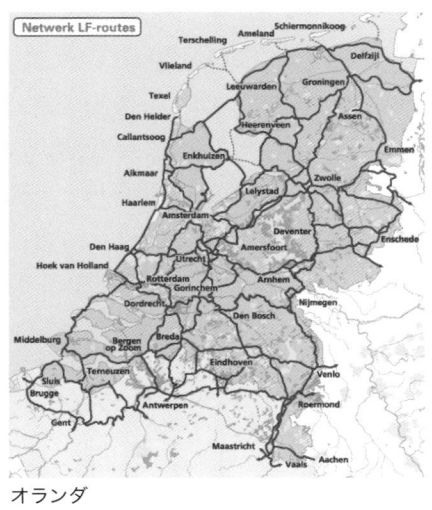

オランダ

図3・3　ユーロベロ・デンマーク・オランダの広域ネットワーク地図　(出典：ユーロベロ・各国HP)

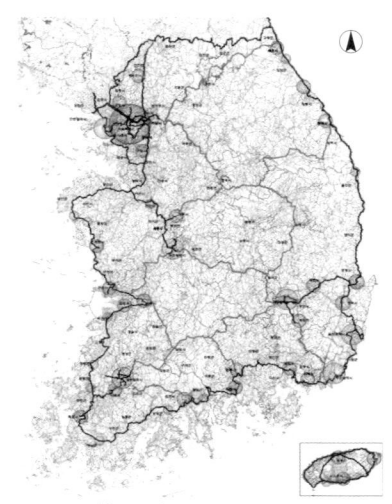

図3・4　韓国の自転車ネットワーク
(出典：韓国政府資料)

ワークは、それぞれの国のネットワークの路線やユーロベロの路線を一部に取り込んでいる。

　このようなネットワーク構成は、単に自転車での広域の回遊や観光などの移動に寄与するだけではない。この国際的、全国的なネットワークがあることで、これと接続した各都市のネットワークの整備を促し、全体として、自転車の利用を支えているのである。このような取り組みこそが、地球環境に寄与する国際的な連携した取り組みの典型的な例であるといえる。

　また、これらの世界の自転車空間ネットワークを調査したお隣の韓国でも、2010年2月に3120kmの全国規模の自転車ネットワークを2019年までに整備する構想を打ち出している(韓国行政安全部)。首都ソウルでも、2009年に市長が2012年までに207kmの自転車空間を整備する計画を表明し、これを実施しつつある。

　このように、世界の流れは、すでに国家レベル、さらに、国の枠を超えたレベルで、自転車ネットワークを形成しつつある。その意義は、このような広域のネットワークが、広域の長距離の利用を促進するだけではなく、そこに含まれる国や都市が自転車空間整備を余儀なくされ、全体の自転車空間のレベルを大きく引き上げることになる。このような世界的な潮流に日本も後れを取ってはならない。国が本格的に乗り出して、国内のネットワーク計画を策定し、地方のネットワーク整備を自ら促すことが求められる。国の役割がここにある。

2 自転車と車の共用空間への施策

(1)車との共用空間はそれほど危険か

それでは、以上で述べてきたような自転車と車の共用空間は、本当に危険かという重要な論点を取り上げる。

①事故の起こっている場所は車道ではなく交差点

日本では、2001年に自転車事故が約17万5000件あった。そして、この自転車事故の発生場所の詳細データを筆者が依頼して出してもらったところ、表3・4のようになっている。

まず、交差点内が7割以上であり、交差点以外の事故は3割足らずである。

交差点以外の車道では12.6％あり、やはり車道でもある程度の件数が起こっている。しかし、歩道でも7.2％あるのである。自転車をよく知っている人は、これは自転車と歩行者の事故だと思う人が多いと思われる。残念ながら歩行者の事故はこの年は1807件しか起こっていない。残りの多くは自転車と車の事故であり、これらが歩道で起こっている。自転車の安全のために歩道に上げたが、これに反して、自転車の歩道上の事故も相当程度存在することになる。これらは、たとえば、コンビニの駐車場など沿道の駐車場から車が出てきた場合に起こった車と自転車の事故である。

そうすると、交差点またはこれに準ずるようなミニ交差点みたいな場所で、8割ぐらい起こっているということになる。自転車事故以外の事故の交差点割

表3・4 自転車の交通事故発生場所　　　　　　　　　　　(2001年、単位/件、下段構成比％)

交差点内			交差点内以外					合　計
			歩車道区分あり			歩車道区分なし	小　計	
信号あり	信号なし	小　計	車　道	歩　道	その他			
3万5209	8万9365	12万4574	2万2035	1万2531	2966	1万3117	5万649	17万5223
20.1	51.0	71.1	12.6	7.2	1.7	7.5	28.9	100.0

(出典：(財)交通事故総合分析センターへの筆者依頼による資料より筆者作成)

表 3・5　自転車の追突または衝突事故

2001 年分	四輪車	自動二輪	原　付	合　計
追突（進行中）	1242	74	234	1550
追越追抜時衝突	3278	164	412	3854
合　計	4520	238	646	5404

※全自転車事故 17 万 5223 件のうちの 3.1％（出典：㈶交通事故総合分析センターへの依頼による資料より筆者作成）

合が、43％であるのと比較しても、これは驚異的な値であり、極めて大きい。自転車の事故がいかに交差点で発生しているかがわかる。

このため、イギリスやドイツなどでも、p.134 の図 3・25 のように、交差点の手前だけ自転車専用レーンをつけて交差点事故を防ごうとしている。

これに対して、車道を走っている自転車が車に後ろからぶつけられた自転車事故は、5400 件しかなく（表 3・5）、これは全自転車事故のうちの 3.1％に過ぎない。自転車事故以外の後ろからの追突または衝突は全体の 48％となっており、これと比較しても、自転車事故はいかに後ろからの追突、衝突事故が少ないかということがわかる。なお、車道通行している自転車の割合は、各種アンケート調査[注2]からだいたい 2〜4 割と推定され、決して少なくない。

図 3・5 の地図は、茅ヶ崎市内の事故発生箇所を示したものである。この地図をよく見ると、ほとんどが幹線道路の交差点で生じている。これは、茅ヶ崎だけではなく、現実に日本のどの都市にも当てはまるのである。

②交差点での事故のパターン

米国ではこのような点に着目して、連邦交通省がサンプル数が 3000 件にもおよぶ大規模な調査をしている。この中で図 3・6 にあるような普通の街の信号機のない交差点で、車が出てきた時に、自転車がこの交差点に進入した場合の歩道と車道の事故率など自転車事故をパターンに分けて詳細に調査した。

ヨーロッパの国は歩道通行禁止だが、アメリカはダウンタウンなど条例で禁止されていない限りは歩道を通れる国で、そういうことが前提でこういう調査ができたのである。図 3・7 を見ると、特に左側通行で歩道から交差点に入ってくる自転車が、一番事故率が高く、41％となっている。しかも、歩車道の通行割合から考える（連邦交通省資料から 1 対 4 と推定）と、もっと危険で、6〜

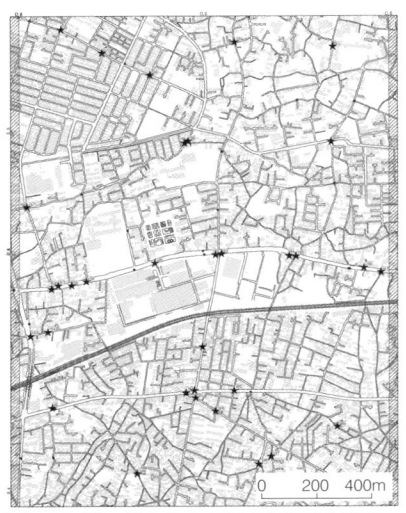

図3・5 茅ヶ崎市内の自転車事故発生箇所（2008）（出典：茅ヶ崎市資料より筆者作成）

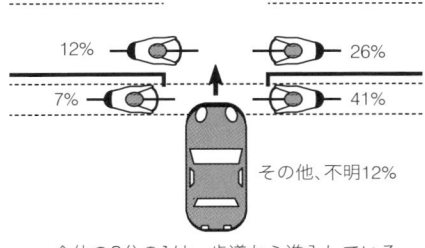

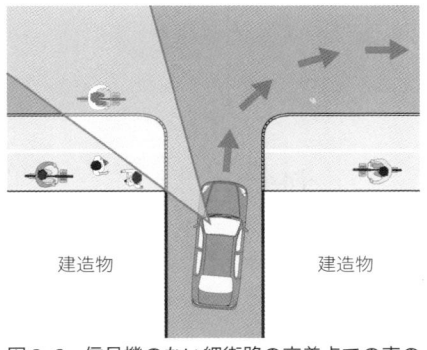

図3・6 信号機のない細街路の交差点での車の視角（出典：オレゴン州交通省"Bicyclist Manual"）

図3・7 横道から車が出てきた場合の事故
・全体の2分の1は、歩道から進入している
・全体の3分の2は、左側通行である
その他、不明12%

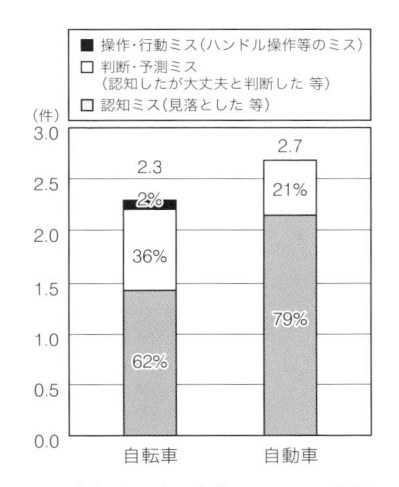

図3・8 自転車と車の事故でのミスの種類（出典：交通事故総合分析センター「イタルダインフォメーション」の「自転車事故2」（293件の調査データによる））

7倍ぐらいの危険率であるということになる。

　日本でも、最近になって、交差点事故の比較的詳細な調査がなされている。すなわち、交差点での事故発生の場所やその時に自転車の走行方向を調査したものである。信号機のある交差点（幹線道路相互の交差点）の事故発生箇所を示した図3・9によると、ほとんどが、歩道から横断歩道に進入したと思われる場所で起こっており、車道から直線的に交差点に進入したと思われる箇所では

第3章　自転車の空間別施策　　117

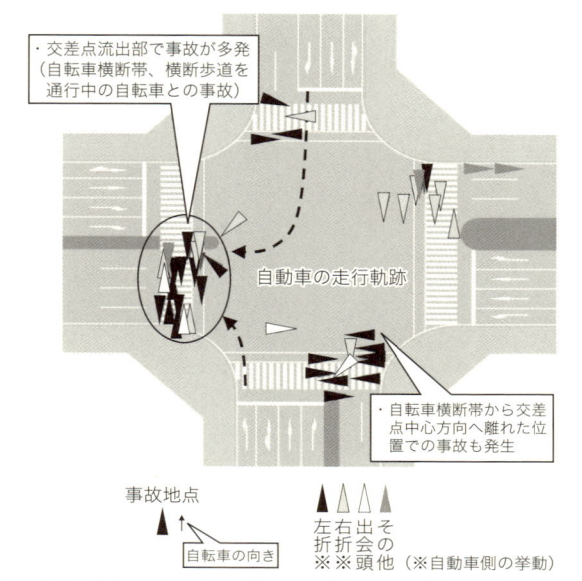

図3・9　幹線道路同士の交差点での事故発生状況（出典：「自転車走行環境整備の現状と課題」土木計画学研究ワンデーセミナー㈳土木学会、徳島大学No.53 2009.3（警視庁事故データ（2002年8月～2007年6月）より筆者作成）

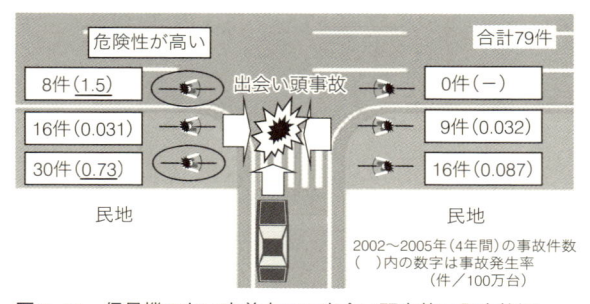

図3・10　信号機のない交差点での出会い頭事故の発生状況
（出典：「自転車走行環境整備の現状と課題」土木計画学研究ワンデーセミナー㈳土木学会、徳島大学No.53 2009.3（警視庁事故データ（2002年8月～2007年6月）より筆者作成）

ほとんど見られない。また、信号機のない交差点では、出会い頭事故について、歩道から交差点に進入した自転車の事故が約9割（71/79件）、違法な右側通行で車道から交差点に進入した事故は約1割（8/79件）あるものの、車道から正規の左側通行で進入した自転車の事故は0％である（図3・10）。また、左折事故（まき込み事故）について、車道の左側通行から交差点に進入した自転車の事故が1件（1/26件）あるものの、歩道から交差点に進入した自転車の事故がほとんど（25/26件）である（図3・11）。このようなことから、日本でも、車道から交差点に法令を遵守して左側通行で進入した場合は、車との事故はほとんど起こらないことがわかる。

③交差点で事故の多い理由

　この理由は、図3・6で、車の運転手から見える視角から考えても当然である

が、さらに、わが国で調査した自転車と車の事故におけるミスの種類によってもある程度解明できる。

図3・8は自転車事故約300件について、ミスの原因を三つの種類（認知ミス、判断ミスおよび操作ミス）に分けた結果である。

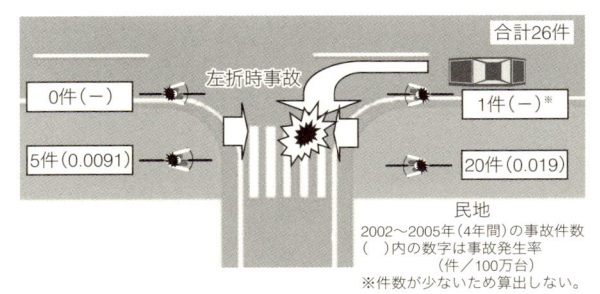

図3・11 信号機のない交差点での左折事故の発生状況（出典：「自転車走行環境整備の現状と課題」土木計画学研究ワンデーセミナー㈳土木学会、徳島大学 No.53 2009.3（警視庁事故データ（2002年8月～2007年6月）より作成）

「見えなかった、見落とした」という認知ミスは、自転車側で62％、車側で79％あり、大半を占めている。

「自転車がいるということは認識していたが、予測以外の行動をとって事故になった」という判断ミスは、それぞれ36％と21％である。

これに対して、「ハンドル操作を誤った」などの操作ミスというのは、車側では300件のうち0％である。これは先述のとおり、後ろから見えている（すなわち認知している）自転車に近づいて追突した事故が極めて少ないことと符合する。また、自転車側も、たとえば自転車に乗っていてふらついたなどのハンドル操作ミスというのは2％しかない。

こういうことから考えて、ハンドル操作を誤って事故が起こるということは極めて少なく、むしろ、自転車の存在が認知されていない認知ミスで事故が起こることが大半であることがわかる。交差点では、上のように認知ミスが生ずる可能性がきわめて高いことから、交差点事故が圧倒的に多いということと符合するわけである。

これらのことから、事故の圧倒的に多い交差点の事故を防ぐため、歩道から入る自転車を少なくすればよいということがわかる。自転車が車から見えるようにして車道を走れば、危ないように見えても、通常は認知されており、事故が少ない。歩道を通って交差点にそのまま入ることより遙かに安全であるといえる。見かけだけの危なそうな主観的な感覚で議論するより、そういった科学

第3章 自転車の空間別施策 119

的な議論をすれば、特に事故の多い信号機のないような交差点も、ルールを守って車道の左側を通って交差点に進入することが極めて安全だということが、明らかになってきている。

④日本の常識と正反対の米国の指導内容

　こういう科学的な根拠から、交通事故の多いアメリカでは、たとえばオレゴン州政府の自転車マニュアルで、車から見えることが重要であり、車道を真っ直ぐ通るように書かれている（図3・12）。すなわち、日本では駐車列があったら、駐車列が途切れたところで、道の端の方に寄り、駐車している車があると車道側に戻るという走り方をするが、これは車から一時的に見えなくなるので危険である。また、車の速度が遅い車道については、堂々と真ん中を走りなさい、そうでないと車から見えなくなってしまうとされている。

　また、交差点でいったん歩道に上がり、横断しようとすると一時的に車から見えなくなりノーマークになるので、右折車にはねられやすいから、交差点では歩道に上らないようにと指導している。

　このようなことを受けて、アメリカの自転車広報センターという連邦の援助

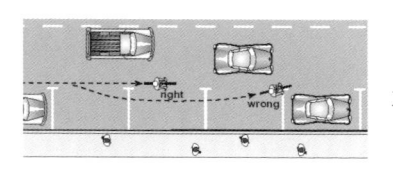

正しいのは直進である

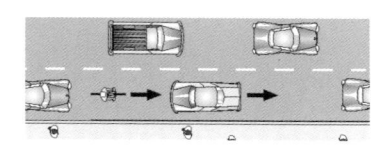

車線の速度が遅いときは車線の真ん中を通る

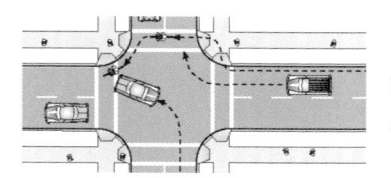

交差点手前で歩道に上がり、横断歩道を渡ると車を混乱させる

図3・12　自転車の正しい走行方法　（出典：オレゴン州政府作成 "Bicyclist Manual"）

を受けている公益法人が自転車の安全運転のQ&Aで、次のように書いている。

Q「自転車は歩道を走るべきでしょうか。」に対して、

A「いいえ。自転車の歩道通行は自転車と車の衝突事故の重要な原因です。歩道の方が車道よりも安全だと思っているかもしれません。しかし、この歩道通行の問題点は、第一に車からほとんど見えないから危険だということです」と述べたあと、第二に、「歩行者との衝突の危険にさらされます」と指摘し、さらに、これに加えて第三に「歩道の路面は危ない。劣悪な状態です。はっきりいってでこぼこです。したがって、連邦も、公的機関とともに、自転車は歩道ではなく車道を走るように指導しています」と書いている。また、「歩道は車が通らないので自転車にとっては安全だと思っている人が多い。残念ながら、歩道は安全ではありません。仕方がないとき以外は、歩道を通らないようにしましょう」(ペンシルバニア州交通省の自転車走行マニュアル) など同趣旨の広報啓発が全国的に展開されている。このようなことはアメリカだからいえる、ということではない。日本でも自転車事故は見えないから起こっているという状況は同じである。

このように冷静な科学的な目で見て、どこが安全かということを考えて自転車利用を促進する必要があるのである。

⑤車に注意を促す車道走行のサポート表示

ただし、そうはいっても相対的な問題であり、車道も危険性がないことはない。自転車の走行空間のネットワークでは、次のような標識、路面表示などを駆使して、自転車の安全のために車側に注意を喚起している。たとえば、「ALLOWED USE OF FULLLANE」。つまり、「レーンをいっぱい活用して自転車が通ることを認めてください」という標識がある。ニューヨークの2900kmの自転車走行空間ネットワークの路線には、ここは共用路線ですよということを示して、「ここは自転車も通りますから、車は注意してください」ということを広報啓発している (図3・13)。日本でも、自転車は車道が原則、歩道は例外ということを次の⑥のように国の自転車安全利用5則で標榜している以上、標識や路面表示で、これに見習って、自転車の安全性をもっと具体的にサポートする必要があると考える。

表 3・6　日本の自転車安全利用 5 則

①自転車は、車道が原則、歩道は例外
②車道は左側を通行
③歩道は歩行者優先で、車道寄りを徐行
④ 安全ルールを守る 　○飲酒運転・二人乗り・並進の禁止 　○夜間はライトを点灯 　○交差点での信号遵守と一時停止・安全確認
⑤子どもはヘルメットを着用

※政府交通対策本部決定 2007 年 7 月

図 3・13　自転車との共用を指導する標識の例（米国）

⑥日本の自転車安全利用 5 則

　以上のように自転車が実は車道で安全であるということも考慮されたと思うが、日本でも 2007 年 7 月に、政府の交通対策本部で自転車の安全利用 5 則が決定された。そのトップに、「自転車は、車道が原則、歩道は例外」という宣言が出された。1960 年の道路交通法の改正以来の基本的考え方は、自転車は車両であるから、車道通行が原則であり、それをもう一回原則に戻したということになる。これは当然のことかもしれないが、1978 年の道路交通法改正以来 30 年以上も緊急避難的な歩道通行が原則のように運用されて、国民も多くはこれを習慣としてきたから、ある意味では画期的なことである（表 3・6）。

　この原則にもとづいてすでに国土交通省と警察庁でモデル事業等が全国 98 ヶ所で推進されている状況である。

（2）車道に自転車の走行空間は十分にある

①車道に自転車の走行空間があるか

　道路構造令によると、幹線道路では、図 3・14 のように、一番左側に駐車車両があってもこれと次の車線の間に 1.5 ～ 1.75m の空間がある。駐車がない場合も、車が右側に寄れば同じ幅の空間が存在する。諸外国の自転車専用レーンは幅員が大体 1.5m ぐらいある。日本の車道にも一番左側の車線に自転車が走る空間は十分ある。

それでは、駐車車両が途切れた空間に、隣の車線から車が入ってくる可能性があるかについては、幹線道路での観察によると、1時間503台の通行車両のうち、駐車車両のある一番左の車線に入ったか、または、そのラインを踏んだ車は13台しかなかった。ほとんどは左側の車線に入らないで通行している。

　図3・15の写真も、よく見ると、車が通る空間を除いて、車がもう少しセンターライン寄りに通行すれば、路肩を入れると1〜1.5m程度の空間は存在する。

　また、幹線道路でない一般の道路でも、自転車が安全に通行できる空間があることは多い（図3・15右側）。

　そういうことを前提に、茅ヶ崎市は茅ヶ崎駅の南側地区などで道路の安全性の客観的な評価を行った。この評価には、自転車事故が圧倒的に多い細街路の交差点の安全性評価も含まれている。この結果を、走行空間の幅、交差点の見通しなどの客観的な指標により安全性を三段階（安全・普通・危険）に分けるなどして、地図に表示した。この三段階の評価結果を見て、市民に自ら通る安全な道を見つけ出して、自分の日常生活や通勤通学に際して、安全な道を選択してもらう。また、自転車走行空間のネットワークを形成する場合、専用空間の取れる道路は少ないため、

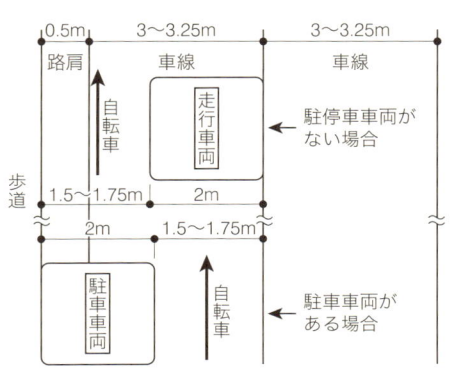

図3・14　左端車線での自転車走行空間の可能性

図3・15　幹線道路での自転車走行空間の可能性　　よく見ると左側の空間は、1.5m以上空いている

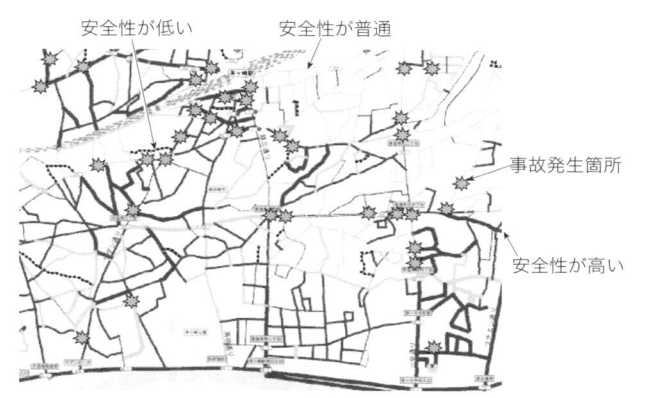

図 3・16　茅ケ崎市の安全性評価の地図

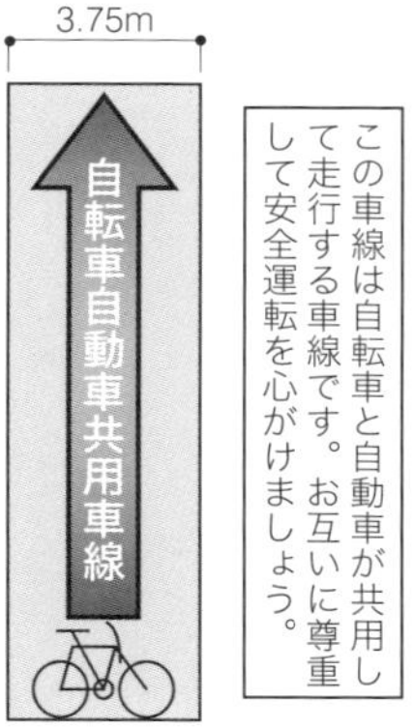

図 3・17　路面での表示（案）

図 3・18　安全性・快適性に優れた裏通り

　安全な非幹線道路の共用道路も取り込んで形成することができる。さらに、危険性の内容が情報提供された場合は、事故の発生は大幅に減少する可能性が高い。この茅ヶ崎市の評価結果によると、安全性などに優れた道路や裏道などは意外に多く、これらを活用して、安全な走行空間のネットワークを形成することは十分可能である。一部に、危険な部分を含めざるを得ない場合も、具体的な危険性（特定の交差点、単路の狭隘など）を自転車および車の利用者の双方に知らせることにより、危険を回避できる。

　このような地図は、ネットワーク空間として共用道路を取り込む場合の基礎になる。この場合は、このネットワークに組み込む比較的安全な道路には、車の左端の車と共用する車線には、図 3・17 のようなカラー舗装や看板の設置をすれば、車側も気をつけることになり、事故の可能性は大幅に低くなると考えられる。

②自転車と歩行者のどちらを優先するか、歩行者と分離すべきかに関する市民の意向

わが国では、自転車が他の交通主体と空間を共用する場合に、現実に歩道通行を長年認めてきており、歩行者との共用が原則のようになり、習慣化している。しかし、今まで述べてきたように、専用空間を確保することができず、いずれかの主体と空間を共用せざるを得ない場合、車との共用の方が事故が少なく、現実にこれを選択することが適当であるとしても、一般の人の意識はどうかを確認する必要がある。このため、改めてこれに関する一般の人の意識を検証した。安全性を優先すべき主体の順番と歩行者と自転車の空間の分離の必要性についてアンケートを行い、表3・7のような結果を得た。

まず、最初の質問では、ほとんどの人は、表3・7の通り、一番に歩行者、二番目に自転車としている。交通安全上最も弱い立場の歩行者の安全性を優先すべきであることは回答者の意識としても明らかである。次に、歩行者と自転車は走行空間を分離すべきかについては、表3・8のように、これも大半が分離すべきとしている。

表3・7　安全を優先すべき主体の順位

安全の優先順位		1番目	2番目
歩行者	（来街者）	89.6%	5.1%
	（駐輪者）	89.1%	5.6%
自転車	（来街者）	6.1%	80.1%
	（駐輪者）	6.0%	83.1%
車	（来街者）	2.7%	6.1%
	（駐輪者）	2.4%	5.1%
無回答	（来街者）	1.7%	8.8%
	（駐輪者）	2.4%	6.2%

※来街者＝297、駐輪者＝531、来街者は、ほとんどの回答者が車での来街である
（出典：「柏の葉キャンパスタウン来街者・駅前駐輪場利用者へのアンケート調査2009」より筆者作成）

表3・8　歩行者と自転車の分離

歩行者と自転車	分離するのがよい	しなくともよい	その他・無回答
来街者	86.5%	9.8%	4.7%
駐輪者	76.5%	17.1%	6.4%

これらのことから、自転車がいずれかの主体と空間を共用して走行せざるを得ない場合、どの主体と共用すべきかは、明白である。歩行者の安全を最も優先すべきであり、かつ、歩行者と自転車を空間的に分離すべきという結論から、いずれかと共有せざるを得ない場合、あるべき姿として自転車は車道で車と共用すべきことがほとんどの人の意識であると理解する。これは、そもそも自転車は車両であり、車道を走行することが原則であるというわが国の道路交通法の考え方に一致し、欧米諸国の扱いと変わりない。

　今後は、この意識に立った車道通行の安全性および歩道通行の危険性のわかりやすい広報啓発と、車道上での弱者としての自転車と車との安全な共用対策が必要となる。その方法は上記②で述べた。

3　自転車専用走行空間確保の施策

(1)専用空間を確保する方策

　今まで主として共用空間の安全性や走行する空間適性について述べてきたが、道路空間に専用的な空間を確保できれば、それに越したことはなく、各国も自転車専用空間を確保できるところは、なるべく多く確保するようにしていることは確かである。このため、専用的な空間をどのように確保することが適当かについて、次に明らかにする。

①専用的な空間を確保する三つの方策
　わが国では、自転車走行空間を分離して専用空間を確保する方法として、三つが提示されている。(これ以外に、河川敷などでの自転車歩行者専用道などがあるが、都市内の一般の道路での分離策について述べるため、以下の三つに限定して考える。)
◉ 自転車の通行位置の指定(歩道上での専用的空間)(図3・19)
　幅の広い歩道上でライン・カラー舗装により、自転車の通行位置の指定をす

① 自転車の通行位置の指定（自転車歩行者道）

道路表示
（普通自転車の
歩道通行部分）

縁石線等

自転車歩行者道　車道

通行部分の指定をした
自転車歩行者道

② 自転車専用通行帯（自転車専用レーン）

道路標識「専用通行帯」(327の4)
の設置（オーバーハング等）

道路標識「専用通行帯」
(109の6)の設置

民地側

歩道　自転車専用通行帯
（自転車専用レーン）

自転車専用

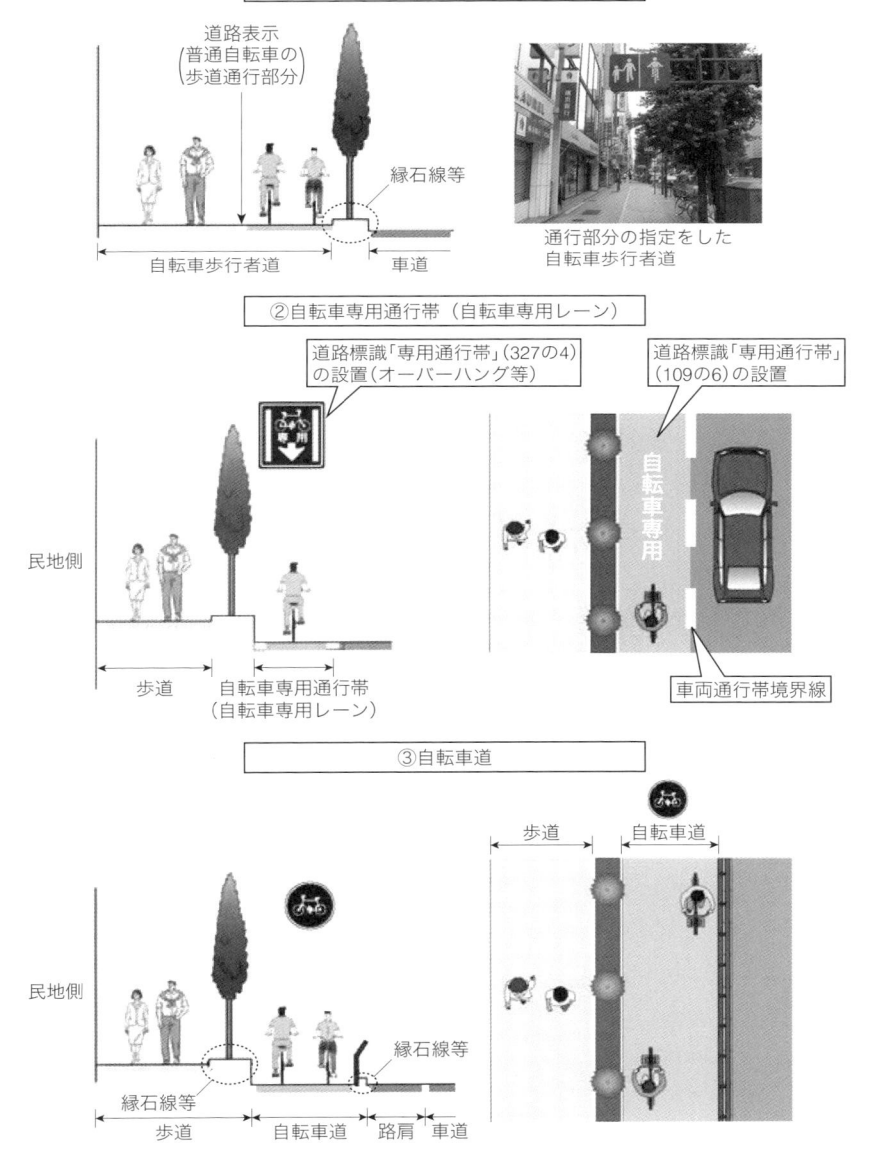

車両通行帯境界線

③ 自転車道

歩道　自転車道

民地側

縁石線等

縁石線等

歩道　自転車道　路肩　車道

図3・19　自転車の専用的空間の種類

第3章　自転車の空間別施策　127

るものである。これにより、自転車はこの部分の通行義務、歩行者はこの部分に立ち入らない努力義務がある。しかし、現実には、ほとんど配慮されずに通行されている。実際は、図3・19の写真のような混在状態である。十分余裕のある一部の自転車歩行者道のみ、簡易の分離柵などでかろうじて対処しているが、そのような余裕のある空間はほとんどない。また、対面通行が認められている。速度は原則徐行であり、歩行者がいないときだけは、すぐに徐行に移れる速度とされる。

表3・9　自転車の走行空間別の長所短所の比較

項　目		自転車の通行部分の指定（自転車歩行者道）	自転車道	自転車専用通行帯（自転車専用レーン）
歩行者からの分離		不完全分離（法的な義務無し）歩行者との接触	分離	分離
車からの分離		分離	分離	不完全分離（法的な義務有り）車との接触
対面または一方通行	対面衝突	対面通行　自転車どうしの衝突の危険性	対面通行　自転車どうしの衝突の危険性	一方通行　自転車どうしの衝突なし
	反対方向への移動	対面通行　反対側の道路に渡らなくても良い	対面通行　反対側の道路に渡らなくても良い	一方通行　反対側の道路に行く必要あり（短区間なら歩道を利用可）
速度		速度はたえず徐行または歩行者がいれば一旦停止義務	速度はある程度出せるがすれ違いの時は落とす必要あり	速度はある程度出せる
幅員		1.5m以上必要（安全にすれ違うためには2.0m以上）広い歩道のみ確保	2.5m以上必要　わが国の道路に、連続して確保は困難	1.0m以上必要　道路構造令の幅員のある道路では確保容易
他の進入		歩行者の進入の可能性あり	なし	一部にあり得る（駐車車両等の進入）
他の空間の選択の可能性		あり（車道を走行可能）	なし（高齢者子供等も自転車道を走行する義務）	あり（高齢者子供等も歩道を徐行して通行可能）
沿道利用との調整		容易	ゴミ収集、荷物の積み卸し等で障害	やや容易
ルール遵守		不遵守を誘発	普通	遵守を励行

※各欄の色は、薄いグレーが短所、濃いグレーが長所、中間のグレーが普通である

- 自転車専用通行帯（自転車専用レーン、車道上での専用空間）（図3・19）

　車道上で、自転車の専用通行空間を指定するものである。自転車は、車道上ではこの部分を通行する義務がある。しかし、歩道が自転車通行可となっていると、ここをも選択可能である。一方通行である。

- 自転車道（車道上での物理的な専用空間）（図3・19）

　物理的に分離された自転車専用空間である。自転車はここのみを通行する義務があり、歩道やこれ以外の車道部分を通行できない。原則として、対面通行である。

　これらの長短を整理し、比較すると、表3・9のようになる。

(2) 自転車専用レーン（自転車専用通行帯）が切り札

① もっとも優れている自転車専用レーン

　表3・9から次のようなことがわかる。「歩行者からの分離」の項目では、自転車の通行位置の指定では分離の柵などがない限り不完全であり、また、残りの二つはいずれも完全である。しかし、「車からの分離」は自転車専用レーン（自転車専用通行帯）が物理的には非分離のため、完全に車をシャットアウトできないという意見があるが、実際には図3・20や図3・21のようにそこに進入して走行している車はほとんどない（駐車車両については、後述）。各地の自転車専用レーンをたくさん見たが、この傾向は変わらない。

　次に、自転車歩行者道と自転車道は、対面交通のため、自転車相互の衝突事

図3・20　福島市の自転車専用レーン　　図3・21　多摩ニュータウン自転車専用レーンの状況

故の可能性があり、走りにくいという意見が強く、多くの社会実験でも指摘される。

「速度」は、自転車歩行者道は、徐行にすぐに移れる速度以下の義務があり（大人がジョギングで走る速度）、現実にはこれをキープすることは困難を伴う。また、交通手段として位置付けるならば、単位時間当たりの到達距離は短くなり、また、大量の自転車交通をさばくことは歩行者との混合の可能性のある空間であるため適切ではない。それを選択するくらいなら、車道での車との共用の方がよっぽど安全であることはすでに述べたとおりである。

一番問題な点は、「幅員」のための必要空間である。自転車道は柵を入れると片側 2.5m 必要であり、両側に通常設けるから 5m の空間が必要になる。このような空間を確保できる道路はわが国ではわずかであり、また、せっかくドライバーや沿道の人々を説得して設けても、対面通行ゆえ危険性が指摘され、その外側の車道を走っている自転車利用者もある（これは違法である）。自転車歩行者道での通行位置の指定も、幅員は最低 2m は必要であり、両側で 4m 必要となる。この空間は歩行者空間を相当圧迫する。これに対して、自転車専用レーンは、車道上で最低で 1m あればとれるので、両側で 2m で足りる。

その他の項目についても、自転車専用レーンは、次に述べる車の違法駐車以外は、短所といわれるものがほとんどなく、最適であることがわかる。自転車専用レーンを設けることができる左端の車線は、路肩も入れた幅員が 4.5m 程度あれば車の走行空間を 3m とることができ、このような車線の道路は、よく観察してみると極めて多く、これに自転車専用レーンを設けて自転車走行空間のネットワークを形成することは、それほど困難なことではない。特に、土地区画整理事業や計画開発を実施した地区では、その可能性が極めて高い。筆者は、この自転車専用レーンを一番に推進するように提案するものである。

②自転車専用レーンで渋滞が起こるか
　自転車専用レーンを設けた場合に車の渋滞が生じるかどうかについて検討する。
　自転車専用レーンを設けることができる空間を有する道路を選択してこれを設置することになるので、この分離空間を交通容量の範囲内で自転車が走行し

ている場合は、渋滞は生じない。すなわち、自転車道の場合、幅員1mの空間における自転車の通行容量は、時間当たり約2000台とされている(社団法人日本道路協会「自転車道等の設計基準解説」により一方通行の自転車道の実用交通容量)。また、往復二車線の道路の交通容量は幅員3.25mの標準車線の往復で2500台／時であり、車道の空間の車線幅員が狭くなると交通容量が少なくなる（3.25mを標準として1とすると、2.75mで0.88、2.5mで0.82となる。社団法人日本道路協会「道路の交通容量」p.19、p.24）。仮に自転車専用レーンを確保して、車線が2.5mの幅員になった場合、18％の容量が減少することになるので、往復で450台の容量が減少することになる。片側では、225台分の減少になるが、この分自転車専用レーンにより自転車の容量が2000台分増加している。車の片側の交通容量1250台の2割でも車から自転車に転換していれば、車の交通量が250台減ってその分自転車が325台（車には平均1.3人が乗車しているとされるから250台×1.3）増えることになるが、余裕がまだまだあり、渋滞は起こりにくいことになる。

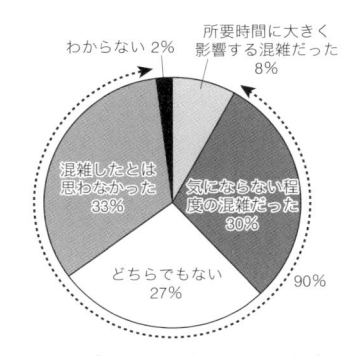

図3・22 「桜通を4車線から3車線に減少したことにより、混雑しましたか？」に対するドライバーの回答（出典：国土交通省中部地方整備局名古屋国道事務所「桜通自転車道の社会実験結果」n＝300)

　また、実際に、名古屋市で自転車道として車道部分の車線を自転車専用の走行空間（幅約2.8m、延長320m、桜通本町交差点から桜通呉服交差点付近）とする社会実験（2009年11〜12月）が行われたが、車運転者に対するアンケート結果では、ドライバーの約90％が渋滞に対する大きな影響はないと答えている（図3・22）。所要時間に大きく影響する混雑だったとするのは、8％であった。

　なお、交通量の問題以外に、自転車専用のレーンの外側への駐車による渋滞の惹起の可能性があるが、このような箇所は駐車禁止となっているので、自転車側の問題ではない上に、もともとこのような箇所は専用レーンの有無にかかわらず、左端車線には駐車があり、駐車の車体の幅は、p.123の図3・14で示したように左端車線に収まり、かつ、この車線に侵入する車はほとんどないので、現状より深刻な問題とはならない。

③自転車専用レーンに駐車するか？

　仮に車道内で専用空間を設ける場合に、その専用空間に違法駐車がある可能性があり、せっかく設けたレーンを安全に走行できないとする意見が強い。すなわち、専用レーンは意味がないとするものである。

　しかし、最近のアンケート調査で、物理的に分離せず、単に色を濃く塗り、駐車禁止を明示する看板を立てた自転車専用レーンの場合の駐車の可能性の有無を質問した。「色彩と看板のみの自転車専用レーンにあなたは、駐車しますか」というアンケート調査を、車で来店している人が多い商業施設の約300人とその施設が立地している駅前の駐輪場の利用者約530人に対して実施した。アンケートの結果このような派手な色塗りで、注意看板もしっかりあるような場合、「絶対駐車しない」「駐車しない」「ほとんど駐車しない」を合わせると、97％が駐車しないと答えている（図3・23）。

　控えめに見ないといけない部分があるが、重要な点は、少なくともほとんどの人は、専用レーンが明確に表示してあることで、他の人に見られてすぐわかる場所の駐車には抵抗感は持っていることである。しっかりと広報啓発すると、心理的には駐車を相当しにくくなる。行政がしっかりとその気持ちの後押しをするような注意をすることで、違法駐車は、ゼロにはならないが、相当程度防止することができる。ある地区では、明瞭な青色の自転車専用レーンの設置により、設置後の環境がよくなったとする報告がある（図3・24）。

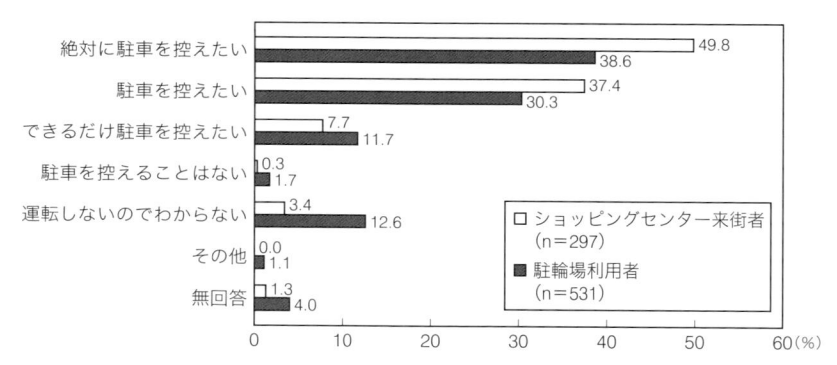

図3・23　自転車専用レーンがある場合の駐車の有無　※来街者は、ほとんどの回答者が車での来街である
（出典：「柏の葉キャンパスタウン来街者・駅前駐輪場利用者へのアンケート調査2009」より筆者作成）

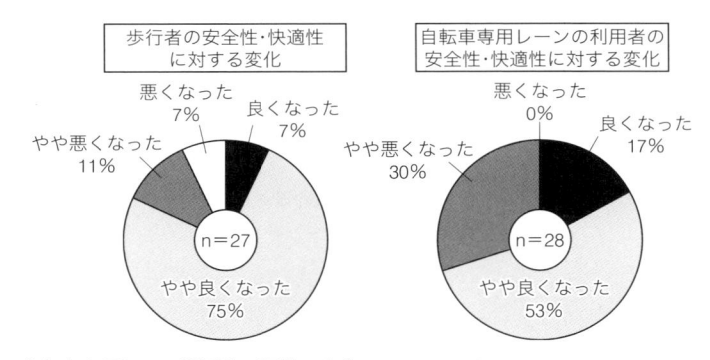

図3・24 自転車専用レーン設置後の環境の変化 （出典：東京都『旧玉川水道道路における自転車レーンの整備効果』2008年）

したがって、自転車専用レーンは、カラー舗装をしっかり行い、看板を立てて、行政が努力すれば、もともと心理的に負い目があるため、違法車両を相当減少させることができる。どんなことでも、完全なことを求めることは困難であり、あきらめないで広報啓発を継続して行うことにより相対的な向上をめざすべきである。これにより、自転車専用レーンでの違法駐車に相当程度の対処ができる。

④交差点こそ自転車専用レーンが必要

自転車専用レーンに関して、より大切な点は、自転車専用レーンが、主要な道路の交差点以外の部分で設置できなくても、せめて交差点のみに設けるべきであることである。繰り返しになるが、交差点は、自転車事故が圧倒的に多く、一番危険であることは明らかである。その手前および交差点に専用レーンを設ければ、自転車が通過するところがあることを、自転車のみならず、交錯する車にも示すことができ、安全性が大幅に向上することは目に見えている。車のために右折専用レーンなら空間を確保するが、自転車のためのレーンなら取れないというのは理屈が通らない。ぜひとも、交差点およびその直前に自転車専用レーンを設けるべきである。

例えばロンドンでは、交差点の極めて厳しい狭い空間の中でも、わずかの距離に専用レーンを設けている。この幅員はわずかで1mもない（図3・25d）。隣の車のレーンも、狭くて車がぎりぎりで通行していた。しかし、交差点という

図 3・25a　専用レーンが交差点に差し掛かった時の路面表示（パリ）

図 3・25b　交差点内に続く自転車専用レーンの表示（パリ）

図 3・25c　交差点内での自転車通行がある旨の表示（共用空間　パリ）

図 3・25d　交差点手前のみ専用空間を設けている例（ロンドン）

図 3・25e　ベルリンの交差点手前のみの専用空間

危険なポイントでしっかり対策を講じている。これはベルリンでも同様である（図 3・25e）交差点抜きの全線にわたる専用レーンよりは、交差点およびその直前のみでよいから、この部分にカラーの専用レーンを設けるべきであると思われる。歩道の空間と車道の空間をうまく活用して、しかも、カラーで明示することで安全性の向上の効果が極めて高い。交差点の中は、もし、カラー舗装ができなくても、パリの写真のような路面表示でも、クロスする車の認知ミスを防止する重要な方法となる（図 3・25a 〜 25c）。交差点の中に自転車の走行の表示を設けることに大きな意義がある。

4　自転車の駐輪空間

(1)自転車利用を促進する駐輪場

①駐輪場の自転車の利用促進効果

　欧米の自転車政策では、駐輪空間を自転車の出発点と目的点の両方に設けるのは、自転車利用促進のためであると位置づけている。すなわち、自転車駐車場は、自転車利用の促進のインセンティブとして重要な役割を果たしている。これは、単に駅前で自転車を預ける施設をいうものではない。駅前の駐輪施設は、もともと自宅から駅までという端末の短距離の自転車利用が大量になされ

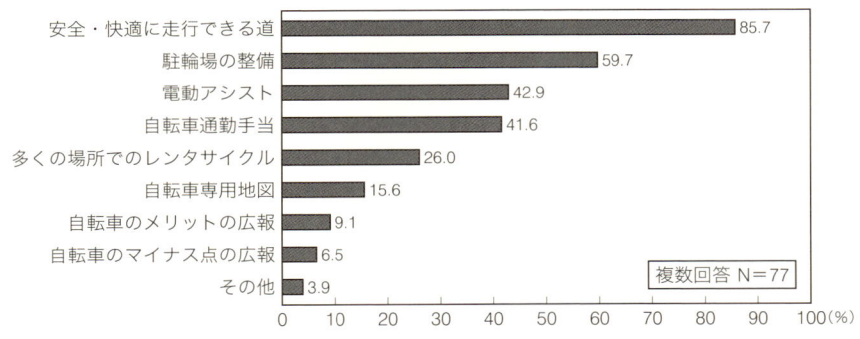

項目	%
安全・快適に走行できる道	85.7
駐輪場の整備	59.7
電動アシスト	42.9
自転車通勤手当	41.6
多くの場所でのレンタサイクル	26.0
自転車専用地図	15.6
自転車のメリットの広報	9.1
自転車のマイナス点の広報	6.5
その他	3.9

複数回答 N=77

図3・26　就業者の自転車利用のための条件　(出典：「柏の葉キャンパスタウンにおけるアンケート調査2009」より筆者作成)

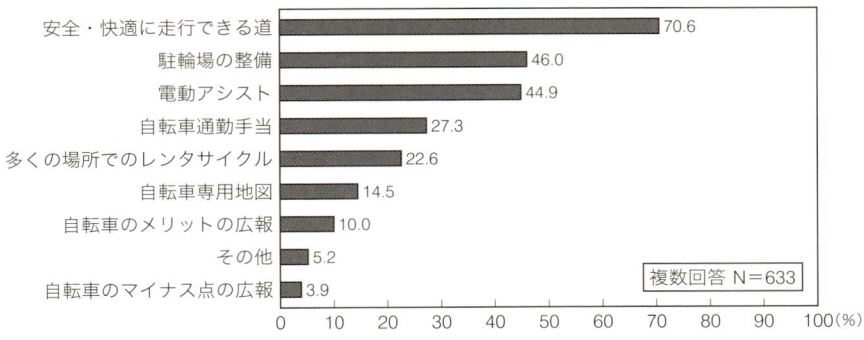

項目	%
安全・快適に走行できる道	70.6
駐輪場の整備	46.0
電動アシスト	44.9
自転車通勤手当	27.3
多くの場所でのレンタサイクル	22.6
自転車専用地図	14.5
自転車のメリットの広報	10.0
その他	5.2
自転車のマイナス点の広報	3.9

複数回答 N=633

図3・27　高校生の自転車利用のための条件　(出典：「柏の葉キャンパスタウンにおけるアンケート調査2009」より筆者作成)

たのに対して、放置対策のために設けられたものである。自転車の利用促進策は、むしろ多くが徒歩でも行ける端末の距離の自転車利用を促進するものではない。

　一般的に自転車利用の促進にとって意義がある駐輪場は、施設にやってきた人が駐輪して、用務を行うための駐輪空間である。この空間は、自転車利用にとって走行空間とともに、貴重なインフラの双璧である。図3・26～28の各グラフでは、それぞれ、通勤目的、通学目的および買物目的の人たちに、どのような条件があるともっと自転車を利用するかを質問した結果である。三つの目的とも、「安全・快適に走行できる道」がトップであるが、その次に、「駐輪場の整備」となっており、5～6割の人がこれを選択している。具体的には、通勤、通学などでは、職場や学校に駐輪施設があるかどうか、買物でもスーパーや商店街に駐輪施設があるかどうか、その他の娯楽施設、病院、図書館、塾や習い事などの日常用務の施設にこれがあるかどうかである。特に、安心して駐輪しておける空間が入口近くに設けられていることが、重要な要素である。

　駅前以外のまちの中では、駐輪空間の意義は、それほど大きくないと思われているようであるが、もしその施設に大量に自転車が集まったとしたら、その施設周辺は放置であふれかえる。まちの中の施設でも、1台や2台の自転車がとまっている分には、あまり影響はないが、これがどんどん増えてくると、駐輪する側も駐輪する場所がなくなり自転車で行きにくくなるし、施設側も周辺の道路や他の施設に対する迷惑が生じて、苦情等もあり気が気でない。やはり、

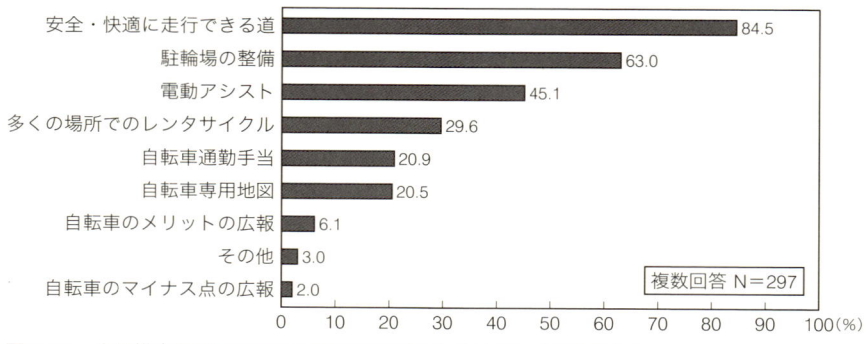

項目	割合(%)
安全・快適に走行できる道	84.5
駐輪場の整備	63.0
電動アシスト	45.1
多くの場所でのレンタサイクル	29.6
自転車通勤手当	20.9
自転車専用地図	20.5
自転車のメリットの広報	6.1
その他	3.0
自転車のマイナス点の広報	2.0

複数回答 N=297

図3・28　大規模商業施設来店者の自転車利用のための条件（買物目的）（出典：「柏の葉キャンパスタウンにおけるアンケート調査2009」より筆者作成）

目的の施設に駐輪場が用意されていることが必要である。

　すなわち、施設に十分に駐輪場が備わっている場合に、自転車利用による施設へのアクセスが容易になされる。これが用意されていない場合は、自転車で行こうという気持ちになりにくい。これは、十分駐車場が用意されていない商業施設に対して、車で行ってみようという気持ちになりにくくし、来訪者が減少することと同じである。ただし、自転車の方が放置をしても、その占める面積が少なく、混雑を来す可能性が低いが、人気の施設は結果的にこれの集積が施設周辺の大量放置につながる。

　以上のように、通勤、通学、買物など様々な用途の自転車利用に必要なインフラは、走行空間のみではなく、駐輪施設により、その利用が支えられていることがわかる。

　そもそも、自転車の利用促進をまちぐるみや施設が行おうとする場合は、十分の量と質の駐輪空間を用意するのが、まちや施設の重要な責務であることは、自転車の安全利用の促進および自転車等の駐輪対策の総合的推進に関する法律第5条第1項から第4項まででも明らかである。これらの規定では、駅前にしぼって駐輪空間を設置すべしとは書いておらず、自転車の大量の駐輪需要を生じさせる施設を幅広く対象としているのである。

②自転車と公共交通との適切な連携

　駅まで近距離（たとえば、約800m程度）の端末の交通は、徒歩が担うべきであり、これを超えるような距離についてのみ、自転車でアクセスすれば、施設の駐輪需要を削減できることは明らかである。駅までの端末交通を支える駐輪場が自転車の利用促進にとって意味があるとすれば、公共交通との連携のための自転車利用である。今まで、駅までの交通手段がない空白地帯の人々に対して、駅までのアクセス手段を提供し、これにより、自家用車で直接目的地まで行っていた人を、自転車と公共交通に転換することを可能にするものである。

(2) 駅前の需要と供給の総合バランスのとり方

　施設にアクセスする人が、どのような交通手段でやってくるかにより、駐輪

場需要が決まる。利用者が選択したい手段に対応して、それをそのまま受け入れて施設を用意するとすれば、通常は車の駐車場の必要性が高くなる。そのため、施設側にとっても駐車施設の整備費や土地代、管理費などが大きな負担となる。これを自転車、徒歩、公共交通で来てもらうと、その分の駐車場の負担が少なくて済む。

しかし、施設の立地上の制約や他の同種の施設との競争があり、車で来る来訪者に適切に対応しないと負けてしまう。施設から徒歩圏の人々は、商圏としては狭いし、また、公共交通が便利な場所での立地であればよいが、これも最近の商業施設の場合には期待できない。そこで、近くから来る車での来訪を自転車に転換してもらうことが可能であれば、その来訪者へは、入口近くの駐輪場を用意して、自転車利用を促進することが可能である。このことは、車の駐車場の負担の軽減と来訪者の増加に寄与するので、施設側の相当の支援を受けることは、第2章ですでに解説した。ここでは、車から転換する可能性などを踏まえて、どの程度の駐輪需要があるか、また、これに見合う供給をどうするかについて、述べる。

なお、従来の「駅前放置対策」としての駐輪施策は、自転車の課題別施策として第4章に記載している。ここではいわゆる放置対策ではなく、駐車場の需要と供給の関係を簡単に取り上げる。

①駐輪需要のあり方

駐輪空間は、一方では車に代えて自転車を利用してもらうため、自転車で行く目的の施設にはなるべくたくさんあるのが望ましいが、駅前のように、1点に自転車が集中する場合、供給が間に合わない。駐輪の需要についても、そもそも自転車で来るのが不適切な近場の人も多くいる。このような人は、徒歩で来てもらうことなどが適当である。また、バスで来るのが適切な人もいる。このような自転車で来ることが適当な人や必要な人の需要を適正に把握して、これらに見合う駐車場を供給することが基本となる。

通常の駐輪需要は、もし撤去などのコントロール施策がない場合は、

自転車駐車場利用の自転車数＋放置自転車数＝現在の駐輪需要

として計算されている。これに、さらに今後の人口の動態等の予測を加味し、

鉄道や施設の利用者の数の変化を考慮して、将来の駐輪需要を予測する。

次に、これに対して駐輪需要をコントロールする次の②のような施策をアンケート等の調査にもとづいてその効果を把握し、これを組み込んで需要を再計算して予測することを提案する。

なお、まち中の駐輪施設の必要台数の算定は、次のような方法が考えられる。これは、駅で鉄道等に乗り換える駐輪需要ではなく、直接自転車で目的地に行くものを想定している。

すなわち、自転車でやってくる人が多い職場、学校、用務先、買物先などで自転車の駐輪需要の台数分を確保する必要があるが、これは、自転車のトリップ数で職場、学校、用務先、買物先まで直接行く自転車直行型のものの合計に相当すると考えられる。

これを、千葉県の柏市で推計すると、自転車での目的別のトリップの合計として、通勤＋通学＋私事＋用務＝1万8643
のトリップがある（2008年首都圏パーソントリップ調査）。

これらは目的地まで行く直行型と見られるので、これらの自転車での移動には、職場、学校、用務先、買物先など目的施設側で駐輪施設を用意することが必要であり、まち全体では、この必要量は、上の例では、1万8643台分である。

なお、帰宅のための自転車のトリップ数は、自宅まで帰るのであるから、各自の自宅で用意することになるので、施設側の設置必要台数にはならない。

②駐輪需要をコントロールする方法

上の駐輪需要をコントロールする施策は、撤去や街頭指導により直接の駐輪需要を抑制する施策（直接施策）、近くであれば徒歩の方が早く来られること、隣の駅までであれば直接自転車で行った方が安くて早いことなどの広報啓発により間接的に駐輪需要を抑制する施策（間接施策。なお、この施策は第4章の課題でも一部触れる）、また、バス専用レーンなどでバスなどの運行を早くして自転車よりも有利になるようにするなど条件を変化させる施策（条件施策）などがある。

通常は、直接施策が主流である。この直接施策は、人件費などを継続して使用できる予算があれば、効果は高い。特に放置を行おうとする人は、どこかに

悪いことをしているという意識があるので、注意をされること、または、撤去の可能性があること、実際に撤去されるという事実があること等により、相当の抑制策になる。しかし、このような直接の抑制策は、北風と太陽の喩えではないが、一種無理やりに抑制するものであり、北風がやめば元の木阿弥になる。

　間接施策は、効果は完全ではないが、広報啓発で徒歩や直行型のメリットを理解してもらって、駅や施設までの利用を少なくするもので、浸透すれば効果のある需要のコントロールが可能である。これらの組み合わせで、市民の理解を前提とした間接施策や条件施策をまず講じて、これにより漏れるものを直接施策で拾うのが、効果の継続性と人件費やその他の経費の節約の点で最も望ましいのである。

　これに加えて、省スペースが可能であるレンタサイクルを利用して、駐輪スペースの需要そのものの削減効果も期待する。

　図3・29は、駐輪需要のコントロールの枠組みを提示している。徒歩でも可能な距離の人には、ショートカットできる、または安全・快適性の高い徒歩ルートや徒歩地図の提供などで、徒歩の方が自転車より有利な状況を作り出す。また、自分の職場や学校が近隣の駅にある人には、自転車走行環境の整備またはルート情報の提供により、自転車で直接行く人を増やす。また、駐輪スペースが余裕のある駅に回ってもらってここに駐輪する人を増やすなどで、現在の駅に集中している駐輪需要を減らす。これに加えて、レンタサイクルの必要駐輪スペースが少ないことに着目し、レンタサイクルを用意し、これを利用する人を増やす。これは、その駅から職場や学校まで行く人に、別の人が自宅からその駅まで乗ってきた同じレンタサイクルを利用してもらうことで、昼間は、その職場や学校の敷地内で駐輪してもらい、駅前の駐輪需要を減らすものである。

　このようにして、駐輪需要の抑制や転換を図り、これにより、転換や抑制される分を推計して、これを差し引いた駐輪需要を算定する。これらの予測は、駐輪場利用者や放置者に対するアンケート調査等により、自転車利用の実態や意向を把握して、自転車利用者の動向を探り、適切な予測を行うものとする[注3]。この場合に、施設の入口や駅から遠い距離のある駐輪場の有効活用を図るため、距離により料金やサービスの格差（遠い所は料金が安い、営業時間が長い、屋

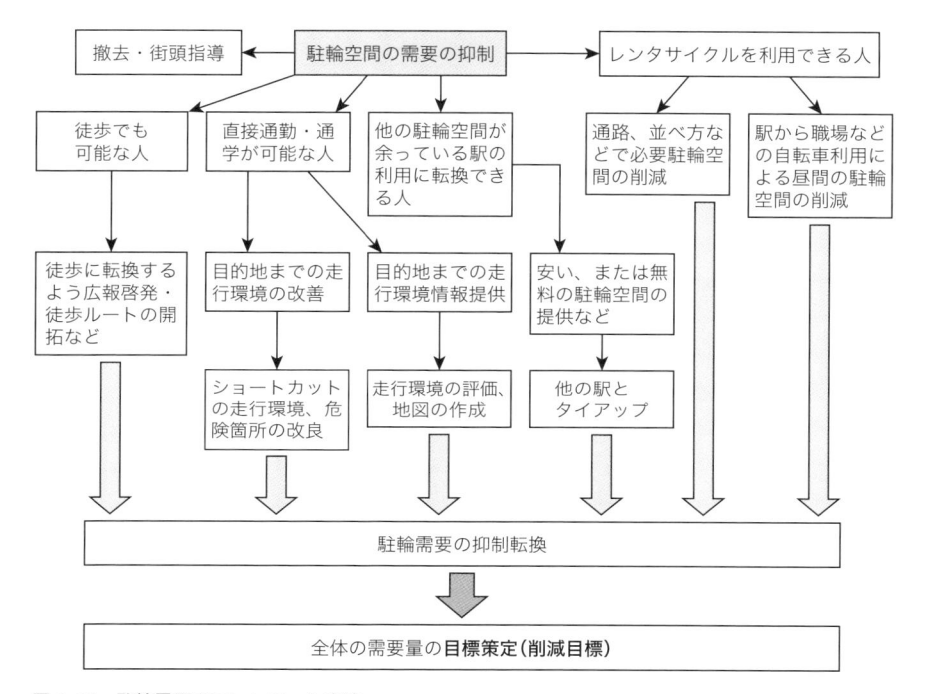

図3・29 駐輪需要のコントロール方法

根つきである、ゆったりとしたスペースが確保されているなど）をつけることにより、駐輪場の遊休空間が出ないようにする。この場合に、適切なサービスに見合う料金体系をきめ細かく設定することが必要である。

　なお、上は駐輪需給がひっ迫して、駐輪需要を抑制したい場合であるが、駐輪需給がひっ迫しない場合で、かつ車の駐車等を抑制して自転車に転換したい場合は、自転車での来場を促進するため、十分な数と質の駐輪場を提供する。この場合、駐輪場の位置は車の駐車場に比較して入口に近いこと、自転車での来場にはエコポイントなどを用意すること、駐輪場の料金は無料またはできるかぎり低額にすることなどにより、車よりも有利に扱うことを心がけるべきである。これにより、どの程度の自転車利用促進効果があるかは、アンケート調査等により予測することが可能である。

(3) 駐輪空間の提供責任は誰にあるか

　駐輪需要を図3・29のようにスリムに設定したあと、これに対して、必要な量の駐輪空間の提供（供給）をすることが必要である。この場合、駐輪空間の供給主体は、何も自治体のみが負うことはなく、基本的には、後述のように駐輪需要を惹起した主体が負うことが基本である。これらの主体に、自己責任の分を供給してもらうという基本原則をわきまえながら、現実の対応を図ることが肝要である。自治体には、これら自己責任の分でカバーしきれない一般的な駐輪需要に対応して駐輪スペースを提供することと、これらの主体の供給を促す

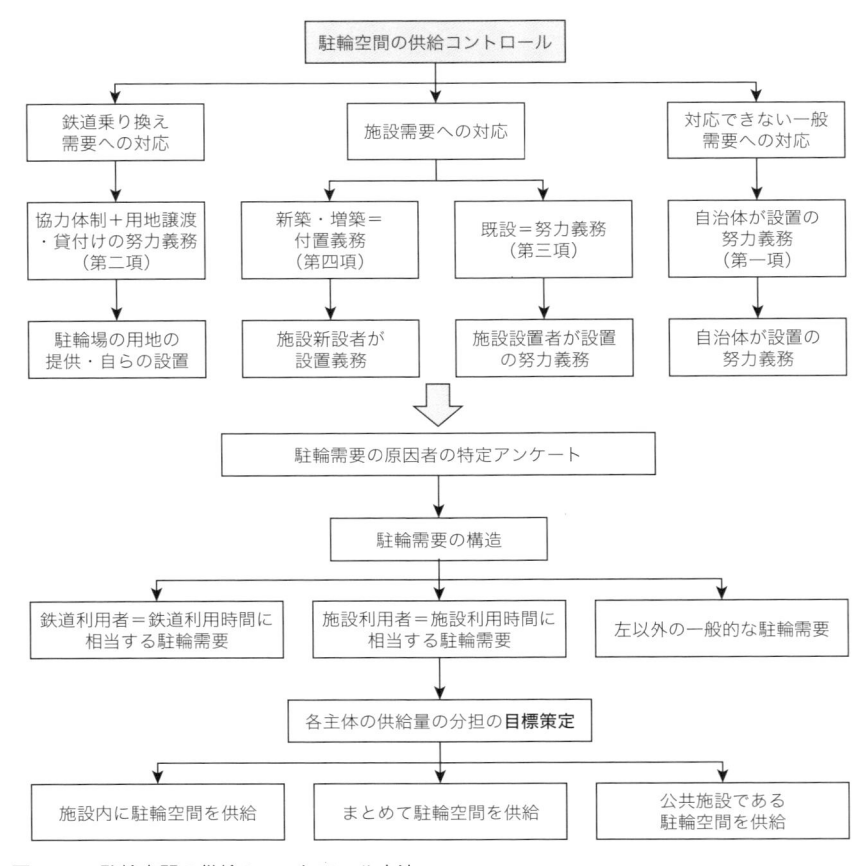

図3・30　駐輪空間の供給のコントロール方法

ことが期待されているのである。

　これらの枠組みを図3・30で提示する。まず、駐輪空間の供給主体として、鉄道事業者、施設設置者、自治体の3者を設定する。これらは、それぞれ、鉄道乗り換え需要、立地施設需要、および特定できない一般需要への対応の責任を有する。なお、鉄道乗り換え需要から生ずる責任範囲は、通常は乗り換え台数需要の1/5から1/6と推定する（駐輪時間に対する鉄道乗車時間の割合[注4]）。

　以上については、自転車の安全利用の促進および自転車等の駐車対策の総合的推進に関する法律（略称自転車法）第5条により、表3・10のような自転車駐車場整備の責任があることを根拠とする。

　以上の各主体が、それぞれ自己の責任を充分に果たしてもらうようにするため、駐輪需要の原因者（すなわち施設）の特定をアンケート調査等により行う。これにより、駐輪者がどのような施設や鉄道の利用を行っているかが明らかになり、施設ごとの駐輪需要、鉄道乗り換えの駐輪需要、および不特定の駐輪需要がわかる。これに対して、それぞれの主体の法的義務や努力義務、協力義務が法律上明記されている（自転車法第5条第1項から第4項）ので、それぞれの主体に設置等を求める根拠があり、これにもとづき全体の供給の責任の枠組みを作る。これを供給の分担の目標とする。

　この算定に当たり、次のような計算式が適当である。

　まず、図3・29の需要量（削減することができる数値を減じたもの）を算定して、これの総量を出す。これを施設設置者の義務の台数と努力義務（付置義務に準じた基準台数）の台数とに分けて、それぞれの台数を算定する。また、鉄道乗り換え者の鉄道利用時間相当の需要台数（鉄道乗り換え者の駐輪時間のうち鉄道に乗車している時間の割合に相当する台数）を算定する。これらをそ

表3・10　自転車法による主体ごとの義務内容

主　体	義務内容	根　拠
施設の新築・増築者	条例で定める自転車駐車場の設置の義務	第5条第4項
既存施設の設置者	施設の利用者のための駐輪施設設置の協力義務	第5条第3項
鉄道事業者	協力体制、用地の譲渡・貸し付けの協力義務	第5条第2項
地方公共団体	一般公共の駐輪需要に供される施設の設置の努力義務	第5条第1項

れぞれの責任台数とする。全体の需要量から、この責任台数を減じたものが自治体の責任台数として計算できる。

すなわち、全体の関係は、次のとおりである。

全体需要量（徒歩への転換など必要な削減量を引き調整したもの）＝付置義務台数＋努力義務台数＋鉄道協力義務台数＋一般公共の用に供する台数（自治体の責任台数）

(4)総合的な駐輪空間の需給の取り方 〜自治体の負担軽減

　以上で、駐輪空間の需給の総合的なバランスのとり方を検討してきた。特に需要については、不確定の要素が多いが、的確なアンケートと推計にもとづき、これらの将来的な動向を見ながら予測することが必要である。これに対して、供給の量の推計は、付置義務条例の設置台数の基準があるので、比較的容易である。鉄道の分担分は、鉄道乗り換え者の平均的な乗車時間の推計が課題である。また、自治体は、これらを除いた残量を分担することとすべきであるが、総需要量にもよるが、大きい数値になる可能性がある。施設側や鉄道側の分担分を明確にして、なるべくなら原因の特定しているものは、これらに分担してもらうことが必要である。こうすれば、従来、付置義務以外は、ほとんど自治体がその責任を持たされていたことに比較すると、自治体分はスリムになる可能性がある。

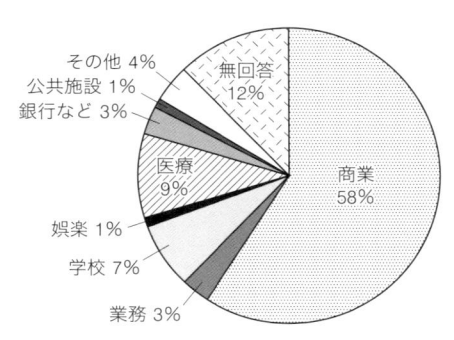

図3・31　放置者の目的施設　(出典：橋本駅前の駐輪者に対するアンケート調査より筆者作成)

　また、施設設置者等の努力義務については、協力が得られない可能性もあるが、アンケート調査にもとづく、具体的な数値による実証的な協力要請は、説得力があり効果が高い。

　たとえば、京王線の橋本駅周辺の駐輪者（放置者）の目的施設は図3・31のようであり、58％は商業施設である。この割合により、

放置自転車に対する責任の分担の考え方（現実に分担してもらえるかは別としても）を提示することが可能である。また、鉄道利用者は、放置者のうち、44.7%（39.4% ＋ 5.3%）、駐輪場利用者のうち、85.2%（77.8% ＋ 7.4%）である。逆に、施設を目的としている人は、それぞれ 55.3% および 13.9% である。このようなデータからも、鉄道や施設の間の責任分担のあり方も推測される。鉄道乗り換え者については、地域の通勤時間の実情にもよるが、5分の1～6分の1程度の鉄道事業者の分担が推測される（往復2時間、帰宅まで10～12時間とする）。

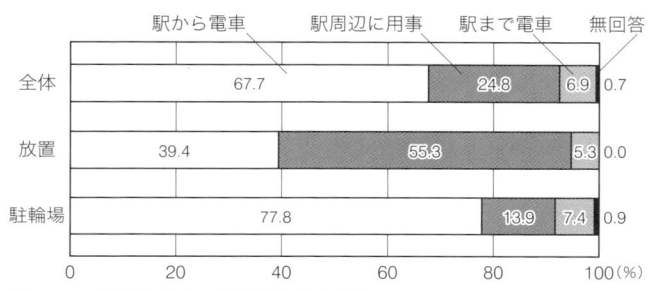

	駅から電車	駅周辺に用事	駅まで電車	無回答
全体	67.7	24.8	6.9	0.7
放置	39.4	55.3	5.3	0.0
駐輪場	77.8	13.9	7.4	0.9

図3・32　駅前駐輪者の鉄道乗り換え状況　(出典：橋本駅前の駐輪者に対するアンケート調査より筆者作成)

5　所有自転車およびレンタサイクル

（1）日本は自転車使い捨ての時代

①自転車の保有は飽和状態

日本の自転車保有台数は、2000年からほとんど横ばいとなって、8600万台程度で推移している。毎年1100万台が市場で売れているにも関わらず、保有台数の純増は2001年以降35万台前後と低水準となっている。このことから、古い自転車がどんどん廃棄処分されているということになる。そして、単純計算すると、平均の保有年数は8.1年となる。こうして、保有台数は飽和状態になっており、新たに投入した分に近い台数だけ消滅しているのである。これは重

表3・11　自転車の保有台数　年間増加数等の推移

年	1996	1997	1998	1999	2000	2001	2002	2003	2004	2005
保有台数（万台）	7702	7895	8087	8278	8482	8517	8555	8593	8632	8665
国内向け台数a（万台）	862	825	824	914	1002	1128	1140	1122	1159	1107
年間増加数b（万台）	208	193	192	191	204	35	38	38	39	33
増加率　a/b×％	24.1	23.4	23.3	20.9	20.4	3.1	3.3	3.4	3.0	3.0

※年間国内向け台数－増加台数＝年間の廃棄等台数1071万台、保有台数8665台（2005年）→平均使用年数8.1（1071/8665）
(出典：㈶自転車産業振興協会資料（自転車保有台数の推移および国内向け（生産＋輸入台数）の推移）より筆者作成)

表3・12　各国の自転車保有状況

	国名	保有台数（万台）	保有率（人口/台数）	統計年次
1	オランダ	1780	0.9	2002
2	ドイツ	6500	1.3	2002
2	デンマーク	420	1.3	2001
4	スウェーデン	600	1.4	1995
4	ノルウェー	300	1.4	1995
6	日本	8593	1.5	2003
6	フィンランド	325	1.5	1995
	イタリア	2650	2.2	1996
	フランス	2300	2.6	2000
	イギリス	2300	2.6	2002
	アメリカ	12000	2.7	1998
	中国	40976	3.2	2006
	韓国	650	6.9	1996

(出典：自転車産業振興協会統計要覧第42版)

要な点である。

　このように、自転車は飽和状態と使い捨ての時代になっている。一部は海外に輸出されたり、再利用されていると試算されているが、それでも、550万台が廃棄されているとされる[注5]。このように、わが国では、自転車の保有は一応の水準に達し、これからは、台数の増加ではなく、電動アシスト自転車、質の高い自転車等の普及が進んでいくものと思われる。

　また、自転車の価格は、日本の平均価格1に対して、ドイツ5.5、フランス3.8、オランダ9.9という価格状態となっており、日本は非常に安い。売られている自転車の種類にもよるが、販売されている自転車は、7割程度がシティサイクル、ホームサイクル（ままちゃり）が中心で、安価である。

　この価格の安さが、短期間で自転車が簡単に使い捨てられ、次の自転車を購

入することにつながる。まだ、使える自転車をみすみす廃棄したり、撤去されたあと放棄することになるのである。しかし、大量に使い捨てられても、自転車の保有台数は、オランダの0.9人に1台よりは少ないが、1.5人に1台と高水準であり、世界でも有数の保有率であることがわかる。

表3・13　自転車販売価格の平均

国	価　格	倍率
日　本	1万　588円	1.0
ドイツ	5万8700円（386ユーロ）	5.5
フランス	3万9800円（262ユーロ）	3.8
オランダ	10万4500円（688ユーロ）	9.9

※2008年当時の為替による計算　1ユーロ＝152円で計算（出典：日本の価格は㈳自転車協会資料、外国の価格は㈶自転車産業振興協会資料（2008）よりそれぞれ筆者作成）

②所有自転車は質の良いものを―質の良い自転車は自転車利用を促進する―

　質の良い自転車は、安全性や快適性がよく、比較的長い距離を利用しても、利用者は疲れることがないので、自転車利用を促進することに大きく寄与する。逆に、質の低い自転車は、重量が重く、また、速度を出せる構造にもなっておらず、さらに、ブレーキなどの装置にも問題があるものが見つかっており、安全性・快適性の点でも良好とはいえない。いくらりっぱな走行環境が提供されていても、この安価な比較的低質の自転車が多数を占める場合、可能距離、速度、疲労、事故の危険性等の問題があり、交通手段として位置付けるためには大きな制約があり、また自転車の持つメリットを十分に享受できないことになる。また、さらに、価格が安いため、自転車に対する愛着が薄くなり、安易に放置したり、利用料のかかる駐輪場を利用しなかったり、鍵をかけなかったり、保険に加入しなかったり、故障でも修理も十分にしないで安全性の低下をきたすなど、管理も行きとどかない状態になりがちである。また、撤去されても引き取りに来ない。つまり、自転車の適正な利用や活用を阻害することにつながっている。

　今まで自転車の質は、あまり重視されていないが、自転車の利用促進上、自転車走行空間の提供などとともに、多方面に与える影響が極めて大きい。保有台数が飽和状態にある中で、今後は、買い替えに当たり自転車の質の向上を促し、自転車利用を適正な方向に誘導することが必要である。このためには、自転車の質の確保が安全快適な自転車利用にとって重要であることなど、広報啓発を積極的に実施することが是非とも必要である。

(2)レンタサイクルの導入は利用者の意向をよく把握して

①レンタサイクル導入の視点

　レンタサイクルの導入の視点は、いくつかあり、その時点の自転車の保有や利用の状況が大きく影響している。もともと、観光地などでのレジャー用として、一時貸しの形態で活用されてきた。これは、現在でも多くの観光地で続々と開始されてきている。また、一部の都市では業務用に一日貸しで利用され、利用率も高いときいている。

　また、放置対策としてのレンタサイクルについては、月極めのレンタサイクルを駅までの往復に利用する利用形態が実施されている。駅まで乗ってきた人の自転車を駅から目的地に向かう人が利用し、かつ一番手前の自転車を借りるため、通路や一台当たりの駐輪スペースも省力化できるものである。放置自転車の有効活用のために利用されている。現在では、さらに、通勤、通学、営業など様々な用途での自転車利用の促進、公共交通との連携手段、さらに、エコなまちづくりの手段として、さまざまな可能性が注目されている。

②現状の保有状況下でのレンタサイクルの制約

　以上のように、レンタサイクルは、さまざまな切り口で活用の可能性を有している。このため、最近、自転車の利用が進展する中で、特に全国規模でレンタサイクルの導入が盛んである。内閣府の2009年の「駅周辺における放置自転車等の実態調査集計結果」では、全国397箇所で、レンタサイクルが設置されており、有効回答があった自治体での台数の合計は、2万4832台（190ヵ所での分）とのことである。

　しかし、(1)で述べてきたようなわが国の自転車の保有状況を前提にしてレンタサイクルを考えてみると、自宅で保有している自転車を使用できる場合は

表3・14　レンタサイクルの活用のさまざまな側面

1	レジャー策	観光地などでの回遊手段として提供
2	放置対策	二回転利用、駐輪スペースの削減と放置自転車の転用
3	自転車利用促進策	通勤、通学、営業、回遊、観光等での車代替手段の提供
4	利便性向上策	公共交通等との連携またはその代替
5	まちづくりでの活用策	さまざまな切り口で、自転車をまちづくりに活用（健康、環境、中心市街地活性化、コンパクトシティなど）

通常はこれを利用するのが当然である。

レンタサイクルの利用についてのアンケートを何カ所かで行ったが、大体同じような傾向がある。まず、図3·33で、レンタサイクルを利用する条件として

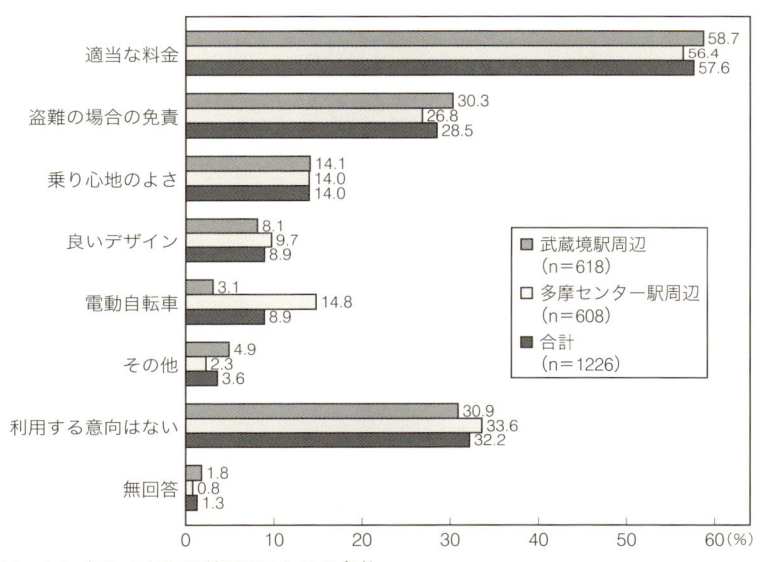

図3·33 レンタサイクルを利用するための条件
(出典：自転車駐車場整備センターによる「東京の武蔵境駅（中央線）および京王線・小田急線の多摩センター駅での駅前駐輪者に対するアンケート調査2005」より筆者作成)

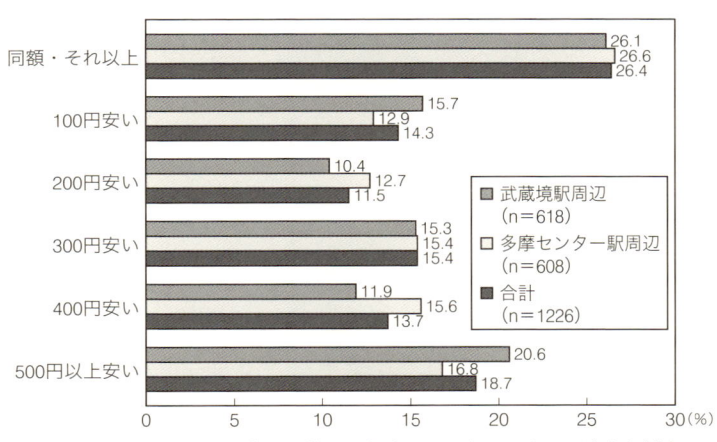

図3·34 駐輪場料金 + 車体の償却費と比較した場合のレンタサイクルの適当な料金
(出典：自転車駐車場整備センターによる「東京の武蔵境駅（中央線）および京王線・小田急線の多摩センター駅での駅前駐輪者に対するアンケート調査2005」より筆者作成)

第3章 自転車の空間別施策 149

は、適当な料金であれば利用するとする人が6割近くいることがわかる。また、図3・34のとおり、駐輪場の料金より相当低額であれば利用するという人が一番多い。つまり、利用料金は、自転車の車体は用意する必要がなく、また、駐輪場の利用料金もいらないので、自分の自転車を使う場合に比べて、駐輪場の料金に車体の償却費を上乗せした額で利用されるであろうと思って料金を設定しても、同額かそれ以上で利用する人は4分の1と少ないのである。所有自転車とレンタサイクルの性格を見誤っている。

　また、いかなる料金でも利用する意向のない人も、どこのアンケートでも3割程度存在する。これは、自らの自転車を持ってきていない観光地などの場合を除いて、毎日違う車体を使って、駅までレンタサイクルを利用することになるが、日本流の潔癖症、取り箸を使う習慣から、毎日の日常としては、他の人がさわったものを余り使いたくないというような特性も影響していると思われる。特に、普通の放置自転車を転用したような自転車は、駐輪場が満杯であったり、レンタサイクルの駐輪場が一般より駅から近いなど所有自転車よりも相当有利な条件がある場合は別として、同じ条件であれば日常利用の自転車は自分で手当てするという可能性が高いと考えられる。

③レンタサイクルの導入についての留意点

　放置自転車を転用することはリサイクルであり、これは素晴らしいとよくマスコミで報じられるが、残念ながら、通常の同一条件下では、よい結果につながらないことが多い。以上のような保有状況や使う人の意向をよく理解して、また、自転車の駐輪場の条件や自転車の種類、質などを考慮して導入することが重要である。この場合、貸し付け料金を駐輪場料金よりある程度低くすること、また、一般の駐輪場が満杯であること、駐輪場の料金より安値であること、または、レンタサイクルの方が駅により近くにとめられることなどの有利な条件を付与することが必要である。

　このように、地域の実情、利用者の意向をよく把握したうえで導入することが重要である。さらに、自転車の保有率は高く、また、価格も安価で入手できること、盗難は外国に比較すると多くないなどのわが国の状況をも考慮することも必要である。

自転車ならなんでも提供すれば利用するのではなく、自転車利用者は、冷静に選択して利用する。電動アシスト自転車、ブランド自転車、前に述べた子供三人乗り自転車など、自ら購入する機会が少ない自転車などを提供することは、利用を促進する動機になりうると考えられる。自分の自転車が利用できる場合は、まず自分の自転車の利用を考えて、レンタサイクルがこれよりも有利な場合に利用する人が多いと考えるべきである。また、潔癖症の人もいる中で、三人乗り自転車、電動アシスト自転車などを貸し付ける場合や自家用車の利用から転換してもらう必要が特に高い場合などに専用自転車を継続して貸し付けること（全国の市では三人乗りは専用的に貸し付けている例が多い）も必要である。さらに、良好な走行環境の提供など自転車利用促進策をセットで講ずることなどを十分考慮することが必要である。せっかく鳴り物入りで導入しても、使われない状況で雨ざらしにならないよう、的確なシステムと環境を提供することが求められる。

　表 3・15 は、わが国のレンタサイクルシステムの実例である。観光地での利

表 3・15　主なレンタサイクル・システム

	名称	利用特性	CCS化	拠点タイプ	運用区分	運営主体	自転車種別	企業広告スポンサード	料金区分	収支状況
1	高松市レンタサイクル	都市型	CCS	駅駐輪場	−	公共	リサイクル	−	有料	約−1500万円/年
2	しまなみ海道レンタサイクル	観光型	CCS	駅駐輪場	−	公共	新車	−	有料	ほぼ収支均衡
3	ハマチャリ	観光型	CCS	主要施設	−	民間	リサイクル	あり	有料	赤字
4	ねりまタウンサイクル	都市型	−	駅	−	公共	新車	−	有料	約−2330万円/年
5	阪急レンタサイクル	都市型	−	駅	−	民間	新車	−	有料	赤字
6	京都サイクリングツアープロジェクト	観光型	CCS	テナント	−	民間	新車	−	有料	ほぼ収支均衡
7	名チャリ	都市型	CCS	主要施設	社会実験	民間	リサイクル	−	無料	−
8	阪神地区コミュニティサイクル社会実験	都市型	CCS	駅	社会実験	公共	新車	−	無料	−
9	にいがたレンタサイクル	都市型	CCS	駐輪場	−	民間	リサイクル	あり	有料	不明
10	サイクルシティにいがた	観光型	−	テナント	−	民間	新車	−	有料	不明
11	ちがさき方式レンタサイクル事業	都市型	−	事業所	社会実験	公共	新車	−	無料	−
12	F-RENTS（フレンツ）	都市型	−	マンション	−	民間	新車	−	有料	−
13	Ecoサイクル『旅チャリ』	都市型	CCS	宿泊施設	−	民間	新車	−	有料	−

※ CCS：コミュニティ・サイクル・システム　（出典：㈶自転車普及協会「公共交通としてのレンタサイクルシステム研究会報告書」2009.5）

表3・16 従来のレンタサイクルとコミュニティサイクルの違い

	ヨーロッパのコミュニティサイクル	我が国のレンタサイクル
政策目標	地球温暖化問題や交通渋滞、大気汚染に対する対策を目的としている	放置自転車の解消や、観光客の移動の利便性確保、バス不便地域における足として導入されているものが多い
運営費用	屋外広告事業による収入で必要経費を賄っているものが多い。公的費用で運営している事例もある	利用収入で必要経費を賄っているものが多く、不足分を公的費用やスポンサーによる車体広告を行って補っているものもある
運営主体	自治体と契約した民間事業者が広告事業とコミュニティサイクルの運営を行っている場合が多い。ドイツなどでは独自の方式を取っている	自治体が運営主体となり、運営業務は指定管理者制度(地方自治法に基づき公の施設の管理・運営を、営利企業・公益法人・NPO法人・市民グループなど法人その他の団体に包括的に代行させることができる(行政処分であり委託ではない)制度)を使って民間(企業)やNPO法人に委託している場合が多い
規模	都市の相当部分をカバーする大規模なものが多い。パリのベリブは、レンタサイクル2万600台を配置している	駅や駅周辺の店舗等において運営されているものが多い。複数のステーションを持つコミュニティサイクルもあるが、ヨーロッパと比べて規模は小さい
利用方法	ICカードやクレジット・カードを利用した自動貸出と、返却が特徴。ドイツでは携帯電話によってコールセンターと連絡を取り、貸出と返却が行われている	店舗で直接現金による決済が行われるものが多い。最近は窓口にカードリーダーを設置してICカードを用いて貸出・返却を行うものも見られるようになっている
貸出、返却場所	多数配置されたステーションのどこでも貸出、返却ができる方式	借りた場所と返却する場所が同一の場所(店舗)が殆どである。最近では配置されたステーションのどこでも借出と返却ができるものも見られるようになってきている
料金	短時間の利用を無料あるいは低料金とし、それ以降一定時間(例えば30分)ごとに加算する時間貸利用料金が多い。また、1年など一定期間の長期利用料金も設定されている	1日利用と、月極利用の料金が多い。また、観光地などでは1時間単位の時間制度を併用しているものもある
利用時間	24時間いつでも利用できる場合が多い。ステーションは無人である	店舗に管理人がおり、利用時間は朝から夕方までとなっているものが多い
ステーション	道路上に自転車の係留設備(ポスト)を設置し、固定するタイプが多い。ステーションは上屋があるものも無いものがある。ドイツでは、ポストを設置せず、駐輪場所を特に定めず、道路上のガードレールなどの構造物に係留する(フレックス型)も採用されている	一般的には、ステーションではなく、店舗の屋内に自転車を置いている。駐輪場と併用しているところが多い
自転車	盗難防止などのため、コミュニティサイクル専用の特別仕様(部品の規格などについて市販車と異なる)を施した新車を使っている	市販の新車や少し加工を加えたものや、撤去自転車を再利用しているものが多い

(出典:㈶自転車普及協会「公共交通としてのレンタサイクルシステム研究会報告書」2009.5)

用を目的とする観光型と都市内の移動を予定する都市型がある。多くは、地域特性、利用者の実態等に適合して、それなりに相当程度利用されているようである。

(3) 大きなメリットを持つコミュニティサイクル
  ～利用用途と利用範囲のコンセプトを明確に

　レンタサイクルのうち、複数の貸し借りができる場所（ポート）を持つコミュニティサイクルは、電子的に管理されている世界的なタイプの場合、従来型のレンタサイクルに比べて、無人のポートで24時間いつでも貸出、返却ができ、また、そのポートの数も比較的多く、まち中に設置される場合もある。料金も会員料金や登録料を払えば一定の時間は無料であり、また、それ以上は従量制となっている。

　その代表的なパリのベリブの概要は表3・17のとおりである。利用状況は極めて良好であり、パリの市民の足として、大いに活用されている。一年目には、のべ2600万回も利用されたとのことである。この利点は、第一に、ICカードを24時間使って利用できること、第二に、利用できるポートが300mごとに置かれており、身近な場所から手軽にすぐに利用できること、第三に、短時間の範囲であれば時間料金が無料（基本料金は必要であるが）であることなどである。

表3・17　パリのベリブの概要

ステーション（ポート）の数	1451か所
ステーションの間隔	300m
自転車の数	2万600台
範囲	旧パリ市街

※このコミュニティサイクルは、世界の都市で導入が進んでいる。パリのベリブはじめ、ベルリンのコールアバイク（2000台）、バルセロナのビジング（6000台）や最近では、ロンドンでオイバイクの後のハイヤーサイクルの検討（6000台）がなされている。（出典：㈶自転車普及協会「公共交通としてのレンタサイクルシステム研究会報告書」2009.5）

項目	料金	項目	料金
登録料	150ユーロ（デポジット）	時間借り料金	最初の30分＝無料 2回目の30分＝1ユーロ 3回目の30分＝2ユーロ 4回目以降＝4ユーロ/30分
パス料金	1日（24時間）＝1ユーロ 7日＝5ユーロ 1年＝29ユーロ		

※登録料は保証料のようなものであり、返却すれば取られない。また、パス料金と時間借り料金は両方を支払う必要がある（出典：㈶自転車普及協会「公共交通としてのレンタサイクルシステム研究会報告書」2009.5）

図3・35　パリのベリブ

反面、設備費および運営費に多額の費用を必要とする。このため、経営上、公共空間の広告料収入を充てるなどして収支をつぐなうようにしているが、施設や自転車の損傷などの修理等の費用や管理のための人件費などもあり、経営は楽ではないようだ。また、利用の集中と偏りもある。筆者も市街地の中心部に自転車が集まってしまっている時間帯に返却しようとしたら、地域的に集中しているため、隣のポートはおろか、周辺のポートのどこにも返却できる空きポートがなかった。また、各ポートごとに、返却するため人が並んでいる状態である。レギュレーションといって、集中した自転車を空いている地区にトラックで移動させることもしているが、全体的に多くの自転車が集中しているため、これだけでは需給を完全には調整できそうにない。

　また、わが国に比較してフランスは自転車の保有率が低く（日本は、1.5人に1台、フランスは2.6人に1台）自分の自転車を持っている人が少ないこと、ヨーロッパは日本に比べると自転車の価格が2～5倍にもなっており、また、自転車の盗難率が高く盗難のリスクを回避するために公共の自転車を利用し、かつ、目的地に着くたびに、しっかりした駐輪ポートに返却しておこうとする必要に迫られていることなど、日本よりもインセンティブが強いことも、利用がより盛んになっている理由と考えられる。

　このコミュニティサイクルの導入には、自分の自転車が使えないまたは、それよりも有利な条件がある場面を想定できること、導入の目的を明確にして、その範囲で必要最小限のシステムにすること、これとあわせて走行環境等のハード、ソフト面での提供がセットにされていることなどが必要であると考えられる。また、システムの新設と維持管理に相当程度の費用がかかるので、多額の公共側からの安定的な支援策（パリでは公共空間の広告の権利を提供、ただ

図 3・36　2010 年 7 月 30 日に開始されたロンドンのバークレーサイクルハイヤー（出典：バークレーサイクルハイヤー HP）

表 3・18　バークレーサイクルハイヤーの料金体系

	時　間	料金（ポンド）
基本料金	24 時間	1
	7 日間	5
	1 年間	45
利用料金	～30 分	0
	～1 時間	1
	～1.5 時間	4
	～2 時間	6
	～2.5 時間	10
	～4 時間	15
	～6 時間	35
	～24 時間	50

※ポート数 315 箇所、自転車台数 6000 台

表 3・19　全国のコミュニティサイクルの社会実験箇所

1	千代田区	千代田区全域
2	横浜市	みなとみらい地区
3	名古屋市	名古屋駅地区～栄地区
4	広島市	広島市中心部
5	松山市	松山市中心部
6	北九州市	黒崎副都心地区
7	茅ヶ崎市	茅ヶ崎駅周辺

(出典：国土交通省都市地域整備局の社会実験(2009)より)

し日本では屋外広告が氾濫しており、別途の金銭面の支援策等）が必要である。公共交通として位置付けるなら、自治体にも他の公共交通と同じような覚悟は必要である。それから、長続きをさせようとすると、利用料金もある程度低く設定することも必要である。

　わが国では、ヨーロッパのコミュニティサイクル等を範として、国土交通省により、ケーススタディが行われている。2009 年度では、東京都千代田区、横浜市、名古屋市など、表 3・19 の七つの地区でケーススタディが行われている。また、環境省にもおいても、東京駅前の大手町、丸の内、および有楽町地区（いわゆる大丸有地区）での社会実験も実施された。

　また、2010 年 3 月には、富山市で本格的なコミュニティサイクル「アビィレ」（フランス語でみつばちとまちの合成語）の導入がなされた。配備される自転車は 150 台であり、「ステーション」と呼ばれる無人駐輪場は、JR 富山駅付近、電車沿いや中心街の 15 カ所に新設された。自転車の位置や利用状況はコンピューターで管理し、運営費用の一部は自転車や駐輪場に掲示する企業の広告収

人で賄うものである。利用料金は、基本料金として月額700円であり、30分以内なら1日に何回でも使えるが、30分を超えると課金される。観光客のような一時的利用は、1週間千円となっている。ICカードを駐輪機の読み取り器にかざすと鍵が外れ、駐輪機に戻すと自動で施錠される仕組みである。わが国ではじめての意欲的な取り組みであり、今までの車中心の移動から転換して利用が図られることを期待したい。また、北九州市でも全車電動自転車を使った「シティバイク」が2010年3月スタートした（計116台、ステーション10ヵ所、月額500円の有料会員に100円／時間で貸し付け）。

　しかしながら、これらの走行を支えるインフラの整備や、利用促進のためのソフト面の施策の重点的総合的な展開が求められる。

（4）企業向けのレンタサイクルの可能性 〜ちがさき方式レンタサイクル

①施策の目的、背景・経緯

　茅ヶ崎市では、2008年5月に内閣府が募集を行った「地方の元気再生事業」として、「ちがさき方式レンタサイクルを活用した元気まちづくり事業」を実施している。

　この事業は、市が準備したレンタサイクル自転車を市内企業等へ一括貸付し、社有自動車等から自転車に転換してもらい、あわせて安全利用の推進の啓発等も行い、自転車の安全利用の促進、CO_2削減、社員の方の健康増進等を図ってもらうことを目的としている。個人の自転車の保有は飽和状態であるわが国ではあるが、企業は依然として企業活動を自家用車の利用により行う傾向にあり、自転車の保有・活用は多くないことに目を付けた自転車利用促進方策である。

② 施策の内容

　ちがさき方式レンタサイクル事業のパイロット事業の実施の内容は、次のとおりである。

　自転車の管理が可能な団体を借受人として、ちがさき自転車プラン推進連絡協議会が自転車の一括貸付を行うものであり、この「ちがさき方式レンタサイクル事業」の採用で幅広いレンタサイクル事業の運用が行われた。この事業で

図 3·37　ちがさき方式レンタサイクルの写真　(出典：茅ケ崎市資料)

は市内 31 法人等の参加があり、3 車種、合計 100 台の自転車を貸出した。レンタサイクルのメンテナンス業務などは、市の「ちがさき自転車プラン」を推進するため組織された商工会議所・商店会連合会・自転車商協同組合・市民有志などからなる「ちがさき自転車プラン推進連絡協議会」が実施している。自転車の一括大量の貸付事業は国内でも前例がない取組であり、注目を集めており、新聞や政府広報番組などで紹介されている。

　利用されている例としては、工場内の移動、介護士の移動、生命保険の営業など、さまざまな分野での自転車の活用に寄与している。また、アンケートによると、その評判も上々であり、継続して利用したいとする借受先が多い。

③特徴

　このレンタサイクル方式は、上でも述べたが、レンタサイクルの利用主体と保有主体を別にして、市が一括して保有するが、実際の利用や管理は借り受け主体が行うことにある。これにより、第一に、今までイニシャルコストと運営コストの負担がレンタサイクル実施主体（主として、地方公共団体）にかかってきて、重い負担となっていた点を分散すること、第二に、何よりも、ある利用主体がその用途に利用しにくいことがわかれば、別の自転車利用を必要とする主体に、回して貸し付けることができ、レンタサイクルの融通が可能となること、第三に、個人の自転車所有は、ほぼ一巡し満杯になっているが、企業や団体の自転車保有や利用は、これからであるため、これらの自転車利用を促進する効果があること、第四に、電動アシスト自転車や新品のオリジナルデザイ

ンの自転車を貸し付けるなど、個々の主体では調達しにくい質のよい自転車を貸付け、また、協議会がメインテナンスを定期的に行うなど自転車利用を側面から推進することができること、第五に、これの貸付けを通じて、新たな自転車利用の可能性を実験でき、自転車利用の分野を開拓できること、などである。

多大の初期費用と運営費を必要とするコミュニティサイクルは、今後の課題であるが、この方式のレンタサイクルは、アナログ方式かもしれないが、経済的で効果の高い今後の自転車の提供方式の一つとして期待される。

6　自転車の走行空間の情報提供の方法

自転車の走行空間のネットワークでの提供を有効なものとするためには、共用空間を含めて、自転車空間についての的確な情報提供が必要である。さらに、この的確な情報提供のためには、その前提として、走行環境の安全性や快適性の評価を行うことが望ましい。ここでは、この空間の情報提供の方法およびその前提としての空間の安全性や快適性に関する情報の取得・整理・分析に関する筆者が関与した取り組みの例なども紹介する。

(1) 自転車地図の現状

①わが国の自転車地図

わが国の自転車地図は、多くの場合、自転車の走行のルートを、周辺の観光スポット、主要施設など地域資源とともに記入したものが多い。通常は、そのルートは一定の目的を持っており、自転車による観光や回遊が主目的である場合が多い。情報が記入されている場所の種類は、レンタサイクル、水上バス、庭園・史跡、重要な建築、かいわい・遊歩道、美術館・博物館、アートスポット、公園・広場、温泉・銭湯、良いながめなどである。これに、自転車の安全情報として、自転車走行注意の箇所が加えられている（図3・38の例）。このルート地図は、自転車による回遊や観光などを主目的としたものが多いが、通勤

図3・38　東京自転車グリーンマップの凡例および地図の一部 （出典：東京自転車グリーンマップ）

⚠　自転車走行注意
　　Ride Carefully

━　おすすめ自転車ルート
　　Recommended Bike Route

のルートとしても利用可能である。全国各地で、自転車のルートを記入した自転車地図が盛んに作成・配布されている。自転車利用を盛んにする強力な武器になっている。

また、このようなルートに関する情報を提供するというよりは、走行空間の安全性についてチェックして、その危険個所を情報として提供するとともに、その指摘されている危険個所について、改善状況を表示している例もある（図3・39金沢の例）。

数字は、指摘された要改善個所

図3・39　金沢の自転車歩行者安全マップ
住民参加により作成された路線ごとの安全性を表示した地図 （出典：国土交通省金沢河川国道事務所HPより）

この地図は、住民参加のもと、安心して利用できる歩行者・自転車路を確保すること、調査やマップの制作をとおして、校区内の危険箇所を確認し、安全に対する意識を高めることを目的として製作された。NGO団体である「地球の友・金沢」、小中学校の「PTA・育友会」、「金沢河川国道事務所」が協働で、自転車や歩道を利用することが多い小中学生とその父兄を対象として、校下の道路状況について調査を行い、その調査結果

を踏まえて現地調査を実施している。マップの制作をとおして、地元・道路管理者（国、県、市）・公安委員会が一体となって問題点の改善について協議している。また、この結果を受けて、改善状況も公開されている。

このように、わが国の自転車地図も、その目的に応じて、従来の自転車地図の域を超えた進化が進行している。

②外国の自転車地図―自転車先進都市の自転車地図の水準―

次に世界の自転車都市の自転車地図を見てみる。この場合、自転車の走行空

図3・40　ニューヨークの自転車地図　(出典：ニューヨーク市資料)

図3・41　パリの自転車地図　(出典：パリ市資料)

間ネットワークの状況もあわせて見て頂きたい。

　ニューヨーク市では、現在620マイル（998km）の自転車ネットワークが形成され、それが大きな縮尺の地図（90cm×62.5cmの大きさ）で作成されている。そのネットワークを構成する道路の種類（自転車道、自転車専用レーンまたは共用道）が明確に書かれている（図3・40）。

　パリ市は、延長約400kmの自転車ネットワークを記載した地図を発行している。また、市販の自転車地図が何種類も発売され、この中には、コミュニティサイクルのベリブのポートの位置、街路上の自転車専用空間の種類（専用レーン、バスとの共用レーン）が記載されているものもある（図3・41）。また、ベルリンで

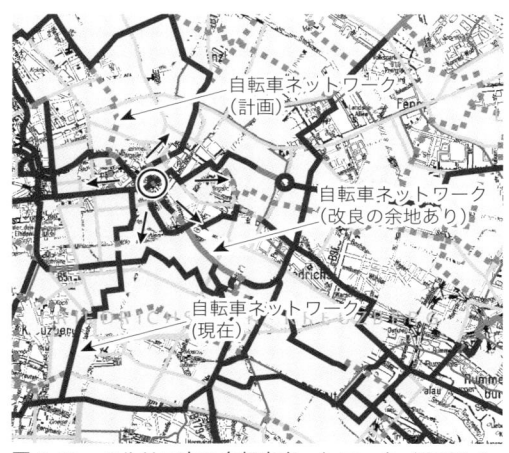

図3・42　ベルリン市の自転車ネットワーク（計画を含む）2009

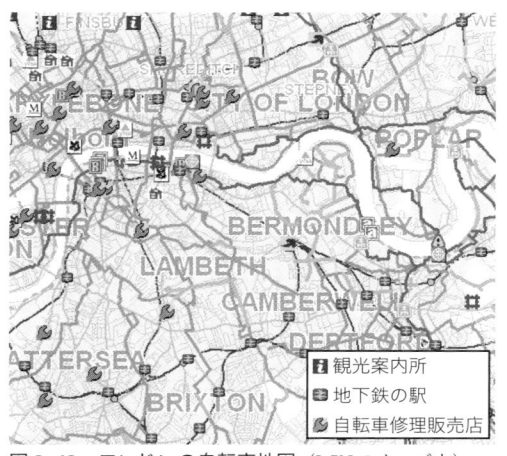

図3・43　ロンドンの自転車地図（LCNのウェブ上）

は、計画を含む約620kmの自転車ネットワークの地図（59cm×42cm）が公式に示されている（図3・42）が、これ以外にも利用目的やシーンに応じた様々な地図が少なくとも7種類以上、公益法人からウェブサイトにより提供されている。

　ロンドンでは、自転車の走行空間の種類がより詳細に図示されており、共用空間か自転車専用レーンがあるかどうかの表示があり、その共用空間や自転車専用レーンも、全国自転車道ネットワークに属するものか、ロンドン自転車ネ

ットワークに属するものかが表示され、公共施設の他に各種利便施設の記載等がある（図3・43）。

　アメリカのカリフォルニア州デイビスでは、一般幹線道には自転車専用レーンが、区画内の行き止まり道路（クルドサック）は、これらを通過できる自転車道が示されており、ほぼ完璧なネットワークを構成している地図が作成されている。特徴的な点は、自転車の速度別に到達時間を示すスケールがついていることである（図3・44）。

　サンフランシスコの自転車地図は、自転車道、自転車専用レーンおよび共用道が区別されているが、さらに、坂の町であるため、勾配の記入が色分けでされている。0〜5%、5〜10%、10〜18%および18%超の4段階で示されている。

　これら以外にも、様々な用途や目的に応じて工夫された自転車地図が作成さ

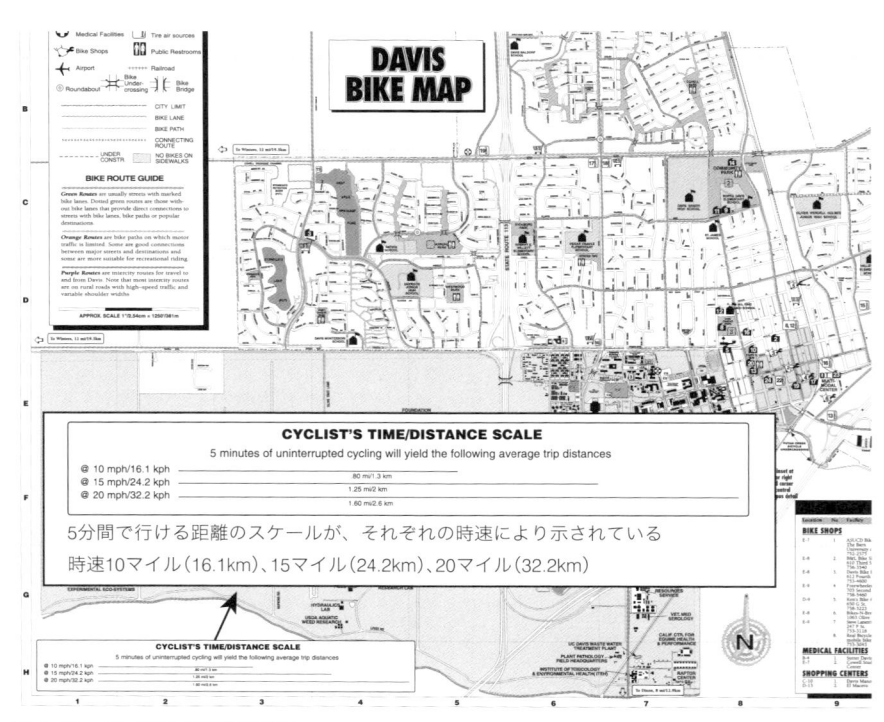

図3・44　デイビスの自転車地図

れており、わが国の地図も、これらを参考にして今後一層バージョンアップを図り、自転車利用をより的確に支えていく必要がある。ただし、その前提として、しっかりした調査にもとづき、用途を明確にしたコースやルートの設定が望まれる。

(2)地図による安全性の情報提供

①安全性を情報提供する外国の地図の例

以上のように、ルートと施設に加えて、有益な情報の記載のある地図があるが、最も大切な安全情報について地図に記載があるものを紹介する。

米国イリノイ州の提供する自転車地図は、州全体を九つの地域にわけて、自転車地図を作成している大がかりなものである。この地図には、凡例として、最適なルート(緑色)、注意を要するルート(黄色)、お勧めしないルート(赤色)、舗装がない砂利、土などの利用者の判断で行くべきルート、車専用道路などの自転車通行禁止区間に分けて、安全性を表示している。このように、安全地区の程度を色彩により区別して表示することはきわめてわかりやすい。

②わが国での安全性および快適性を情報提供する地図

わが国では先に示した金沢の地図や小平市で試作された地図などがあるが、茅ヶ崎市で筆者が携わっている安全性および快適性を示す地図を第3章2(2)①で紹介した。

p.124 図3・16では、次の点を表示している。すなわち、安全性について、交差点以外の部分である単路は、幅員、見通し、安

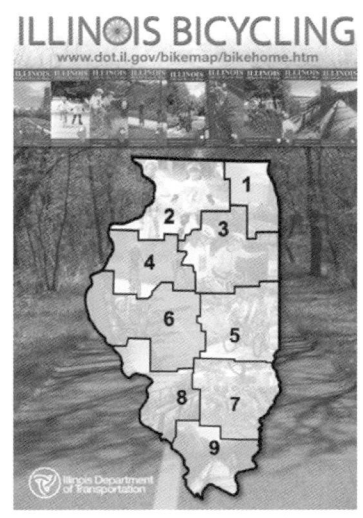

HP全体を9の区域に分け、いずれかをクリックするとその区域全体図が、さらにその中の地点をクリックすると都市レベルの詳細な自転車地図が表示される

図3・45 イリノイ州自転車地図入口
(出典：イリノイ州HP)

全施設により、交差点は、交差の角度、隅切りや家屋の存在、安全施設等により、また、快適性について、幅員、段差、沿道環境等により、可能な限り客観的に評価を行った。この結果を、安全性については、色で緑、黄および赤の三色による三段階の表示をし、快適性については、線の種類により、表示する地図である。これにより、道路空間の自転車にとっての安全性等の評価が示され、自転車利用の安全性の向上に大いに寄与するものと考える。

(3) 地図とセットでの自転車マニュアルの提供

自転車の安全な利用のためには、以上のような空間の情報提供のほかに、安全利用のための基本的な知識を提供することが必要である。しかし、単独の冊子や学習機会では、なかなか徹底が図れない。

このため、地図の裏面や周辺部を活用して、安全運転に必要な知識を提供することが、米国の自転車地図などで行われている。図3・46は、先ほどのカリフォルニア州のデイビスの自転車地図の裏面である。裏面をすべて使い、自転車の安全運転に必要な知識はもちろんのこと、自転車利用のメリット、自転車に関する法規などを掲載している。たとえば、自転車の歩道通行は危険であり、車道を通行することが必要といったことを理由とともに説明している。

また、ニューヨークの地図も、地図の周辺部に、自転車利用に関する同様の広報啓発が印刷されており（図3・47）、地図を参照する際には、イラストによりいやでも目に入るようにして、繰り返し地図を見れば見るほど、学習ができるようになっている。この中でも、歩道通行は危険であるので回避するようにといった安全運転に関する知識と法規に関する事項、さらに、地下鉄や公共交通機関に自転車を持ち込む際のルールなども書かれ、およそ自転車に必要な情報が満載されている。地図の利用についても、利用者自らの責任で利用するようにとの注意事項もある。

(4) 安全性の自己チェックの方法

以上のように、公的な機関が地図を作成して、自転車走行空間の安全性や快

図 3・46 デイビス（カリフォルニア州）の自転車地図の裏面

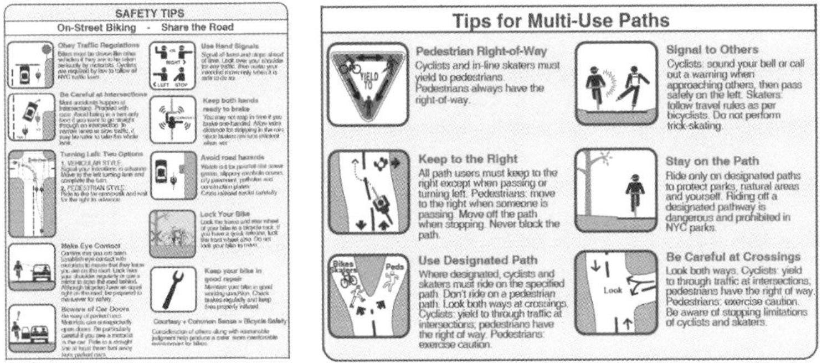

図 3・47 ニューヨーク市の地図の周辺部

第3章 自転車の空間別施策　165

表3·20 自転車走行空間の評価項目

	安全性	快適性
1	交差点の見通しがよい	舗装され、段差がない
2	交差点に安全施設がある	勾配がない
3	鋭角の交差点がない	走行幅員が十分ある
4	単路の路面の障害がない	沿道の緑が多い
5	単路のカーブの見通しがよい	景観がよい
6	単路の最低安全幅員がある	不快な環境がない

適性を評価した結果を表示することは、自転車利用者にとって大いに参考になる。しかし、たとえば、一般の市民が自宅から通勤先までについて、安全・快適なルートを選択しようとしても、地図にその評価結果の表示がない路線がある場合などは、自らその路線について、評価せざるを得ない。

それぞれ安全性・快適性について、次のような点を評価することにより、点数をつけて、評価の高いルートを選択することが適当である。同じ距離程度になる場合にも、また、多少遠回りになる場合も、安全性、快適性の計画によりどちらのルートを選択するかは、その個人の選択の問題である。

これらのチェック項目を、各人が一定のまとまった区間ごとに、現地踏査を行い、適宜評価する。現在のところこの評価は、6点満点であり、評価の点数が高いものほど、その質が高くなる。現在一般の人でも自ら評価ができるような方法を開発中であるが、その評価項目は、表3·20のようなものが考えられる。このようにして自ら走行するルートに関して、安全性や快適性、また、危険箇所等を自分でチェックすることは、質の高い自転車利用の促進につながる。

第4章 自転車の課題別施策

　第2章と第3章で、自転車の利用の用途別の施策という分野別の施策とこれらに共通する空間別政策という横断的な施策を取り上げて、それらのあり方を説明してきた。

　しかしながら、これらの様々な施策は、いざ実施するとなると様々な課題に突き当たる。第5章の3で紹介する自治体のアンケート結果において、自転車利用促進の施策を講ずるに当たっての自治体にとっての障害事項がその順番とともに示されている。本章では、障害事項として回答の多かった順に、自治体の足を引っ張りそうだと思われている課題として表4・1のような項目を取り上げ、これらに対する施策のあり方を検討するものである。なお、課題の中でも、安全な走行空間や十分な駐輪空間がないなど、すでに今までの中で取り上げた項目は除外している。

　ここでの重要な点は、これらの解決のための課題別の施策が決して自転車利用促進策と矛盾するものではなく、むしろ、前向きな自転車利用促進策とセットで総合的に講ずることで、これらの課題のマイナス点を解消または減少させながら、自転車の利用促進を図ることができるものである。この視点をもちつつ、課題別の施策を考えてみる。

表4・1　自転車の利用促進を図るにあたっての課題

①自転車の放置の課題
②自転車の安全の課題
③自転車のルール・マナーの課題
④自転車の雨に弱い課題
⑤自転車の盗難の課題

1 自転車の放置の課題 〜駅前駐輪需要の軽減施策

　自転車の放置に対する方策を検討するに当たっては、放置をしている人の実態や意識を具体的に明らかにすることが必要である。放置者に対するアンケート調査等を行わずに、自転車駐車場利用者のみを対象とした調査の結果により、放置対策を検討するのは、危険である。しかし、これらの人を捕まえて、調査するのは難しい。筆者は、この放置者アンケート調査を、いろいろな箇所で実施しているが、一定の工夫を行うことにより、ある程度の回収率も得られ、放置をしている人の実態や意識を明らかにすることに成功している。

(1) 自転車放置とその対策の状況

　駅前の自転車放置対策は、今までは、キャンペーンなどの広報啓発を行うとともに、自転車駐車場の整備と撤去・街頭指導というアメとムチの二本柱で行われてきた。前者の結果、自転車駐車場の収容可能台数は、1977年に約60万台であったものが、2007年には約438万台と、約7.3倍に増加している。また、撤去も毎年全国で260万台以上行われている。これらの対策の効果が表れて、自転車放置台数は、ピークの1981年の約99万台から、2009年には24万台に減少し、約4分の1になった（表4・2）。

表4・2　駅周辺における自転車駐車場の収容能力、実収用状況と放置台数　　　　　　(万台)

年	収容能力 a	実利用台数 b	実利用率 b/a	空台数 a-b	放置台数
1993	322.7	263.8	81.7%	58.9	77.4
1995	349.2	280.1	80.2%	69.1	70.3
1997	362.6	283.2	78.1%	79.4	64.4
1999	369.2	282.6	76.5%	86.6	56.3
2001	374.9	266.9	71.2%	108.0	54.1
2003	386.8	286.3	74.0%	100.5	43.8
2005	393.1	291.0	74.0%	102.1	38.7
2007	437.7	321.6	73.5%	116.1	33.0
2009	432.1	311.2	72.0%	120.9	24.3

(出典：内閣府 2009年「駅周辺における放置自転車等の実態調査の集計結果」より筆者作成)

しかし、まだまだ課題はある。第一に自転車駐車場の収容能力に対する実際の利用率が、低下傾向にあり、2009年には、72.0％にまで落ち込んでいる。これに伴い、空きスペースも、121万台と増加傾向にある。つまり、利用されない駐輪空間が増加している。

第二に、放置自転車の撤去は、2008年には年間233万台になっており、これに対して、引き取りにきたものは、115万台に留まり、引き取り率は2002年以来5割を切っている。

表4・3　放置自転車の撤去と返還の台数と返還率　　（％）

年	撤去a（万台）	返還b（万台）	返還率　割合 a/b (％)
1982	39	14	35.9
1984	71	30	42.3
1986	116	62	53.4
1988	147	85	57.8
1990	180	96	53.3
1992	212	119	56.1
1994	230	125	54.3
1996	247	134	54.3
1998	259	137	52.9
2000	261	138	52.9
2002	262	129	49.2
2004	265	122	46.0
2006	261	122	46.7
2008	233	115	49.4

（出典：内閣府2009年「駅周辺における放置自転車等の実態調査の集計結果」より筆者作成）

これらの撤去、保管、処分等の費用については、自治体の大きな財政負担となっている。

すなわち、駐輪場を整備しても、その利用率が低下し、撤去しても、引き取り率が半分以下という状態であるなど、今までの自転車駐車場の供給と撤去の二本柱に行きづまりが見られ、新たな放置対策の枠組みの設定が必要である。

（2）自転車利用促進を柱とした駅前自転車放置対策

自転車の放置の構造や目的地、さらに放置をしている人の意識などを明らかにすれば、これに対応した的確な自転車駐車対策が可能となる。このため、第3章の4の駐輪空間と重複部分もあるが、ここでは自転車の課題別施策としての放置対策にしぼって枠組みを再確認する。ここでは、自転車の放置を減らすための次のような枠組みを設定する。

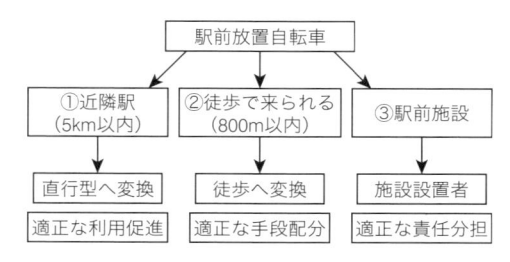

図4・1　放置自転車対策の新たな枠組み・新三本柱

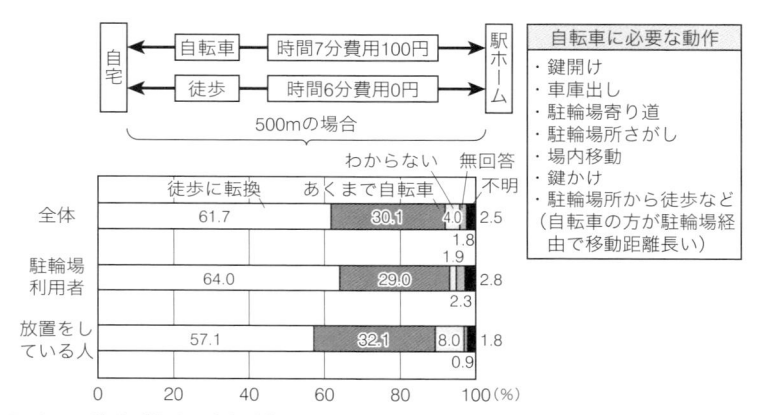

図4・2　駅までの移動（徒歩と自転車）のモデルと徒歩への転換意向　(出典：神奈川県橋本駅おけるアンケート調査（2007.10実施）より筆者作成)

①駅前自転車放置対策の新三本柱

　すなわち、第一に、まち中の自転車走行空間のネットワークを形成すること（場合によっては近隣の市町村との走行空間の連携をも図る）により、近隣の目的地の場合（たとえば自転車で移動可能であり、時間的にも有利な3～5km以内の距離）は、駅前に駐輪せずに直接目的地まで自転車で行ってもらうこと（直行型）、第二に、徒歩で駅まで来られる範囲の場合（たとえば、駅まで800m徒歩10分以内）は、徒歩に転換してもらうこと（徒歩型）、さらに、第三に、駅周辺施設に用事のある人は、その施設に自転車の駐車スペースの提供その他適切な負担をしてもらうこと（駅前施設型）である。これらを「新三本柱」として、総合対策を講ずることを提案する。これらは、すでに、㈶自転車駐車場整備センターの「駅前自転車駐車総合対策マニュアル」として作成済みである。

②三本柱の有効性

　この枠組みの有効性を立証するため、神奈川県相模原市の橋本駅前その他において、調査を行った。

　この京王線の橋本駅での放置をしている人の調査では、次の(a)～(c)のように、駅に徒歩で来ることのできる人が3割あり、それから、駅前施設が目的の人も6割いる。また、鉄道を利用して、5km以内の近隣の駅まで行っている人が2割となっている。

(a) 放置をしている人(100%)＝駅から800m以内の居住の人(32%)＋その他の人(68%)

　この駅から800m以内の人が、徒歩に転換してもらえば、32%の放置の減少につながる。

　これをアンケートで確認するため、図4・2のようなモデルを作成した。これは、駅からの距離が500m程度であれば、徒歩の方が、駐輪料金の負担がなく、時間的にも1分程度早く駅ホームに行けるというものである。

　これを示して、徒歩に転換する可能性をアンケート調査で確認したところ、放置をしている人でも、57.1%が徒歩に転換してもよいと答えている。このように、行政が地域にあったモデルを作成し、自転車利用者に徹底した広報啓発を行うことで、相当数の徒歩への転換効果が期待できることが明らかとなった。

(b) 放置をしている人(100%)＝鉄道を利用する人(40%)＋駅前の施設を利用する人(60%)

　この駅前の施設を利用する人に対しては、駅前の施設設置者側で駐輪スペースを提供してもらえば、放置の60%の減少につながる。これは、第4章で述べたとおり、自転車の安全利用の促進および自転車等の駐車対策の総合的推進に関する法律（昭和55年法律第57号）の第5条第4項により、大量の駐輪需要を発生させる施設を新築または増築する場合は自転車駐車場の付置義務を条例で課すことができる。また、新設でなくとも、同条第3項により、施設の設置者には「必要な自転車等駐車場を、当該施設若しくはその敷地内またはその周辺に設置するように努めなければならない」という努力義務が課せられている。これを根拠にして、自治体としては、この施設設置者の本来の責任を果たしてもらうようにして放置を少なくする。

(c) 駅から鉄道で目的地へ行く人（100％）＝駅から 5km 以内の駅付近に目的地がある者（56％）＋ 5km を超える駅付近に目的地があるもの（44％）（図 4・3）

(b)の「鉄道を利用する人」（放置をしている人の 40％）のうち、5km 以内の人が、56％もいる。このため、40％×56％＝22.4％は、自転車にせっかく乗っているのだから、直接行ってもらえば、放置全体の 24％が減少する可能性がある。5km 以内の近隣の駅付近まで行く人は、駐輪場の利用者は 24％であるのに対して、放置をしている人は 56％と倍以上の割合である。放置をしている人の方が、近隣駅まで自転車で行ける割合が極めて高い。

したがって、近隣の駅に行っている人を直行型に転換できれば、放置対策として有効である。

図 4・4 は、所要時間の比較について、シミュレーションをしたものである。標準的には、家から駅まで自転車で来て放置をして、または駐輪場にとめて、隣の駅まで行って、そこから歩いて目的地に行くと大体 21 分かかる。ところが、自転車で直接目的地に行くと 16 分しかかからない。しかも前者は駐輪場料金を入れて 360 円という費用負担になる。5km 以内の駅付近が目的地だったら、これと同じように自転車で直行する方が、時間的にも経済的にも有利となる計算である。

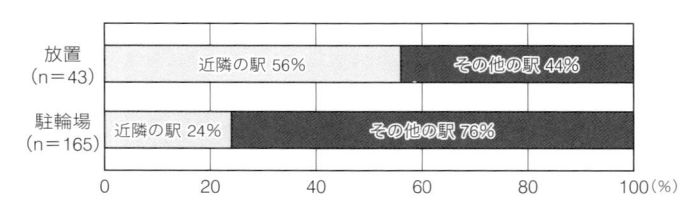

図 4・3　駐輪形態別の目的の駅（出典：神奈川県橋本駅におけるアンケート調査（2007.10 実施）より筆者作成）

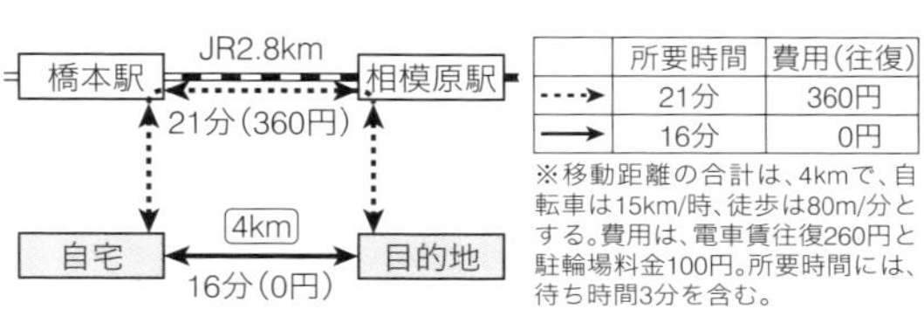

図 4・4　直行型と駅経由型の料金、時間の比較

そのことを示して「こういう状況で、あなたは、自転車で直行しますか、依然として自転車

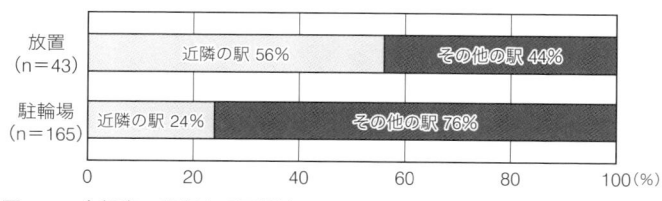

図4・5　自転車で直行する可能性 (出典：神奈川県橋本駅におけるアンケート調査 (2007.10実施) より筆者作成)

を駐輪して駅経由で行きますか」と聞いたところ、放置をしている人の71.4%は、「時間と費用が節約できる」という条件なら、自転車で直行型にしたいといっている。依然として駅経由で行きたいという人は22%しかいないことが明らかとなった。

以上から、まち中の有利な自転車利用を促進施策を講じて、放置をしている人向けにピンポイントでこのことを広報した場合には、7割の人が直接行ってもいいといっている。これをそのまま額面通り受け取るとすると、鉄道利用者で放置している人の7割（つまり放置全体の22.4%）が減る計算になる。つまり、もっと自転車に乗ってもらうための自転車利用促進策は、決して放置と矛盾するものではない。もっと直行型を増やせば自転車の放置は、相当程度少なくなると考えられる。放置にとって自転車利用促進策は効果のあるものと理解していただきたい。

2　自転車の安全の課題　〜安全性の向上施策

(1) 自転車利用が増えたら事故率は減る

自転車利用が増えたら、まち中を危ない自転車が走り回るのではないかとよくいわれる。しかし、オランダ政府が分析した各国の自転車利用状況と事故との関係のグラフでは、自転車利用距離が伸びれば、安全性は飛躍的に向上している。自転車利用距離と走行距離当たりの自転車事故死者数の関係を示す図

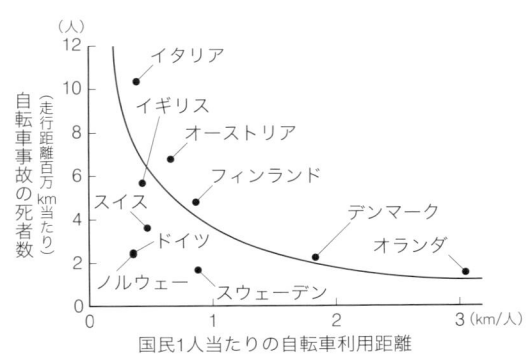

図4・6　自転車の利用状況と事故　(出典：オランダ政府2007「オランダの自転車利用」)

表4・4　各国の自転車事故死亡者とその減少度合い

	1980	2002		2007	
		数値	1980比率	数値	1980比率
日　本	1366	1305	0.96	989	0.72
ドイツ	1338	583	0.44	425	0.32
フランス	715	223	0.31	142	0.20
英　国	316	133	0.42	138	0.44
オランダ	425	169	0.40	147	0.35

※この数値は、30日死亡にするために換算されている　(出典：IRTAD資料より筆者作成)

4・6では、横線の1人当たりの自転車利用距離と縦軸の走行距離当たりの事故の関係は自転車利用が多い方が自転車事故の死者が少ないという明らかな反比例の関係が出ているといえる。

　この理由は、自転車利用を促進する場合、各国とも特に車道利用により推進しているから、①行政にも責任があり、事故が増えないように必死で頑張ること、②乗る人も車道ではルール・マナーを守らざるを得ず、意識が向上すること、③車道を運転する運転手も意識が向上すること、この三つが合わさって飛躍的に安全性が向上することにある。

　その結果、先進国の自転車事故死者数は、表4・4のように大幅に改善している。

(2) 自転車利用促進に参入後は事故が減っている

　1980年頃にはオランダ以外、本格的な自転車政策は見られない。2002年はドイツでそれ以前の地方の積極的な取り組みを背景に国レベルが本格的に参入した年である。1980年と2002年のほぼ20年間を比べると、各国とも5〜7割も自転車事故死が減っているが、日本はほぼ横ばいである。日本は、歩道を中心とした自転車空間であり、また、自転車利用の促進を国を挙げて強力に推進してこなかったという状況がある。各国は国レベルの自転車計画策定など国を挙げて、自転車利用を促進し、自転車事故が減ったという結果になっている。2007年には、わが国も改善しているが、これは、最近の道路交通法による車側の交通違反の厳罰化等に伴い、車事故全体の大幅減の流れを受けたものである。しかし他国に比較すると改善率は低く、絶対数も多い。

　表4・5は、自転車事故の件数の推移である。これを見ると、事故件数と死者数負傷者数の全体に占める割合が増加傾向にある。交通事故全体が減少し、死者も2009年には、5000人を下回った状況下で、数値こそ減少しているが、自転車事故のみの割合が突き出してきている。今後は、この本で述べたような、

表4・5　自転車事故の件数、死者数、負傷者数等の推移（日本）

年	事故件数	構成率	自転車乗用中死者数（人）	構成率	自転車乗用中負傷者数（人）	構成率	(参考)交通事故全体		
							事故件数	死者数	負傷者数
99	15万4510	18.2	1032	11.5	15万6078	14.9	85万363	9006	105万397
00	17万3876	18.7	984	10.9	17万5179	15.2	93万1934	9066	115万5697
01	17万5223	18.5	992	11.3	17万6819	15.0	94万7169	8747	118万955
02	17万8289	19.0	991	11.9	17万9582	15.4	93万6721	8326	116万7855
03	18万1845	19.2	973	12.6	18万3233	15.5	94万7993	7702	118万1431
04	18万7980	19.7	859	11.7	18万9392	16.0	95万2191	7358	118万3120
05	18万3653	19.7	846	12.3	18万4686	16.0	93万3828	6871	115万6633
06	17万4262	19.6	812	12.8	17万4641	15.9	88万6864	6352	109万8199
07	17万1018	20.5	745	13.0	17万1178	16.5	83万2454	5744	103万4445
08	16万2525	21.2	717	13.9	16万2250	17.2	76万6147	5155	94万5504
09	15万6373	21.2	695	14.1	15万5581	17.1	73万6688	4914	91万115

※構成率は、全体に占める自転車事故の割合である。事故件数は、自転車が第一または第二当事者となった件数であり、自転車相互事故は1件として計上している

適切なインセンティブ方策など、つぼを押さえた自転車利用促進策を講ずることで、これらの状況を前向きに改善することが可能になり、車道における自転車の安全性に関する発想の転換と施策の大胆な重点化によるハード、ソフトの総合的な施策が、効を奏するのである。

3 ルール・マナーの課題 〜レベルアップのための施策

(1)自転車利用促進とルール、マナー

　自転車のルール、マナーの悪さも、自治体のみならず一般の人からも、重要な問題点として指摘されている。自転車利用の促進が、このようなルール無視の自転車利用者をどんどん増やしていくことになり、一層危険な自転車がまち中にあふれるというものである。こんな状態で自転車利用を促進できるのかと主張する人も多い。

　しかし、オランダ政府は自転車に関する公式資料で、次のように記述している。すなわち、信号機の違反はオランダでも多い。自転車利用者のいら立ちの最大の原因は信号機である。このため、自転車利用を促進するために、信号機による走行阻害がないよう優先信号、センサー信号にしようということをオランダでは考える。自転車にチップを埋め込んで、それに反応したら青に変わってくれる信号機である。また、自転車用の全方位青信号などの措置もある。さらに、究極は、信号機の不設置である。環状交差点などで迂回路をつくって、なるべく信号機をなくせば、お互いが注意して事故が減るということである。ヘルメットも同様である。ヘルメットの着用義務化はしないとしている。何故かというと、義務化は利用を抑制するからである。

図4・7　オランダの駅前駐輪の状況 (出典：オランダ政府資料)

自転車利用の促進を前面に出し過ぎている感もあるとは思うが、ここまで徹底したらすごいと思う。

　それから、自転車の放置問題も、オランダ、ドイツなど自転車先進国の自転車計画には何も書いてない。「放置」はあるが、「放置問題」はなく、したがって、駐輪対策はあるが、放置対策はない。駐輪は、自転車と公共交通を連携する重要な行為であり、自転車利用の推進にとって、必要不可欠なものであるとしている。

　つまり、これらに一貫して流れているのは、自転車利用を促進しようという強い信念とスタンスである。自転車利用を促進しようとすれば、ここまで腹をくくらなければならない。交通手段の一つであるぐらいの中途半端な位置付けの自転車利用促進策では、絶対前に進まず、徹底して利用を推進するなら、優先的な位置づけと扱いを徹底すべきである。ルールの遵守に対する前向きな対処をここまでやるからこそ、オランダは世界の自転車国だといえる。

　しかし、ここまで徹底した施策は、わが国の参考にならないと思われるかもしれないが、基本的なスタンスとして、自転車利用の促進を徹底しているということを理解することが大切であり、このスタンスをまず学びたい。

(2) 自転車がルール、マナーを守れるような環境整備

　それでは日本は、どのようにしたらよいか。これはいろいろな方策があると思われる。第一に、ルールを守れるような施設の整備、環境の確保をするということが大切である。

　例えば放置しなくて済むように、なるべく駅に近い便利な駐輪場所を優先して整備するということを考えていただきたい。利用者の意向と関係なく、駐輪場の数だけ揃えて、離れた距離に設けるのではなく、利用者の意向をアンケートなどで実地に把握したうえで、整備することを優先すべきである。

　また、自転車利用の促進の立場から、ほんとうに危険な行為とそうでないものを徹底的に分析、検討して、ルールをなるべく利用促進の観点から必要でかつ最少限のものにしようということを考えることである。これは、何もルールを守るなということではなく、何もかも守ることは、結局本当に危ない行為も、

遵守率が低くなることにつながる。たとえば、オランダのルールで今問題になっているのは、自転車の酔っぱらい運転や、灯火を夜間つけないことである。これは明らかに事故に結び付く。このため、取り締まりをきっちりやるとしている。誰が何といっても危険であることと、他の方法で防ぐことができることを、それこそ明確に仕分けして、ルールを適用しようとしているのである。

このように、ルールを守らなければならない場面をなるべく少なくするハードの環境整備も必要である。

(3)原則の車道通行によるルール、マナーの実際的な体得

次に、車道通行をもっと推進していただきたいということである。今まで何十年間も、自転車は歩道通行を中心に考えられてきた。このため、自転車は歩道では最強者であり、ルールを守らなくても自分の安全は守られると思っていた。このため、交差点で一たん停止義務を果たさずにどんどんいちばん危険な交差点に飛び込んで、事故を起こしているのである。

車道を走行するとどうなるか。自転車は車道の中で最弱者である。ルールを守らないと自分の身がもたない。歩道で、ルールを守らなくても大丈夫だと思って過信する状態が何十年と続き、先進諸国にない「歩道原則」の安全神話が生まれた。車道では、ルールを絶えず守らないと自分の身が持たない立場に置かれることなり、ルールを守ることが本能的に身に着くと考えている。

このことを立証するために、2009年に行ったアンケート調査(柏の葉キャンパスタウン)で、「車道通行の時と歩道通行のときで、どちらの方がルールを意

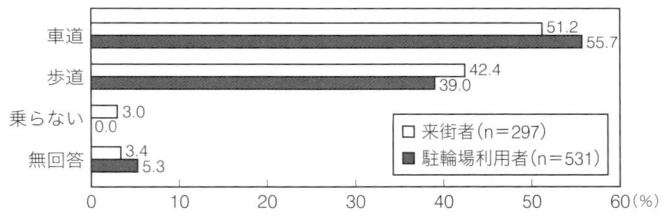

図4・8 車道と歩道のどちらがルールを意識するか (出典：「柏の葉キャンパスタウン来街者・駅前駐輪場利用者へのアンケート2009」より筆者作成) ※前者は、ほとんどの回答者が車での来街者である

識しますか」との質問に対して、仮説どおり「車道通行の方がルールをより意識する」と、多くの人が（来街者51%、駐輪場利用者56%）答えている。

　車道通行をしっかりすると、ルールを本能的に意識せざるを得なくなる、すなわち、守らざるを得ない立場に追い込まれることになり、結果的にルール順守が多くなる。車道という速度が出せて、遠くまで行ける走行空間を通ることは、自転車利用促進にもつながり、かつ、安全性も向上するのである。すでに述べたように、現状でも車道での後ろからの引っかけ事故は極めて少ない。このように、ルールを守って走行している分には、事故はほとんど起こらないのである。さらに、傍若無人の自転車が歩道を走行して歩行者を危険にすることを現実に減らすことができ、かつ、ルールを守る自転車通行者を増やすことができ、結果として、自転車事故を減らすことができる。

　しかし、自転車利用者のルールの改善は、この方法では、一気にはできず、徐々に効果が表れると考えられ当面は、次のような対策が必要である。

(4)即効性のある対策

　ルールの順守については、即効性のあるルール対策も期待されるところである。このためには、前に述べたように広報啓発を色々な方法（事故をスタントマンで再現するような衝撃的な啓発など）で実施されている。自転車教室は年間3万5千回程度開催され、約346万人の人がこれに参加している[注1]。このような努力がなされた結果、最近の自転車事故における自転車側の法令違反率は、表4・6のように1998年の71.3%から2010年の65.6%と6ポイント程度改善してきている。

　しかし、基本的には、まだまだ高い割合である。さらに、このため、この自転車教室などに免許制度を取り入れて、効果の高い路上講習などを行うとともに、自転車の講習会における試験を導入し、その結果により、免許の交付を行うこととしてはどうかと考える。2010年3月、東京MXテレビでなされた路上講習と試験による講習会の試みは、体験的な学習と試験によるインセンティブにより、基本知識の習得に極めて効果があったとのことである。東京都荒川区で行われている子供運転免許も効果があった。さらに、筆者は次のように提案

表4・6　自転車事故死傷者数とそのうちの法令違反ありの状況

	自転車事故死傷者数	うち違反あり数	違反あり率
98	14万1549	10万 995	71.3%
99	15万2908	10万8483	70.9%
00	17万1433	12万1406	70.8%
01	17万2756	11万9224	69.0%
02	17万5529	11万9474	68.1%
03	17万8911	12万 413	67.3%
04	18万4849	12万4465	67.3%
05	18万 530	12万1711	67.4%
06	17万1069	11万4643	67.0%
07	16万7656	11万2521	67.1%
08	15万9153	10万5872	66.5%
09	15万3099	10万 383	65.6%

(出典：警察庁資料より筆者作成)

したい。すなわち、この免許には有効期限をつけて、その期間では、自転車の法規や走行方法の模範を身に付けた自転車利用の最適者ということで、駐輪場の料金の割引、駐輪場が満杯の時の優先受付け、さらにレンタサイクルがある場合、どこのレンタサイクルでも無料または割引で利用できるなどの特典を付与することが有効である。さらにいえば、一定の商業団体などと提携して、自転車による来店により、さまざまなポイントや優待が受けられるようにすることも考えられる。

　以上のような長期および短期的な取り組みにより、今までと違った有効なルール対策がなされれば、歩行者もハッピーになるし、自転車は車道を通行して速度が速くなり快適に走行できるようになり、一層、車から自転車に転換してもらえる。一方では、ルールをしっかりと守った自転車が増えることで、車も適度の緊張感と安心感を持ってお互いに共存を心がけるようになる。適切な車道通行は、いい結果をもたらすのではないかと考えている。

4　その他の課題

(1)雨に弱いという課題　〜雨に強くなる対策

　自転車は雨に弱いので利用しにくいといわれる。基本的に屋根のない乗り物

表4·7 自転車通勤者が困っている点　　　　　　　　　　　(複数回答、回答数 N = 132)

①通勤途上での交通事故が心配	35.6%
②まちに自転車が快適に走れる道路がない	29.5%
③駐輪場における自転車のいたずら、盗難などが心配	19.7%
④特にない	18.2%
⑤雨などの天候で遅刻が増える	16.7%
⑥通勤手当が支給されない、あるいは安い	13.6%
⑦駅周辺に駐輪場が整備されていない、あるいは足りない	12.1%
⑧会社に駐輪場が整備されていない、あるいは足りない	9.8%
⑨事故の際に労災の対象にならない場合※がある	6.8%
⑩特別な施設（シャワールーム、ロッカー等）がない	1.5%
その他	5.3%

※自転車の特性上、経路等を変えたり、立ち寄ったりする可能性が高いことや、公共交通の定期代を申請して自転車でいくなどのケースが考えられる（出典：「福島市および静岡市の主要企業8社従業員に対する通勤アンケート」より筆者作成）

であるから、雨に弱いのは仕方がない。一番の対策は、雨でない日と雨の日を、使い分けることである。一日当たりの雨量5 mlを超える日（自転車を利用するタイミングに降っているかどうかは別として、降ったら利用しにくい日）は、東京地方では、年間17%程度しかない。このような日は、通勤などでは、目的も経路もあらかじめわかっていることだから、その場合の方法を用意しておけば問題はない。

アンケート調査によると、自転車で通勤している人で雨で困ると思っている人は17%しかない。実際に通勤している人があまり気にしていないことは、重要な事実である。

雨があるから自転車通勤が面倒だというのは、自転車通勤ができる距離で自転車通勤をしてない人が、自転車通勤を嫌がる理屈ともとれる。現実に自転車通勤をやっている人は、雨の日もいろんな対処をしている。

また、屋根つきの自転車を今開発中の企業がある。三菱化学株式会社では、2009年3月に軽量の炭素繊維をボディに使用し、駆動電源に太陽電池とリチウムイオン二次電池を使用するなど最先端の科学技術による自転車の試作をしている（図4·9）。写真によるとピザ配達のオートバイのように前面からの雨を防げそうである。しかし、風が吹いたときに、動力のない自転車は風の影響を受けるので、電動アシストをつけて駆動力を強くすることで走行可能となる。ま

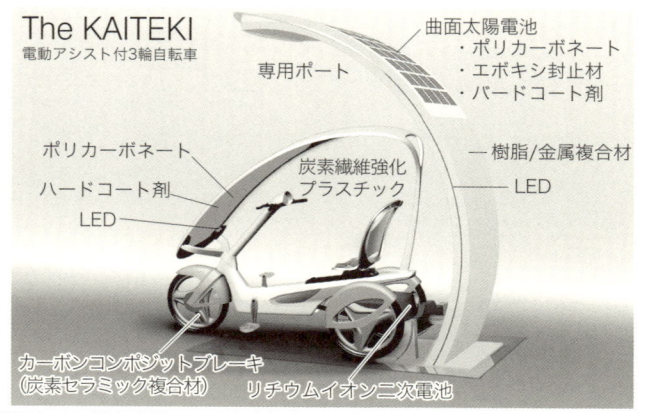

図 4・9　雨除けカバー付き電動アシスト自転車の試作　(出典：三菱化学資料より作成)

図 4・10　中国福州のポンチョ

図 4・11　茅ヶ崎市での高校生が考えたポスターとレインウエアー（ワークショップ）　(提供：茅ヶ崎市役所)

た中国福州では、自転車のハンドルから荷台まで覆う色彩のあざやかなポンチョが大流行していた（図4・10）。茅ヶ崎市では高校生による傘なし運転のレインウエアー等、ファッション性のある雨の日の走行が推進されようとしている（図4・11）など、自転車利用の促進の観点に立てば、さまざまな工夫が可能になってくるものと思われる。

(2)自転車の盗難に関する課題　～盗難防止の対策

　わが国の盗難件数は多いといわれているが、最近は減少傾向にある。また諸外国に比較すると、自転車先進国オランダで、保有台数1800万台に対して年間75万台が盗まれており（オランダ政府資料）、保有台数に対する盗難率は4.1%となる。これに対して、日本は保有台数8600万台に対して40万台程度盗まれているから、同盗難率は0.46%である。つまり、盗まれる割合は、オランダに比べると圧倒的に少ない。何故かというと、平均的には値段が安く、盗む必要性が少ないからであると思われる。

　しかし、一定の盗難件数があることも事実である。盗難にあうのは、鍵をかけないなどが原因であるが、そもそも鍵をかけないで自転車から離れるという気持ちを持つのは、自転車を大切にしていないからである。第3章の5で日本は自転車使い捨ての時代に入ったといったが、このことは、鍵のかけ忘れに象徴されている。持ち主に鍵をかけないで置き去りにされる自転車はたまったものではない。見捨てられているも同然である。

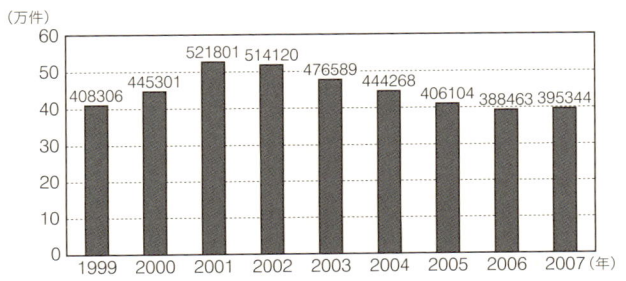

図4・12　日本の自転車盗難の認知件数　(出典：警察庁「平成20年上半期の犯罪情勢」より筆者作成)

これに対する対策は、防犯登録を確実に行い、盗難にあっても元の持ち主がわかるような体制に自転車を置くことである。また、そもそも無錠で置かれるような自転車ではなく、少し高価ではあるが、質の良い自転車を持つことが、自転車を大切にし、鍵をかけないで自転車から安易に離れたり、放置をしないことにつながるのである。豊かな時代になっていながら、自転車だけは、まかり間違えば命にかかわる交通手段であるにもかかわらず、安全性の観点からも質の悪い安価なものの利用が横行している。自転車利用を奨励するには、前に述べたが、質の良いなるべく軽量の自転車に乗って、疲れることなく自転車の行動範囲を拡大し、走行距離の向上や安全性、快適性を高めることが必要である。このためには、質の良い自転車が安全性、快適性などの面で大きなメリットがあることをわかりやすく明示し、これを購入するように、広報啓発することが必要である。このことが、自転車を大切にして、二重に鍵をかけたり、管理者のいる駐輪場に入庫するなど、自転車の盗難防止にもつながる。質の良い自転車は、比較的値段が高く、盗難が増えるのではないかという懸念もあるかもしれないが、自転車を大切に扱うようになり、鍵をかけないで自転車から離れることがないなど所有者の管理レベルが上り、自転車の盗難はかえって少なくなると考えられる。

　すなわち、自転車の利用促進は、盗難を増加させるのではなく、質の良い自転車の調達と適正な管理を促し、その結果自転車の盗難を少なくすることにつながる。

第5章
わが国の自転車政策および自転車計画とその策定の方法

1 進んでいる世界の自転車政策と日本への応用の可能性
〜アメリカ、オランダ、ドイツなど

　第1章で述べた多様なメリットのある自転車の利用を促進するため、最良で、的確な政策を構築する自転車政策とこれを具体的に実施する自転車計画の策定の方法を、自転車先進諸国や自転車先進都市の経験[注1]や、わが国での実際例を参考にしながら考えてみよう。

(1) 先進国の自転車政策の推移

①オランダの自転車政策の重点の変化
　世界の自転車政策の変遷を見てみると、同じ国の自転車政策でも、重点の置き方が変わってきている。たとえば、オランダは世界で一番自転車政策が進んでいるところのように見えるかもしれないが、それでも、地方によってその進歩の状況が微妙に異なる。また、徐々に時代の要請に合わせて変化してきている。表5・1に従い、順番に見ていくと、1960年代の頃から、オランダでは地方を中心に自転車の利用環境整備を取り上げていた。このころは、ヨーロッパでは、自家用車の普及で、自転車の利用が減少しており、自転車の利用促進施策として取り上げている国は、オランダも含めてほとんどなかった。1960年代は、

表 5・1　世界の自転車政策の重点項目の変遷

	年　代	政策の重点項目	該当国
1	1960 年代	自転車利用環境整備の推進策（ハードの施策・地方の施策）	オランダなど
2	1990 年初	国家の重点介入・位置付け・目標設定（国の施策、自転車優先のソフトの施策）	1990 オランダ・北欧・米国、1996 英、2002 独、2007 仏
3	1990 年代後半	自転車通勤の奨励策（ソフトの施策・用途別の施策）	オランダ、英国など
4	2000 年代前半	自転車通学、買物奨励策（用途別の施策）	米国、英国、オランダ
5	2005 年以降	健康と環境による奨励策（テーマ別の施策）	各国共通

　海面が上昇するなどという地球温暖化の話がはっきり出てきていなかった時代であったが、オランダは海面下の土地が4分の1もあり、環境問題の意識は強かったものと思われる。

　しかしオランダがまず行ったことは、車から自転車を徹底的に分離して安全性を確保するためのハードの利用環境の整備である。地方がバラバラで行ったため、国全体でばらつきがあり、全体としてネットワークは同一レベルではない。オランダ政府の最近の報告書[注2]を見ても、「オランダという国は世界で一番自転車が進んでいると思われているかも知れませんが、残念ながら国の中で落差があり、公共団体でも全然違うのです」ということを書いており、地域により自転車利用の実情が大きく異なるのである。それでも徹底した分離型の自転車の走行環境の整備は、地方によっては相当程度進んだ。

　地方で落差があるのは、自転車政策を国が直接行っていなかったことも原因の一つである。そのため、公共団体の境目までくると次の公共団体の区域では自転車道が満足でない場合もある。このため、地方によって、自転車利用率に差がある。そんな状態であったことから、国が前面に出て、自転車政策に介入することが大切であるということがだんだんわかってきた。そこで、1990 年になってオランダは国家の自転車プランをつくって、国が重点的に先頭に立って自転車政策を実施するという方向になった。

また、その頃まで、自転車のハードの施設整備が中心に進められてきたが、特に徹底した自動車交通との分離には問題もあることが理解された。安全のための分離策は、セキュリティや利便性の点で問題があり、分離策と非分離策の組み合わせが必要ということになっている。さらにハード施策に加えてソフト面でも考えるべきことがあるのではないかということが理解されてきた。ハードの環境整備をしても、自転車がまちづくりの中でどのような位置付けを持ち、どのような用途にどの程度利用するべきかがあいまいであった。

　そこで、自転車の位置づけや、具体的な目標設定を国レベルで行った。すなわち、オランダでは、国の1990年の自転車プランにおいて、2010年を目標にして、1986年に比較し自転車利用率を30%増加させること、および自転車交通事故の死亡者を50%減少させることを目標に設定した。そして、各論になるが、特に自転車通勤に重点を置いて、同じく2010年を目標に自転車通勤を50%増加させることを目標とした。このために、1995年までに従業員50人以上の企業に通勤交通計画の策定を行わせることにした。

　このように初期の欧米の自転車政策が、車からの完全分離により自転車を収容する空間の提供などハードの空間整備による安全対策が中心であったのに対して、1990年代からの自転車政策は、車の台頭に対してこれに代わる交通手段としての自転車をハード・ソフトの総合的施策により国が乗り出して強力に進める自転車利用促進策に変遷しているのである。

②アメリカの連邦が取り上げた強力な自転車政策

　アメリカでは1980年代に、自転車の交通分担率がどんどん低下し、車が都市にあふれていた。このような事態に対して、アメリカの連邦交通省の長官が、「自転車は忘れ去られていた交通手段である」と宣言して、序章で述べたように、当時の双子の赤字を解消するためにも、石油輸入を減らし、また、医療費を削減できる自転車の利用を促進するという連邦レベルでの自転車政策を打ち出している。

　すなわち、1990年代のはじめに、連邦法である総合陸上交通事業調整法（いわゆるISTEA法）を制定し、車に偏った交通体系をバランスの取れた総合的な交通体系にすること、このために自転車を重点的に取り上げて、全国にわたり

自転車利用促進施策を推進する施策を講ずることとした。このため、連邦が膨大な自転車歩行者調査を行うとともに、自転車の環境整備やソフト施策等が講じられた（詳しくは、序章で述べた通りである）。

③イギリス、デンマーク、ドイツなどで国が直接自転車政策を取り上げる
　1990年代後半から、イギリスが国家自転車戦略を策定し（1996）、デンマーク（1990年代）、ノルウェー（2003）なども続々と国家レベルで自転車施策を取り上げるようになってきた。少し遅れて2002年にドイツが国としての自転車計画を策定し、2007年にはフランスが国に自転車担当の組織をつくった。これは審議官クラスをトップに各省の自転車関連の施策を調整する組織を置いたものである。今まで各国とも、自転車政策は地方の問題としていたのが、その政策の重要性や全国性などから、国家が続々と自転車政策に介入して、強力なてこ入れをすることになった。

④自転車政策の総論と各論のテーマ
　以上のような各国の自転車政策の内容から、自転車政策の適当な項目として次のような総論、各論のテーマ項目があげられる。
◉ 総論のテーマ
　自転車政策に関しての総論のテーマとしては、(a) 自転車のメリットの理解が一番大切なものであり、次いで、(b) これを前提として自転車の位置付け、および自転車施策の位置付けである。そして、これを受けて(c) 自転車利用の数値目標を設定し、具体の各論に入っていくことになる。
◉ 各論のテーマ
　自転車政策の各論のテーマは、地域の人や企業や自然的な条件などによって、大きく異なってくる。もちろん、自転車走行空間の整備は重要なテーマではあるが、これは各論の中での重要なテーマの一つにすぎず、これのみで計画の全体を構成するわけではない。欧米各国もハード面についての施策も重要視しているが、ソフト面の施策についても、その効用を十分に認識し、重要視するようになっている。用途別の施策としては、1990年代後半では、自転車通勤をオランダやイギリスが取り上げて推進し、次いで2000年ぐらいになると、英国や

米国で児童や生徒のメタボ対策および人格形成、並びに環境対策として自転車通学を推進するようになっている[注3]。

最近では、オランダは、自転車による買物について、中心市街地の活性化の観点から推奨している。このように、通勤から始まって通学、買物など利用の用途を明確にして、それぞれに応じた的確な奨励策としてのソフト施策を考えるようになっている。

2005年前後以降は、各国共通のテーマとして、健康と環境のための切り札として自転車の奨励策が重要性を増していると考えられる。特に最近は、地球環境の側面が各国の自転車計画の中で前面に出てきており、国、地方を問わず自転車計画の策定には、地球環境の観点が重きをなしてきている。基本的には身近な健康等をも取り上げ、これらを両輪にして重点的に自転車施策を組み立てようという方向で推移している。

◉ 総論各論のテーマの変遷

このように、自転車政策は、時代の要請に応えつつ、施策の責任主体、施策の重点、施策の内容やテーマなどについて、中心となるものを変化させながら、時代に対応して変遷している。先述のように、自転車施策の柱を交通安全の対象として安全に収容する空間施策から、車に代わる手段として利用促進する施策への変遷も重要なものである。自転車施策は、簡単に見えるが、各国でも、さまざま成功や失敗を重ねながら、徐々に変遷しているのである。簡単に飛びついても、成功に導くのがむずかしく、また、成功したかのように見えても、持続することの困難さも伴う。

(2)国が策定を進めている自転車計画

そのために、先述の各国の自転車政策の内容と多少重複するが、自転車政策のもっとも中核をなす国による自転車戦略・計画の策定状況とその実施体制を取り上げてみる。

①国主導の各国の自転車計画

オランダは、1991年には国の自転車マスタープランを作り国が先頭に立って

自転車政策を運営してきたが、2000年になると国は、やるべき自転車施策を実施したので、自転車の政策を地方の自転車協議会（bicycle council）に施策の権限を移管した[注4]。もちろん国でも全体の施策状況の調査や施策の総括は行っている。2008年には、国の土木担当部局が「オランダにおける自転車」という資料を発行し、オランダの自転車政策について最近の情報を世界に提供している[注5]。このように、地方から国、国から地方へとその必要に応じた施策の移転を弾力的に行っている。わが国のように、何が何でも地方分権というような固定的な考えはないようであり、その時々の行政の国レベルの関与の必要性や内容に応じて、弾力的にやりとりしている。

　オランダは四国ぐらいの大きさであり、また、地形もきわめて平坦であるから、全体の自転車空間をなるべく一元的にレベルアップしようと思えばできないことはない。その結果、施策の成果がある程度見えてきたので、地方にもう一回お返ししたということになる。しかし、10年間、国が全国的に関与したにもかかわらず、まだ自治体間で大きな格差があるとのことだ。

　アメリカは、1990年には、総合陸上交通調整法（いわゆるISTEA法）という連邦法を制定して、これにもとづき、自転車歩行者調査（調査という名を持っているが、自転車計画の意味もある）を行っている。

　なお、ISTEA法の後のTEA21法制定のころ、やはり地方の状況を連邦交通省が調査[注6]したところ、地方では上手くいっていない。やはり絶えず国が強力な財政支援などで面倒を見ないと自転車は地方の施策から置き去りにされる恐れがあるとしている。

　これに対して、イギリスは、1996年に国が国家自転車戦略を策定したが、その実施は地方に任せ、地方主導型で自転車政策を実施させた。国は、基本的な事項は示したが、後は地方にまったく任せっきりであった。国としては相当後押しをしたが、後押しをしても、ついてくるところは、少数あったが、大多数は国が作ったマニュアル通りに形式的に自転車計画を作っただけで結局上手くいかなかった。やはり国が絶えず面倒を見て、国レベルの目標値を設定し、旗振り役にならないと上手く進まないという反省をレビューとして加えている[注7]。そこで、地方の自転車政策がだんだん弱くなってきたので、これを反省して2005年に体制を改定して、国が独立の法人を作って、直接に地方での自転車事

業を実施するという体制にした。

　北米に次いで世界で2番目に人口当たりのCO_2の排出量が高いといわれているオーストラリアでも、1993年頃から連邦が自転車戦略を策定している。

　デンマークなども1990年代には国が自転車安全戦略を策定している。

　これらに対して、ドイツは、1990年代もずっと地方が中心になり自転車政策を行ってきた。しかし、1998年には、連邦の運輸・建設・住宅省が自転車交通の状況に関して調査し、議会に対して報告書[注8]を提出し、国レベルでも自転車交通に関して関心のあることが示された。そして、これを受けて2002年には連邦が自ら国家自転車利用計画を策定した。他の国に比較してみると国が直接自転車計画に関与するタイミングは遅かった。

　フランスは、1994年12月に環境担当省と都市施設担当省（1996年に青年スポーツ省が加わる）が、関係省庁・研究機関、利用者団体、交通関係団体

図5・1　ドイツ国家自転車計画の表紙

表5・2　各国の自転車計画の策定状況

オランダ	1990年「自転車マスタープラン」制定。2000年自転車施策は国から、自治体でつくる自転車協議会に移行
ドイツ	2002年「国家自転車利用計画」策定
米国	連邦によるISTEA法（1992〜97）、TEA21法（1998〜2003）、SAFETEA法（2004〜09）制定。1994年連邦政府「国家自転車・歩行者調査」
英国	1996年「国家自転車戦略」策定。2005年には体制を改定
フランス	パリ市自転車計画の策定（2002〜10）、2007年国レベルの取り組み開始
デンマーク	1990年代に自転車安全戦略を制定
ノルウェー	2003年の国家交通計画の中で国家自転車戦略を策定（2006〜15）
オーストラリア	1993年国家自転車戦略を制定（1999年（1999〜2004）と2005年（2005〜10）改定）
ニュージーランド	2005年国の歩行者自転車利用促進計画を策定
（参考）日本	国レベルの自転車計画はない

（出典：各国の資料より筆者作成）

図5・2　ノルウェー国家自転車戦略（英文版）の表紙

などで構成する自転車政策フォローアップ委員会を発足させて、さまざまな内容（日常移動、スポーツ、娯楽および観光）での自転車の発展と推進をバックアップしてきた。これにより、自転車に関係する道路法令、大気法などの改正、各種国家的な自転車イベント、サイクリング道および緑道の国家スキームの採択・推進、関係の調査研究などを横断的に実施してきた。2006年4月には、自転車国家政策を再調整して、立ち上げるために、国レベルで自転車施策を調整する組織（自転車利用推進省際調整官）を共和国大統領政令により設け、このフォローアップ国会委員会の委員長をこれに充てるなど取り組みを開始した[注9]。しかし、まだ国レベルの自転車計画は策定されていない。

ノルウェーも2003年に、ニュージーランドも2005年に、それぞれ「国家自転車戦略」や「歩行者自転車利用促進計画」を策定するなど、国が関与して計画を策定している。

②国の自転車計画の共通点

これらの外国での共通事項を簡単にまとめると、国レベルで何らかの自転車計画を策定し、国が明確に交通手段として優先して位置づけ、優遇策を講じている。これらは、単なる交通手段として位置付けるという言葉だけの問題ではない。まして、様々な交通手段の一つとして位置付けるなどというあいまいなものではない。さらに、明確に都市交通の手段としての目標値の設定をしている。そして、この設定された目標値である自転車の分担率を伸ばすために、自転車を優遇する施策をとっている。

このように国レベルのはっきりした位置づけや目標値があるからこそ、施策

の優先順位やメリハリの利いた優劣をつけることができ、地方もこれにならって大胆な自転車施策を実施できるのである。

ところが、日本は、地方分権一辺倒なのか、世界が国レベルの強力な自転車政策や自転車計画を立ち上げているのに、今のところ国レベルでの明確な自転車計画は存在しない。

(3) 先進国の自転車政策や自転車計画から学ぶ三つの重要な点

先進国の自転車政策の変遷について重要な点を、三つ指摘したい。

第一に、上で述べたように、健康や環境のための施策というのは一地方でやるべきものではなくて、国レベル、さらに、地球レベルで行うものであり、また、現実の自転車空間なども、ある程度レベルがそろうことがネットワークを形成するために重要なことである。このように、国が自ら自転車計画を策定することなど、国レベルでの取り組みが極めて重要になるという点である。

第二に、その前提として、国が明確に交通手段として位置づけをし、メリットを含めて明確にして、施策上の優先順位を設定することである。

すなわち、各国の自転車計画をみると、多くの場合、最初の部分において、まず、自転車のメリットを詳しく述べている。いかに環境先進国といえども、車が便利であると考える人も多い。このため、自転車をなぜ国政上、地方行政上優遇するかについての大義名分をまず最初に明らかにしている。このような自転車を特別扱いすること、このための根拠を明確にすることを各国では自転車計画の重要な要素と考えているようである。

たとえば、1996年の英国の国家自転車戦略では、前文および紹介文のあとに、「なぜ自転車か」（Why cycling?）という項目を立てて説明している。オランダの1990年の国の自転車プランでは、自転車やその他の交通状況を述べた後、計画の提示の段階の最初の方で自転車の長所と短所について述べている。世界最良の自転車都市と自認するデンマークのコペンハーゲンの自転車政策においても、序文の後で、自転車の交通における役割（The role of the bicycle in Copenhagen traffic）について述べており、自転車の優先的な位置づけの必要性、重要性を説いている。

このように、多くの自転車計画では、自転車の優先的な取扱を提示することの根拠として、他にはない自転車の持つ大きなメリットを理解してもらい、コンセンサスを得るようにすることを計画の一つの役割と考えているようである。
　また、たとえば、ある地方へ行くと自転車利用推進策は、施策上一番の劣位に置かれているが、ある所では自転車はトップであるなどというやり方をしていたのでは、国全体としての強力な自転車政策は成り立たない。州の独立性の強いアメリカですら交通政策は国の政策として位置付け、自転車を優先的に扱うように連邦法で明確に進めて、交通手段として特別扱いをしている。国レベルの明確な位置づけがあるからこそ、公共団体も、これにならい優先的な位置づけをしようということになる。
　これは別に地方分権が進んでいる、進んでいない、または洋の東西を問うような問題ではない。自転車はどの国でも車に対して交通弱者であるからこそ、政策的に放っておけばどんどん淘汰される可能性がある。そういった施策にてこ入れするのは国の役目だと考える。これは、たとえば景観法ができる前は、地方の景観条例は景観の理念や規制の方法があいまいで緩いものであり、大きな効果を期待することが難しかったが、制定後は、雨後のタケノコのように地域性を持った独自の景観計画が各地で策定され、これに合わせて強力な条例（景観法にもとづく）が制定され、明確な理念や政策が打ち出されていることから理解される。そういうことを共通して各国が国レベルでとらえているということが特徴であるが、日本では、なんでもかんでも一律に地方分権が進められている。
　第三に、多くの場合、自転車の分担率と交通事故削減の具体的な数値目標の二つをセットで入れる国が多い。これを国レベルが先導して積極的に自転車政策を進めるということが現在の主流になっている。

2 わが国のこれまでの自転車政策

　自転車のおかれた現状を理解し、これからの政策を考えるために、日本のまちづくりの中で自転車の位置付けがどのように変遷してきたかを見ることにする。

(1) わが国のまちづくりの変遷と自転車

① 人口都市集中と自転車

　昭和30年代から昭和40年代前半にかけての高度成長期には、これを支えるために人口と産業の急激な都市集中が行われた。これの受け皿となるべき都市では、農地の転用が農地法で厳しく制限されていたため、都市内の農地も簡単には宅地に転用できず、やむを得ず郊外の林地を開発の対象にして、都市が拡大した。このような現象は都市のスプロールといわれ、開発が法的に容易な林地からどんどん開発されたわけである。一方の市街地には住宅と農地が混在するという現象が生じていた。この場合、分譲価格を抑えるために、開発負担の少ない小規模開発や単発開発が行われ、公共施設が十分に整備されない土地に住宅が散在立地し、道路や公園、下水道、鉄道などの基盤施設や学校、病院等の公共施設が整わない不良な住宅地が大量に大都市近郊に形成されていった。

　このために、公共施設も後追い的かつ不効率に整備せざるを得なかった。このように都市が、どんどん郊外化して、職場等への距離が伸び、通勤時間が長くなるとともに、散在した住宅地は駅からも相当離れ、徒歩ではなかなかアクセスできないものが多くなった。このようなことを背景にして1968年には、新都市計画法が制定されるなど、スプロールを抑制する対策が取られた。この間に、高度経済成長とともに、個人消費も少しずつ伸び、自家用車の大量生産と価格の低廉化により、日常生活にも、車が登場する。しかし、自家用車は、まだまだ高価であり、一方で、自転車は低廉であり、多くの人が駅までのアクセスに利用することが多くなってきた。

　このように駅から遠い住宅地の形成とこれに伴う駅との間での自転車利用が急激に増加し、昭和40年代の後半には、駐輪場整備が間に合わないまま、駅前の大量の放置現象が現れるようになった。これは、従来、日常生活に気軽に

利用されてきた自転車が、自宅から駅までの端末の交通手段として活用されることが多くなったからであり、放置問題は、人口が急激に膨張した大都市近郊において、自転車によるアクセスがやむを得ない事態になっている駅前の後ろ向きの問題として捉えられた。さらに、急激な都市化とモータリゼーションの発達に、道路等のインフラ整備が追いつかないため、交通事故が急激に増加し、交通安全の立場からも自転車の安全性の確保が何よりも優先した。

ここに、住宅地の開発と自転車の位置付けがまちづくりにおいて整合性がとれていた欧米先進諸国と比較して、放置問題と交通安全問題の両面から、自転車施策がマイナス面の除去という後ろ向きの政策として出発せざるを得ない状況となった理由があると考えられる。

こうして、自転車を交通手段として活用するような風潮は生み出されず、むしろ自転車が迷惑な存在になり、交通手段として前面に出して活用することを難しくしたものである。

②都市の郊外への拡大と車依存型まちづくりの限界

このように都市が郊外化する中で、車社会が並行して進展し、郊外型商業施設の立地が進み、車依存型の都市と、これに伴うさらなる都市の拡散が生じた。車さえあれば、多少離れた郊外地でも十分にアクセスが確保されるため、自転車利用が衰退し、自転車は駅までの端末の交通手段としての性格がますます進んだものと思われる。

最近都心部または臨海部での住宅の供給が盛んであるが、これは、人口の横ばい・減少、また、大規模な工場の地方や海外移転または縮小に伴う、跡地の再開発等により可能となったものである。一方では郊外団地の高齢化等にともない、車依存型の生活に支障が出てきている。また、人口の急激な高齢化等の進展に伴い高齢者世帯も利便性を求めて都心回帰に動いている。今や急激な高齢化の進展、低炭素まちづくり等の観点から、歩いて暮らせるまちづくりなどコンパクトなまちづくりが急激に現実味を帯びてきている。ここで、環境に優しく、生活習慣病から解放され、ガソリン代や税金などの費用がなく、近距離の移動に最適な自転車の活用の可能性がにわかに拡大している。

しかし、この現象は、このようなまちにおける移動手段の確保の必要性の観

点から自転車に期待が集まるようになったかというと必ずしもそうではない。

わが国の現状は、特に地方を中心に日常生活の隅々まで車利用が入り込み、自転車利用が進んでいない。この大きな壁をどのような方策で破るか、すなわち、自家用車の利用者を自転車利用者に転換する方策の方がより重要視され、求められている。

(2) まだまだ拡大の余地があるわが国の自転車利用

このような中で、自転車利用の状況は国際的にはどうだろうか。

オランダ政府が2007年に作った資料によると欧米の自転車の都市交通における分担率は図5・3に示すとおりである。これに対して、日本は、2005年の全国都市交通特性調査で15.7%だった。資料の年代がずれるが、これで比較すると、先進国の中でオランダ、デンマークに次いで日本は3番目に自転車の分担率が高い国ということになる。

しかし、これで安心してよいのだろうか。わが国では、10年ごとの国勢調査で通勤通学時の交通手段に関する調査が行われている。最近では、2000年の調査結果がある。この国勢調査では、通勤通学時の交通手段をどうしているかという調査項目があり、1980年、90年、2000年と10年ごとに見ていくと、ドア・ツー・ドアを自家用車で通っている人、いわゆる自家用車通勤は、1980年

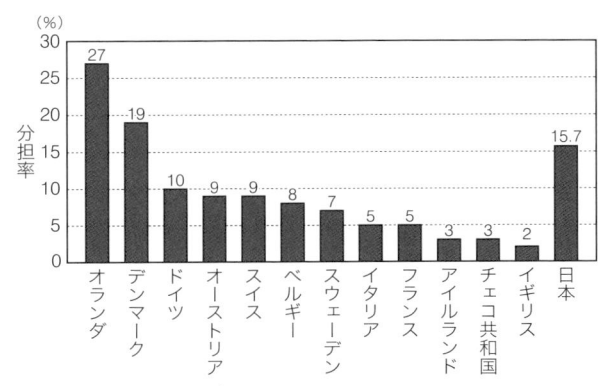

図5・3　各国の自転車の都市交通分担率
※オランダ政府の資料は、数値は最近の調査によるものとされている。日本は、2005年「全国都市交通特性調査」による
(出典：オランダ政府「オランダにおける自転車」2007より筆者作成)

表 5・3　通勤通学時の交通手段の分担率　　　　　　　　　　　　　　　　　　　　　　(単位万人)

年	総数	自転車のみ	徒歩のみ	公共交通のみ	自家用車のみ
2000	6211 (100%)	751 (12.1%)	461 (7.4%)	1043 (16.8%)	2751 (44.2%) ＋ 539
1990	5952 (100%)	765 (12.9%)	620 (10.4%)	114 (19.2%)	221 (37.2%) ＋ 798
1980	4926 (100%)	810 (16.4%) オートバイを含む	733 (14.9%)	1180 (23.9%)	1414 (28.7%)

※「自転車のみ」、「自家用車のみ」などは、自宅から職場または学校までドアツードアで移動することを指す。「公共交通のみ」には、駅までおよび駅からの徒歩を含む（出典：総務省統計局1990年国勢調査および2000年国勢調査にかかる報告書より筆者作成）

に1400万人だったのに対して、90年には2200万人で800万人プラスとなっており、さらに、2000年には2700万人で約500万人プラスとなっている。このようにドア・ツー・ドアの自家用車通勤がどんどん増えており、通勤・通学では自家用車への依存度がますます高まっている。

　しかし、自家用車で行く必要のあるような通勤距離が増えたのかというと、決してそうではない。いろいろな統計の中で自家用車の移動距離などを見ていると時系列的にも短くなっていること、特に自転車が有利な距離である5km以下の移動が多くなっていることなどから、通勤の移動距離が伸びているとは考えにくい。このような中で、自家用車が増加して、公共交通や徒歩が大きく減っている。そして、自転車については、1980年にはオートバイを含めた2輪車でしか統計数値が出ていないからわからないが、1990年と2000年で見てみると、12.9%および12.1%と横ばいの底堅い動きで、国民的な交通手段としても一定の定着をしているということがいえる。

　2005年の全国都市交通特性調査集計結果（都市における人の動き）によれば、図5・4および図5・5のように、移動の所要時間が0〜5分という短い近距離の移動について、男女とも5割程度は車が利用されていて、しかも、1987年に比較して、車の占める割合が増加している。都市の車の旅行速度を20km/時とすると、この0〜5分は、0から1.7kmとなる。地方都市ではこのような短い距離の移動の5割程度が車で行われており、しかも、大幅に増加傾向にある。

　このように自転車で行くことができる距離の移動において、ますます車の利用が増加している状況ではあるが、政策を工夫することにより、このような近

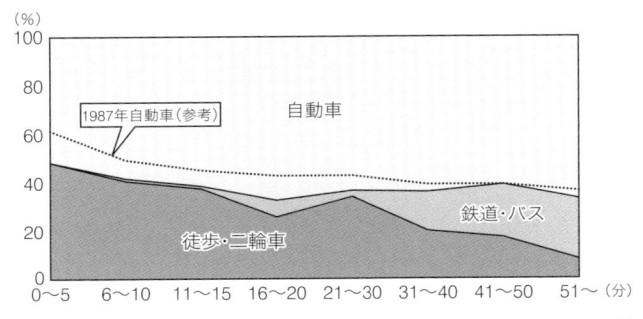

図5・4 トリップ長別代表交通手段利用率（所要時間・全目的）地方都市圏平日男性（2005）

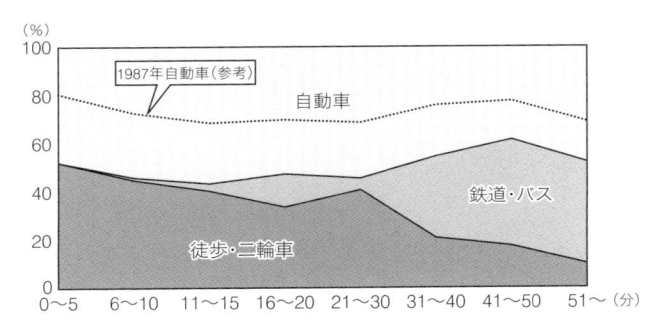

図5・5 トリップ長別代表交通手段利用率（所要時間・全目的）地方都市圏平日女性（2005）
（出典：図2・2および図2・3とも「都市における人の動き」2005年全国都市交通特性調査集計結果2　pp.7-8　2008年3月　国土交通省　都市・地域整備局　都市計画課　都市交通調査室）

距離の移動に適した自転車利用の拡大の余地は極めて大きいといえる。では、これに対して、どのような取り組みをしてきたのか、簡単に見てみよう。

(3) わが国の自転車政策の推移

① 道路交通法での車道通行の原則の樹立

　1960年の道路交通法の改正で、自転車は、車両として位置付けられ、車道通行が原則になったが、車交通量の増加にもかかわらず、ルール、マナーが未確立の状態で、交通事故が急増して、自転車もこれに巻き込まれて、事故が増大した。

②自転車利用に焦点を当てた自転車道の整備等に関する法律

　わが国で最初に本格的な自転車利用に焦点を当てた政策は、1970年の「自転車道の整備に関する法律」である。「自転車が安全に通行することができる自転車道の整備等に関し必要な措置を定め、もって交通事故の防止と交通の円滑化に寄与し、あわせて自転車の利用による国民の心身の健全な発達に資することを目的」（同法§1）として、「自転車道の整備等に関する法律」が定められた。車交通から分離した自転車道を整備する事業（自転車道整備事業）が有効かつ適切に実施されるよう必要な配慮をしなければならないという国および地方公共団体の配慮義務が設けられた（同法§3）。その後の改正で、自転車道整備事業について、「社会資本整備重点計画は、自転車道の計画的整備が促進されるよう配慮して定められなければならない」としており（同法§5）、また、道路管理者の整備事業に対する配慮（「自転車及び自動車の交通量、道路における交通事故の発生状況その他の事情を考慮して自転車道整備事業を実施するよう努めなければならない」とする道路管理者の努力義務（同法§4）、市町村道である自転車専用道などの整備の努力義務（同法§6①）、河川、国有林野の自転車道整備に供する場合の管理者の協力義務（同法§6②）などが規定されている。このように自転車の通行の安全を確保し、あわせて自転車の利用による国民の心身の健全な発達に資することができるような法的な措置がなされた。

　これらにもとづいて整備された大規模自転車道では、主としてレクリエーションとしてのサイクリングを推進することに主眼が置かれた。この法律と合わせて、道路構造令の改正により、自転車を車交通から分離する自転車専用道の規定や自転車道、自転車歩行者道の規定が新設されている。

③歩道通行を本格的に認めた道路交通法の改正（1978）

　その後、自転車事故の増加に伴い、交通安全対策として、1978年には緊急避難的に、歩道通行を本格的に認める道路交通法の改正が行われ、これ以後、歩道を拡幅して自転車を収容する道路整備が大きく進展した。本来、自転車は車両であり、車道通行が原則であるにもかかわらず、指定された歩道での通行可の標識により、徐行を前提としての歩道通行が本格的に進められる。これにより、あたかも歩道通行が原則のように見られるようになり、歩道上では自転車

利用者のルールの遵守のレベルが低下した。

④急増する放置自転車に対する対策
　1980 年には、放置自転車の急増に伴い、放置対策として、駐輪場の整備を進めるとともに、撤去や処分の法的な根拠、および駐輪場付置義務条例の根拠等

表 5・4　自転車利用に焦点を当てたわが国の自転車政策の推移

	項目　（略称）	内　　容	要　　点
1	道路交通法（1960）	自転車は車両。車道通行が原則	混合交通の考え方。自転車事故が増加
2	自転車道の整備法（1970）	自転車道の整備等に関する法律	レクリエーション等のためのハード整備を開始
3	専用道の新設（1970）	道路構造令等による自転車専用道などの新設	自転車専用空間の整備（交通事故の防止のための専用空間）
4	歩道通行可（1978）	改正道交法。指定された歩道→自転車通行可（徐行、一旦停止）	緊急避難として採用したが、その後、歩道通行が原則のように運用される。歩道の自転車走行空間化が事実上進展
5	自転車法（1980）	自転車の安全な利用の促進及び自転車駐車場の整備に関する法律	放置自転車の急増に伴い駐輪場整備＋撤去＋駐輪場付置義務を規定
6	新自転車法（1994）	自転車の安全利用及び自転車等の駐車対策の総合的推進に関する法律	原付も対象、自転車駐車総合対策＝撤去対策を充実（撤去の根拠規定＋「相当期間放置」から「放置」に＋売却・廃棄・半年で所有権）＋総合計画＋防犯
7	たびたび自転車利用促進策	○交通安全基本計画、国土総合開発計画、道路整備五カ年計画など各種の国の基本計画等 ○自転車利用環境整備モデル都市の指定（1998） ○社会実験を導入（1999） ○新設道路に自転車空間を設置する道路構造令改正（2001）	○総論では触れられるが、各論は、具体性が少ない。自転車道整備等が単発的に実施される ○全国で 19 都市が指定され、自転車を安心して利用できるネットワークと自転車駐車場の整備 ○社会実験で自転車も取り扱う ○一定の場合に両側に自転車空間整備（自転車の交通量等）
8	ハード施策中心で進展	一部の都市で自転車走行空間整備（ネットワークも少し進展）	ハードが中心で、ソフト施策が少ない。他の施策の中で、ソフト面の施策が取り上げられている（エコ通勤など）
9	車道空間中心の整備が進行中	①自転車通行環境整備のモデル地区 ②自転車重点都市 ③自転車利用環境整備の推進 ④コミュニティサイクルの検討等	①全国で 98 箇所の「分離」された走行空間の戦略的整備 ②全国で 20 都市を指定。ネットワークの走行空間整備 ③自転車利用環境整備ガイドブック（2007.10）、自転車走行空間の設計のポイント（2009.7）等 ④全国 7 都市でケーススタディ

を定めた「自転車の安全な利用の促進及び自転車駐車場の整備に関する法律」が制定され、駐輪場の整備と撤去を主眼とする駅前を中心とする放置対策を進めることとなった。

　その後、この法律は、自転車等の駐車対策に関する総合計画を定めるとともに、撤去等に関する法的な内容の充実（撤去対策の充実、廃棄、処分、所有権の取得等）を図るために改正され、題名も「自転車の安全利用及び自転車等の駐車対策の総合的推進に関する法律」に改められた。駅前の自転車の放置対策は、自転車駐車場整備を本格化するとともに、このような法的な整備を行いながら、その後大きく進展した（放置対策の内容は第4章で既出）。

⑤自転車利用促進策の登場

　自転車の利用促進については、りっぱなハード空間の整備を中心とする自転車先進国の状況などがたびたび紹介されるとともに、徐々に利用促進の考えが進展して、国の交通安全基本計画、国土総合開発計画、地球温暖化対策などにも取り上げられ、その総論での自転車の交通手段としての位置付けは一定進んでいる。とはいえ、具体の各論になると、自転車施策の扱いは、その位置づけや目標が不明確なまま、単発的な取り組みが進められているケースが多かった。しかし、1998年には、自転車環境整備モデル都市の指定がはじまり、19の都市における自転車環境の整備が進められることになった。ただ、その内容は後述する通り、精粗まちまちであり、課題も多い。また、1999年には道路の社会実験の制度が始まり、この中では、たびたび自転車空間が対象として取り上げられているが、これも、単発的なものが多い。

　2001年の道路構造令の改正では、自転車の交通量等に応じて、両側に自転車空間を設けることが一定義務化されたが、この適用は道路の新設等に限定されること、設置の基準が自転車と車の交通量等に左右され適用が限定的であること、自転車専用空間とは限らず、自転車と歩行者が分離されない自転車歩行者道でもよいことなど、これから検討すべき課題も含まれている。

　その後、道路の社会実験、エコ通勤などさまざまな施策にも自転車の活用が図られ、自転車利用の促進は、極めて重要な施策となってきた。

(4)自転車専用空間の整備を進める通行環境整備モデル地区(2008)

　現在進行中の自転車施策には、警察庁と国土交通省が共同で進めている自転車通行環境整備モデル地区があり、98モデル地区で、自転車道または自転車専用レーンを中心とした原則として車道上での自転車専用空間の設置を2年間で進めている。さらに、これを進めて単体の道路での空間設置ではなく、地域での自転車空間のネットワークを形成する自転車重点都市が開始された（2009）。これとあわせて、自転車利用環境整備ガイドブックなどの自転車空間の環境整備のパターンや設計の考え方、あり方などについて、国土交通省と警察庁が合同で作成し、その実施を進めている。これらにより、従来の道路空間の中に新たにどのような自転車空間を確保するかについて、基本的な整備のあり方の検討、モデル事業の実施、ネットワークの検討など、ハードの自転車空間の確保の方策が進展している。

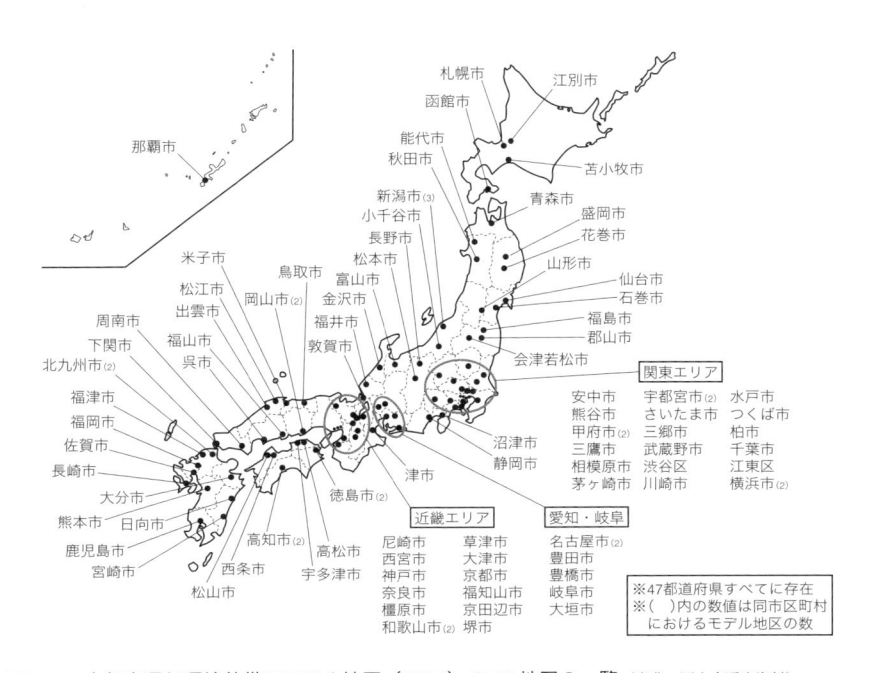

図5・6　自転車通行環境整備のモデル地区（2008）の98地区の一覧　(出典：国土交通省資料)

なお、走行環境の整備にあわせて、そのインフラの上を走行する自転車の提供についても、いくつかの都市でコミュニティサイクルの社会実験が行われたり、富山市や北九州市では、本格的な導入が行われていることは先述の通りである。

3　自治体の自転車施策の状況と自転車計画の課題

(1) アンケートにみる自治体の施策の状況

　自治体は、自転車施策の課題や今後の方向性について、どのように考えているのだろうか。筆者も関わった2002年の国交省の調査から自治体の意向を紹介する。

①施策は課題対応策にとどまっているケースが多い

　長い間、自治体の多くの自転車計画は、当面対処する必要がある後向きの課題を中心に取り上げて、この対応方策を一定講じなければ、次のステップである自転車の利用促進策を講ずることが難しいとされてきた。筆者が企画担当した2002年の自治体アンケートでは、障害の一番の大きなものが、放置問題である。次いで、マナーの悪い自転車の横行の問題である（表5・5）。

表5・5　自転車利用促進を図るに当たっての自治体として障害となる事項

（％、複数回答、回答数 N = 348）

1	自転車放置	71.6	6	自然的条件（地形、気候）	10.6
2	自転車のマナーの悪さ	51.7	7	市民の理解のなさ	8.3
3	自転車用の道路空間のなさ	48.6	8	自転車の歩道通行	6.9
4	車に対する過度の依存	37.1	9	車の環境影響への無理解	4.9
5	交通安全	29.0	10	その他	2.6

※アンケートの対象市町村のうち、市からの回答をまとめた（出典：全国の市のアンケート調査2002（国土交通省総合政策局）より筆者作成）

②自治体は促進へ重点を移したいとの意向も強い

　これらの社会問題化した課題のために、わが国の自転車政策は、長い間その対応に追われて、本格的な自転車の利用促進策に変遷することができなかった面も見逃せない。自治体の自転車施策は2002年の調査では、圧倒的に放置対策が中心であり、次に交通安全であり、交通手段として自転車を活用することを第一の重点に置いているのは、わずかであった（表5·6）。

　しかし、このような中でも、自転車施策の方向性としては、「自転車の利用促進を図る」および「どちらかというと自転車の利用促進を図る」とするものの合計が、その反対を大幅に上回り、75％になっている（表5·7）。すなわち、放置問題などの障害に対する対処をしながらも、利用促進策の方向を持ちたいという自転車施策への自治体の意向は強い。

③しかし自治体の自転車計画は放置対策が主流

　しかし、本格的な健康と環境の時代になり、さすがに、このような課題があるから、自転車の利用を推進することは後回しであるとする自治体はほとんどなくなりつつある。

　しかし、いまだに多くの自治体の自転車計画は、この課題を解決することを

表5·6　自転車施策を実施している自治体の重点項目（第1位）　（％、複数回答、回答数N＝438）

駐輪・放置対策	71.7
交通安全対策	23.5
レクリエーション・観光目的の利用促進策	1.6
交通手段としての利用促進策（日常の通勤等）	2.1
その他	1.1

※アンケートの対象市町村のうち、全市対象（出典：全国の市のアンケート調査2002（国土交通省総合政策局）より筆者作成）

表5·7　自治体の自転車施策の方向性　（％、単一回答、回答数N＝613）

自転車の利用促進を図る	16.0
どちらかというと自転車の利用促進を図る	58.1
自転車の利用抑制を図る	2.3
どちらかというと自転車の利用抑制を図る	14.4
無回答	9.3
合　計	100.0

※アンケートの対象市町村のうち、市からの回答をまとめた（出典：全国の市のアンケート調査2002（国土交通省総合政策局）より筆者作成）

主目的にした自転車放置対策計画であったり、自転車の利用をもっと盛んにするための「自転車利用促進計画」と銘打っているものの、実質的に放置対策としての駐輪場の整備計画を中心とするものが多い。

(2) 国の自転車政策・自転車計画の課題 ～「自転車先進都市」(2001～2004)

①全体的な傾向

それでは、自転車利用促進策が日本の国の中でどのように企画され、どのように行われたかということを、国交省のホームページで取り上げられている30の「自転車先進都市」から共通している点や気付いた計画を概観してみる。これらは、1998年に指定された19の自転車環境整備モデル都市を機にして、2001年頃から2004年頃までに指定された都市で、当時、国の支援により自転車利用を推進するものとして鳴り物入りで登場したものである。現在、その30の市のホームページを見てみると、自転車施策が全然出てこないところや、2004年当時のままのところが多く見受けられるが、これをもとに整理すると次のような課題がある（図5・7）。

すなわち、これらの都市の施策をトータルで見ると、①ハードの空間整備が中心であり、しかも、単発路線の整備が多い、②ネットワーク計画もいくつかあるが、その密度が低く、または、自転車走行空間を確保できるところのみで、これを利用して都市内の至る所に自転車で行くような体系的な構成ではない、③中には、中断・消滅しているのもある、④自転車通勤など、この空間の利用を支えるソフト施策はほとんどないか、あっても少しだけで、ハードとのバランスが取れていない、⑤自転車駐車場の整備など駅から自宅までの端末の自転車利用対策が中心となっているものもあるなど、課題があると思われる。

②単発のハード整備

その実施状況を見ても、単発のハード整備で終わり、その利用促進について続きがないもの、整備はしたものペンペン草が生えて、あまり利用されないものなどがある。

せっかく自転車施策を本格的に始めようとして、ハードの走行空間を整備し

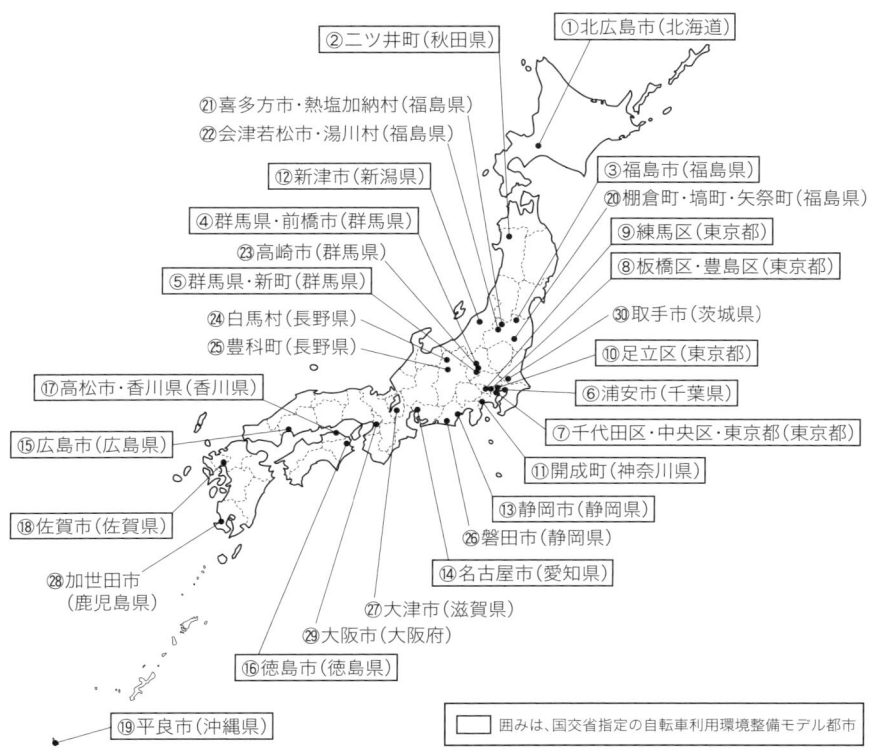

図 5·7　自転車先進都市（2001～2004）（出典：国土交通省 HP）

ても、自転車を何に、どのように使うかについてのソフト施策がなかった、また、自転車利用の目標値がなかった、他の交通との関係など位置づけもはっきりしていなかったなどが原因であると考えられる。

ソフト施策としても、たとえば自転車通勤を奨励する目的を持ったソフト施策などほとんどないという状況で、多くがハードの単発路線を主体としているという状況である。

③歩道上に設けることに固執し、安全性が確保されていない

これらの中には、一部ではあるがネットワークといえる計画が示されているところがあり、たとえば、東京は四十数 km にわたり、皇居を中心にして、周囲にネットワークが設けられている。

図5・8　通行位置を指定した箇所の現状

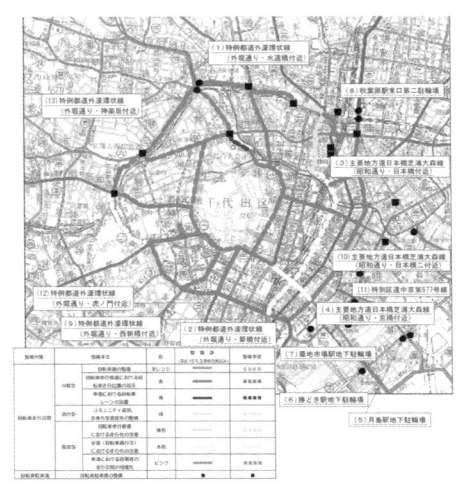

図5・9　千代田区、中央区の自転車走行空間の現状および計画　ネットワークはあるものの、ほとんどが歩道上の自転車通行位置の指定であり、しかも物理的な分離施設もなく、さらに、とても明確な視覚的な分離がされているともいいがたい（出典：国土交通省HP）

ところが、そのネットワークの実体は、多くは歩道に自転車と歩行者のマークがあるものの、線や目立たない色で区切られていて、歩行者も自転車もほとんど気付いていない。自転車は歩行者のいないところをジクザグで走っているという状況である。つまり、歩道上にネットワークをつくるから、自転車と歩行者が入り乱れてしまって、最近特に問題とされる歩行者と自転車の事故が数多く起こることになってしまうのである。

図5・9の東京都の自転車走行空間の現状および計画を示した地図の太い線は、歩道上の自転車走行空間（通行位置の指定）を示している。実線であるほんの一部分だけが車道に自転車専用レーンがあるという状況である。ほとんどは歩道上に何の構造的な分離措置はなく、単なる視覚的な自転車通行位置の指定で、一応線が引いてあって上に看板があるけれども、多くの人は気にせずに、自由に出入りしている（図5・8）。また、行政もこれ以上に注意する意向もなさそうである。これは東京都に限らず、全国の多くの都市で見られる傾向である。歩道を広くとって、そこにわざわざ自転車の通行位置の指定をしたから、それで十分であろうということであろうか。最近、道路交通法が改正され、歩行者はこの自転車の通行すべき「指定部分」に進入しないように努力義務が課されたが、一向にその効果がなく、以前と変わりなく同じ

ように歩行者は留意せずに通行している。

他のケースでは広幅員の歩道では一定の間隔で簡易な柵を設けているケースも出てきており、順守率は高いと聞く。しかし、幅の極めて広い一部の歩道に限られており、歩行者と物理的に完全分離されたものではない。法的には、歩

図5・10　交差点の実態

道（正式には自転車歩行者道）では、完全な分離はできない。完全分離するには、ここに自転車道を作るか、または車道上での自転車専用レーン（通行帯）を設ける必要がある。

図5・10は東京のある地下鉄の駅前の交差点である。一番事故が起こっている危険な部分は車道でも歩道でもなく、交差点であるが、この一番危険な交差点の部分において自転車通行部分がなくなっている。すなわち、自転車の通行位置の指定部分が交差点の手前で切れてしまっており、いちばん安全を確保してほしい交差点の部分に連続性がない。交差点は、自分の判断で勝手に行ってくれといわんばかりである。これに加えて、行く手には柵があり、この先は、自転車は直進できない状態であるので、仕方ないから歩道部分に入り込んで横断することになる。法律上は横断歩道は、「歩行者の横断の用に供するための場所（道路交通法§2①四）であるから、車両である自転車は渡る時は降りて渡らないといけないと理解されているから余計にやっかいである。ただし、横断中の歩行者がいないなど歩行者の通行を妨げるおそれのない場合は、自転車に乗ったまま通行してもよいこととされている（H.20.6.1改正の交通の方法に関する教則第3章第2節1(5)）。しかし、自転車は、絶対降りて渡らない。ここで横断を急ぐ歩行者と交錯する。もし、ここで自転車が人にけがをさせた場合、当然、自転車側の過失が100％ということになるので、自転車側にとっても、安心して走行ができない。こういう状態で、ネットワークの連続性があるといえるのであろうか。また、自転車の安全確保がなされているといえるのであろうか。

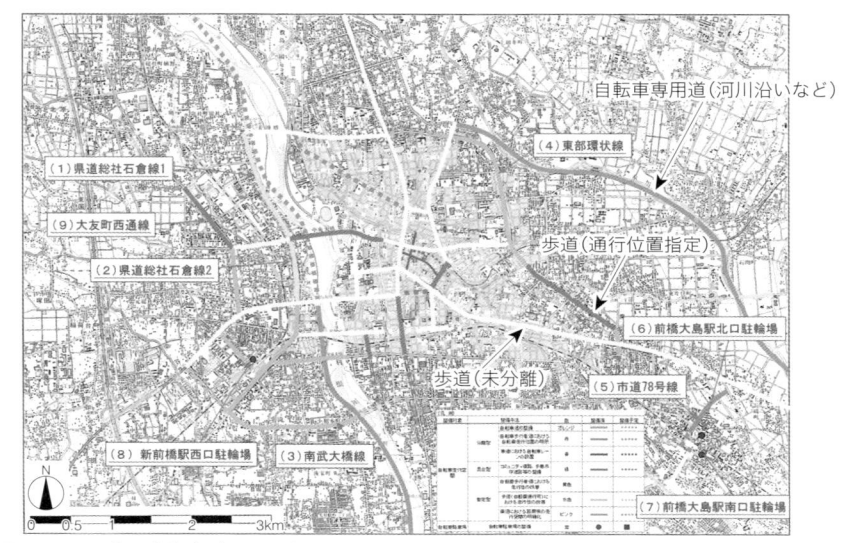

図5・11 M市の自転車計画図　自転車ネットワークの大半が、歩道上であり、しかも通行位置の指定もない歩行者との未分離空間がほとんどである

④ M市のネットワーク空間計画

　図5・11は、M市の自転車計画の自転車ネットワークである。ネットワークといっても、ほとんどの自転車走行空間が歩道と兼用である。歩道と兼用というのは区分する線も引いていない状態のことである。歩道と自転車が同じ空間で、しかも線や色で区別していない。この歩道通行可の空間を主としたネットワークを自転車計画と称している。ネットワークの延長は、相当長いが、これは歩道通行可の空間を取り込んでいるからに過ぎない。なお、これと同じ傾向は、自転車空間を数百kmも持つとするO市においても見られる（半分以上が未分離の通行可の歩道である）。

　また、ネットワークといっても、先ほどの東京都に比べると貧弱な状況である。また、計画の内容を見るとハードの空間整備があるだけで、目標の設定、自転車の位置づけ、ソフト施策などはない。こういう状況は、この市に限ったことではない。多かれ少なかれ、ハード施策中心の計画となっているが、これを自転車計画と称しているところが多い。これは、単なる自転車走行空間の計画であり、これを使ってどのように利用促進するのかの方策は、ほとんど記述

がない。

⑤自転車利用促進に冷水をかけるような計画

さらに、図5・12は、ある地方公共団体の自転車の「安全利用推進総合プラン」である。本当はこういう地方公共団体こそ、積極的に具体的な自転車利用の目標値をたて、自転車の交通手段としての位置づけを明確にしてもらうことが必要である。そして、自転車利用を促進して、ハード、ソフトの総合的な計画を策定していただきたい。

図5・12　自転車の安全利用総合プランの表紙

ところが、まず冒頭に、「自転車は、鉄道・自動車と並ぶ主要な交通手段の一つ」と書いてある。総合交通計画の中で自転車の位置づけをするならまだしも、自転車を取り上げて自転車利用促進プランを敢えて作るのに、この程度の位置づけしかされていない。先述のような健康や地球環境などの自転車のメリットを考えると、とても、交通手段の一つであるというような軽いものではない。近距離や中距離では、明確に飛びぬけて最重要な交通手段であると考えられる。ここまで、位置づけることができなくても、せめて最低限、近中距離では優先して活用すべき交通手段であるという程度の位置づけは必要である。自転車の「総合プラン」を策定するからには、自転車に対して行財政資源を集中して投資し、他の施策に優先して、これを推進する気持ちがないと適正な施策の遂行はできない。

また、この計画では、最初に、自転車利用に係る問題点、課題を出し、大半の部分をこの記述に割いている。推進プランでこれから推進しようと住民や他の行政組織に説得するようなプランを策定しているのに、最初に冷水をかけ、関係者に対して、自転車はこんなに大きな問題点や課題があり、とても推進できるようなものではないという印象を与えかねないものである。また、肝心の自転車利用促進策の部分は、最後のあたりで安全性の向上や走行空間という限られた側面に関して、やっと出てきており、しかもその内容は抽象的である。

まず最初に、メリットを具体的に述べて、自転車は他の交通手段よりも近距

離では最も重要な役割があり、このため、もっと優先的に利用促進を図るようにすること、そのためにはハード面の施策やソフト面の施策、用途別の施策を総合化するとともに、他の施策との関係を調整して優先して設定すること、そして、最後に、これらを講ずるに当たっては、ルール、マナー、放置自転車などの問題点や課題について適切な対処をする、というようにすべきである。

このように、「推進計画」の中で、自転車利用に抑制的な作用を及ぼすルール、マナー、放置自転車対策を最初に取り上げるのはやめるべきである。これらと利用促進との関係を課題として最後に整理することでよいと考える。

なお、繰り返しになるが、自転車利用促進策として、直接目的地まで自転車で行ってもらうことで、駅前の駐輪需要を軽減するという筆者の提案してきた自転車直行型モデル[注9]や車道での共用の推進などの自転車利用促進策をもっと積極的かつ具体的に「推進計画」の中に位置づけるべきだと考える。

なお、放置自転車対策、交通安全対策などに関して、自転車利用促進策とは別に詳細な計画が必要なら、これらに関する計画を別につくっていただきたい。

すなわち、「自転車利用促進計画」において、自転車利用に抑制的に働く施策にほとんどの紙面を割くような内容をつくっていたのでは、世界の環境をリードする先進国または先進都市として、見劣りすることになってしまう。

(3)わが国の自転車計画の問題点のまとめ

わが国の自転車政策や自転車計画の問題点を、今まで述べてきたことを踏まえて、まとめてみたい。今までのわが国の自転車政策に関する問題点は、表5・8のような点に集約できるのではないかと考える。

以下、表5・8の問題点についての簡単に解説する。

①利用目標の欠如

自転車利用の目標の設定がないことである。多くの自転車政策は、各論を取り上げることに力を注いでおり、これで十分であると理解しているようである。もちろん、計画であるから、形式的な総論というものはあるが、その内容は抽象的であったり、適当な項目を適当な言葉で並べるのみであり、行政として、

表 5·8　わが国の自転車政策の問題点

①自転車の利用目標の設定がない
②自転車の位置づけ（交通手段としての位置づけ、自転車と歩行者、公共交通、または、車との関係、これらとの優劣）がない
③自転車の歩道通行の推進および自転車の車道通行の否定的な取り扱いの優越
④自転車歩行者道の整備などハード施策の優先
⑤自転車の利用目的に応じた自転車の施策の欠如
⑥企業などの民間サイドを巻き込んだ自転車施策の欠如
⑦自転車のメリットや科学的な交通安全の確保の総合的な調査研究の欠如
⑧他の施策（健康政策、財政経済政策など）との連携の欠如
⑨自転車利用の促進および利用の具体的な経済的なメリットの広報啓発の欠如（地球環境に対するメリットが中心）

住民に対して、あるべき自転車利用のイメージの提示や目標として自転車をどこまで伸ばすのかという明確な視点がなく、きわめて曖昧である。一般的に、総論として、具体的な目標の設定、特に、数値目標の設定があるものが少ない。また、仮に目標値があったとしても、整備計画の目標、すなわち、自転車空間や駐輪空間の延長を何 km または何台分整備するか、というようなハード面の目標しかない。自転車の分担率や利用の目標、他の交通機関との距離別の分担を含めた関係など数値目標が少ないのである。

②自転車の位置づけの曖昧さ

次に、自転車を本気で交通手段として位置づける気があるのかどうかが見えないものが多い。仮にあったとしても、いろいろな交通手段の一つという程度の位置づけしかできていない。さらに、いまだに自転車を公共交通の敵のような扱いをする場合もある。これでは、自転車利用促進策は前に進まない。自転車利用を本気で進めるためには、後ほど述べるように、たとえば、距離による分担や機能による分担など適切な役割分担の中で、一定の距離の範囲では、自転車を最優先とする位置づけにすべきである。このようなメリハリをつけた政策や計画の内容にしないと、そもそも施策間の優劣や調整を行う計画としての意味はない。

③自転車の歩行者との共用空間の推進と自転車の車道通行の否定的な取り扱い

また、国の自転車安全利用五則において、安全性の観点から自転車は車道が原則、歩道が例外とされているにもかかわらず、いまだに歩道上での自転車走行空間をネットワークの中心にしたり、車道での車との共用通行を極端に危険視している計画や、せっかく車道空間をつぶしても、自転車専用レーンや自転車道など自転車専用空間を整備するのではなく、歩行者との共用空間である自転車歩行者道に転用したりしている例もある。まして、欧米の自転車政策では常識化している車道での自転車と車の安全な共用を一部に取り込んだネットワーク形成などは、ほとんど眼中にない（結果的に、自転車専用レーンや自転車道を取れないところは、ほとんどが歩道上の空間に逃げているのである）。

④自転車歩行者道の整備などハード施策の優先

さらに、このようなことから気がつくのが、何といっても、ハードの空間の確保を優先しすぎているものが多いことである。これは、①で述べたように、自転車計画即自転車のハード空間の整備計画という理解があることと共通するが、自転車専用空間を作ることばかりで、既存の道路空間でのスマートな自転車と車の共用を図るための施策が置き去りにされている計画が目立つ。

⑤自転車の利用目的に応じた自転車の施策の欠如

総論に次いで各論としても、利用目的の想定も曖昧なままに一般的な空間整備による利用促進を進めていることである。具体的な用途や利用目的に応じて、自転車施策や計画も大いに異なってくる。この都市では、どのような用途などを中心に考えるか、複数の用途でもよいが、ここでも優先順位が必要であると思われる。用途ごとの施策のあり方は、先述したとおりである。

⑥企業などの民間サイドを巻き込んだ自転車施策の欠如

自転車を活用することによるメリットを受ける主体は結構幅広い。しかし、自転車施策は、これらの主体を計画上本格的に取り込まないで、単独で、または単なる協力による実施がなされているのみである。自転車施策は、先述の通り広範で多大なメリットを様々な主体に及ぼすものであり、これらの主体を取

り込んだ官民の広範な連携のもとに、これらの主体が自ら自転車推進に取り組むことが必要である。

⑦自転車のメリットや科学的な交通安全の確保の総合的な調査研究の欠如

自転車は、そのメリットが理解されてはいるが、部分的かつ断片的である。これらを総合した自転車の具体的なメリットの提案、広報啓発とそのための調査研究が必要である。さらに、自転車の交通安全について、車道走行の安全性が高いことが1990年代の米国の連邦交通省の科学的な調査などで明らかにされているが、わが国では個々の施設のあり方の調査は一部なされているものの、車道がいいのか歩道がいいのか、交差点の自転車通行の安全確保策（自転車横断帯、交差点での自転車専用レーンの設置方法など）等について、総合的な視点で調査されていない。

⑧他の施策（健康政策、財政経済政策など）との連携の欠如

自転車施策は、そのメリットについて、健康や環境によい、まちづくりの方策として活用できる、財政的に効果がある（健康費用、環境費用、公共施設整備費用などの削減）などがわかっているが、これらの施策との連携がなされず、各部局がその施策の範囲で連絡はとりつつ断片的に実施するものの、総合的、統一的に連携することが少ない。

⑨具体的な経済的なメリットの広報啓発の欠如（地球環境に対するメリットが中心）

先述のように、自転車利用は、多様なメリットを有するが、地球環境のメリットばかりが強調され、特に、経済的なメリットなどの側面などの個々人の具体的なメリットが、強調されることが少ない。

4 自転車計画のあるべき姿

(1)わが国の取り組むべき項目

以上の問題点に関して、内外の自転車政策や自転車計画を踏まえて、わが国における自転車政策として、取り組むべき項目を整理すれば、次のようなものになる。

①自転車の位置づけおよび目標を明確にする

自転車は都市における交通手段であるとの位置づけの明確化を確実に行うことが必要である。具体的に、交通の分担について、たとえば800m以上5km弱以内では自転車を最優先に考えて、施策を展開する。さらにいえば、自転車の位置付けを、日常的な移動は3km以内、レクリエーション回遊、観光など非日常的な移動は5〜10kmの都市交通手段として位置づけるなどの考え方を明確に出して、その移動距離に合わせた自転車の優先的な活用の方向を示さない限り、自転車政策は本格的には進まないと思われる。

②自転車利用のメリットを全面に、具体的に出す

自転車の有利性を強調し、差別化を図ることである。また、自転車の利用推進を呼びかける相手に応じた有効なメリットの種類や強調の仕方があり、これを変化させることで、効果の高い訴求が可能となる。個人の利用なら個人の受けるメリットがあり、企業、自治体、国等についても同じくそれぞれのメリットがある。これを考慮した自転車のメリットの取り上げ方が必要である。

③利用用途別の施策を考える

単なる自転車の一般的な利用を推進するような施策では、施策も曖昧であり、あまり有効でない。通勤なら通勤のための施策があり、また、買物では買物の方策がある。たとえば、ハード面でも通勤者の利用を想定したネットワークの形成があり得るし、このハード施策と同時にソフト施策も考える必要がある。

ソフト面の施策として、簡単な一過性の自転車通勤デーなどのイベントの設定から、第3章で述べたような企業の通勤計画の策定、通勤用自転車の貸し出しなどのソフト施策もあり得る。それとともに、用途に合った空間に関する情報提供も重要である。

④走行空間と駐輪空間の整備

　この項目はわが国の自転車計画に一番多く取り上げられている。自転車施策はハードの空間整備が中心と考えられているが、むしろ、自転車の走行空間全体の確保をどのような方法で進めるかが重要である。たとえば、専用空間の確保策だけでなく共用の車道での自転車をサポートするルール、広報啓発、走行空間の自転車利用者の視点での確保などソフト面の施策が重要である。また、これらの空間のネットワーク化を補う自転車空間に関する情報提供もある。

⑤自転車の放置問題、安全走行、ルール・マナーなどネックとなっている事項については、最後に配置

　自転車の放置問題、安全走行、ルール・マナーなどネックとなっている事項については、自転車利用の推進を図る場合に、自転車利用を促進するに当たっての課題として、最後にまとめることが適当である。なお、すでに第4章で述べたように、「放置問題」「ルール遵守」「安全対策」などの課題のほとんどは、自転車利用の推進と矛盾せず、むしろ、自転車利用を促進することにより、これらを解決する方向に働くものであることを立証している。

⑥自転車計画として必要な項目のまとめ

　これらを踏まえて、また、各国の自転車計画の過去の貴重な経験を参考にして、これからのわが国の自転車の政策体系としての自転車計画に求められる項目をまとめると表5・9のとおりである。

　これらは、どれをとっても自転車利用を支えるため必要な項目であり、また、これらの項目間の全体のバランスも求められる。

表5·9 自転車計画に求められる施策の大項目と内容

		大項目	内容
総論	1.	自転車の位置づけ・目標	①メリットの提示、自転車施策の大義名分の設定
			②位置付けの明確化、施策の優先化、公共交通との関係
			③目標数値・目標年次の設定（自転車の交通分担率等）
各論	1.	用途別の施策	①自転車通勤施策、②自転車による買物推進施策、③自転車通学施策、④自転車による営業・業務等
	2.	空間別の施策（インフラ＝走行空間＋駐輪空間）	①ソフトの施策＝自転車の専用空間、共用空間の条例や広報啓発等によるサポート、自転車の空間の情報提供（安全性快適性の地図情報、駐輪空間、マニュアル）等
			②ハードの施策＝専用レーンの確保、駐輪施設の確保、共用空間と専用空間のネットワーク整備等
		空間別の施策（上物＝自転車）	①所有自転車の適正な確保（質の向上、盗難対策等）、②レンタサイクルの提供（コミュニティサイクル等）
	3.	課題別の施策	①自転車の放置、②自転車の安全性、③ルールマナー、④雨等の天候等

（2）目標設定

①自転車先進国の国レベルでの目標設定の状況

わが国では、具体的な数値目標が掲げられた計画は少ないが、自転車先進国では、多くの場合、自転車利用の目標値を設定している。この目標値は、自転車の利用量の向上または、自転車の分担率や交通事故の削減率、場合によっては自転車通勤比率など個別の目標も設定している。

たとえば、オランダの場合、2010年までに自転車利用を30％増加する、鉄道利用を15％増加する、自転車の交通事故死亡者を50％削減するなど、具体的な数字を挙げている。ここでは、鉄道の利用率の増加を自転車計画の中でうたっているが、自転車の増加率のほうが高い。世界の自転車国オランダでは、鉄道よりも自転車の利用の向上をより高い目標にしているのである。

また、ドイツは、オランダの状況に近づこうとして、オランダ並みの自転車の分担率をめざしている。

さらに、数値の特徴を見ると、英国やアメリカ、オーストラリアは、自転車のトリップ数を基準の年に比較して二倍とか四倍というように倍率方式を採用しているのに対して、ヨーロッパ大陸の国は、具体的な数値の目標値を設定し

表5・10 自転車先進国での自転車計画の目標

国　名	目標の内容
オランダ	2010年までに1986年に比較して ①距離ベースで自転車利用を30％、鉄道利用を15％増加 ②自転車交通事故死亡者を50％、負傷者を40％削減 ③距離ベースで自転車通勤を50％増加 ④1995年までに50人以上の企業や団体による社内交通計画の策定
ドイツ	自転車交通の分担率を隣国のオランダ並みにする（1997年17％→2012までに27％）
アメリカ	①自転車と歩行者の合計のトリップ数割合を倍増（7.9％から15.8％に） ②自転車と歩行者の交通事故死傷者数を10％削減
英　国	①1996年と比較して、2002年までに自転車トリップ数を倍増、さらに2012年までに倍増する ②全交通事故死者および重傷者を40％削減。1994－98年平均対2010年
ノルウエー	①全国の自転車分担率8％、自転車都市の分担率50％ ②事故数を車以下にする
デンマーク	①3km以下の車トリップの1/3を自転車に、②車以外の交通安全の向上
オーストラリア	自転車の利用率を2倍にする
（参考）日本	国レベルの目標値はない

（出典：各国の国レベルの自転車計画等より筆者作成）

ている。数値の目標の方がより明確であり、倍率方式は大まかな目標であると思われる。

　1997年に筆者は米国連邦交通省に赴き、徒歩と自転車の現在のトリップ数を倍増するという米国の国家の目標率について、その数値の根拠を責任者に確認した。すると、「チャレンジングな目標である」、つまり挑戦的であると一言説明があったのみであり、数値の根拠については明確なものはないとのことであった。別の意味からいうと、目標を設定して、これに向かって頑張ってみるためのものであるようである。他の国の目標については、今までヒアリングの機会がないが、わが国からの調査団などの報告書にも、この数値の根拠については、ほとんど触れられていない。

　ただし、アメリカ連邦交通省は、目標値を設定したあと、どの程度実現したかについて、詳細な調査をして、そのレポートを発表し国民の批判を仰いでいる。結論として、死傷者の10％削減という目標は実現した。しかしトリップの割合を「倍増する」ことは実現しなかったと明確に宣言している。むしろ、そのためにどういうことをしたらいいかを提案するなど、対応策を明確に出して

いる。目標を設定して、その結果を明確に出し、それを受けて、自転車政策を改良し、強化している。挑戦的な目標を設定して施策を実施するが、ちゃんとこれを検証しフランクに反省し対策を講じるという施策過程を大切にしている。

②先進国の都市レベルの目標値の設定状況

次に、自転車計画を持っている欧米の都市レベルの目標値の設定の状況について紹介する。この具体例を示すと表5・11のようなものがある。

多くの都市では、自転車通勤に力点があり、自転車通勤割合の目標値を掲げている。

とくに、「世界最良の自転車都市」を標榜するコペンハーゲンでは、自転車通勤にターゲットを設定し、通勤での自転車の割合を2012年に40%とするとしている。この都市の場合、意欲的な高い目標値を設定しているかのように見えるが、もともとわが国に比較すると、自転車利用率が高かったということがあ

表5・11 自転車先進都市での自転車計画の目標

国	都市・地域	目標値（分担率、割合等）
英　国	ロンドン	80％増（2010）、200％増（2020）
	ロンドンシティ	自転車の通勤者数3倍、トリップ数2倍（2010）
	チェイシャー	自転車通勤割合10%（2011）
	ノッティンガム	自転車通勤割合10%、特定企業20%
	デューラム	自転車通勤・通学割合2倍（2007）
独	ベルリン	自転車の交通分担率50％増、10％を15％に（2010）
デンマーク	コペンハーゲン	自転車通勤割合40％に（2012）、自転車事故数の50％削減
米	ニューヨーク州	自転車等通勤割合15％増、8.5％に（2015）
	ニューヨーク市	自転車通勤者数2倍（2015年対2007年）、3倍（2020年対2007年）
	サンフランシスコ	自転車の日常移動のトリップ数を3倍、全移動の10％に（2010）
	ポートランド	自転車の市街地における分担率5%（2001）、10%（2006）、15%（2011）
豪	クィーンズランド	自転車移動50％増（2011）、2倍に（2021）
ニュージーランド	クライストチャーチ	自転車通勤10%（2011）、自転車通学24%（2014）
日　本	多くの計画策定都市	自転車走行空間の延長（ハード）の整備目標はあるが、自転車の分担率の目標や通勤割合などの目標はほとんどない

（出典：各都市の資料より筆者作成）

表5・12　英国ブリストル市の自転車計画の目標一覧

総括目標	ブリストル市内外の自転車の分担率を1998年比で、2002年までに2倍、2012年までに4倍とする
目標①	ブリストルの中学校の生徒の自転車通学比率を1998年比で、2002年に2倍に、2012年に4倍にする
目標②	同様に、自転車通勤比率を2002年に2倍に、2012年に4倍にする
目標③	2012年までに自転車通勤の交通割合10％を達成する
目標④	国の目標に沿って、自転車利用者の事故傷害比率を減少する
目標⑤	2002年までに、自転車関係のイベントの一般の参加数を3倍にする
目標⑥	2002年までに、自転車にやさしい雇用者の数を3倍にする
目標⑦	2012年までに、自転車の盗難割合を33％引き下げる

（出典：市の従前の計画より筆者作成）

るが、さらに大幅に増加させることを目標として設定している。

　さらに様々な側面での目標値を設定している例として、英国のブリストルがある（表5・12）。この都市は、総括目標と個別目標を設定し、前者は「ブリストル市内外の自転車の分担率を1998年比で、2002年までに2倍、2012年までに4倍とする」ものである。

　そして、個別項目の目標値も細かく設定しており、自転車通学の目標値、自転車通勤の目標値、自転車事故傷害比率の軽減というよくある目標値はもちろんのこと、自転車関係イベント、自転車にやさしい雇用者の割合の目標があり、さらに自転車盗難割合の引き下げの目標までもが定められている。このように、ブリストルの自転車計画は、多方面の目標値の設定の例として注目される。

③わが国で重視すべき目標値

　日本ではこの目標値を設定するのに余りにも慎重になり過ぎていると考えられる。明確な数値的な根拠がないと困るといわれるが、さまざまな政策内容については、欧米の政策を参考にするのに、このような政策目標の設定については、あまり参考にしないようである。さらに、実現の可能性という点があるかもしれない。しかしできるかできないかはやってみないとわからないし、逆に政府の計画がその通り達成したという方がまれである。あまり慎重になりすぎずに、具体的な目標値を早急に設定し、これに対する実現の努力をするという世界の自転車国が取っている方法を利用することが必要だと思われる。

これに対して、わが国の自治体の自転車計画では、自転車走行空間の整備延長の目標値は多く見かける。整備延長の目標値の設定は、自転車の分担率を高めるための手段の目標値であり、いかに分担率を高めるかが本来の目標値である。自転車の利用率をどこまで引き上げるかについて明確に目標を設定することで、車の分担の減の目標の設定にもつながり、これによる交通量の増減から、道路の専用空間の再配分も可能になってくる。このように明確に目標値として設定すれば、車に代えて自転車をどの程度に伸ばすかが住民にも理解されることになる。

　さらに、わが国の場合は、諸外国に比較して、自転車事故が極めて多いことが特徴である。諸外国で自転車事故の減少を目標にしている国も多い。第4章の自転車の課題別の施策においても、この安全性が重要な課題となっていることは述べた。したがって、利用促進ばかりではなく、交通事故のどの程度の減少を図るかという目標値の設定も必要である。

　それから、たとえば、ベルリンでは、自転車の交通分担率を50％増としているが、もともとの分担率は10％であり、50％増でやっと15％となる。これに対して、わが国の自転車の都市交通分担率は、15.7％となっている。この数値はドイツの目標値よりも高い（2006年全国都市交通特性調査結果にもとづく国土交通省資料）。ただし、わが国の自転車交通のトリップの多くは、駅までの端末的な、または近距離のものが多くあり、自転車利用の回数が多い割には、中距離の自転車利用などはあまり多くないものと思われる。すでに分担率が高いといっても、自転車をその持っている距離のポテンシャルを生かしている利用形態ではない。究極は、自転車で行けることが可能な距離までは直接自転車で行くことをめざすことが、自転車の利用促進策の重要なポイントである。

(3)目標達成のための計画・施策の組み立て方

①全体の体系、項目の配置とバランス
(a) 総論、各論の体系のわかりやすさ

　自転車政策や自転車計画は、まず全体の体系が明確になっていることが必要である。全体の体系といっても、なにも、難しいことを考えるのではなく、自

転車政策や自転車計画がどのような形で実施され策定されているかを市民にも理解しやすいものとするためである。わかりやすい言葉や図表を用いることも大切であるが、より大切なことは全体のストーリーをわかりやすく配置することが体系の明確さである。

このために、不必要な現状の分析などの部分は本論と関係のある最小限の部分にとどめて、総論において自転車の位置付け、目標等が明確に出されていること、その総論の内容が、各論でどのように具体的に反映され、具現化されているかがわかるような組み立てが必要である。

(b) ハード施策およびソフト施策のバランス

次いで、自転車施策は、ほとんどの人が自転車道の整備を唱えるほど、ハードの空間の整備が中心となっているが、これでは、入れ物、しかも、自転車を走らせる空間というハードの面からの施策にすぎない。自転車を走らせる空間を用意したとすれば、そのあと自転車で行った目的地のどこにとめるか（駅前の放置対策ではない）、また、その上を走る所有自転車やレンタサイクルなどで安全な自転車の確保をどうするかなどをも含めることにより、はじめて総合的なハード施策になる。また、そのインフラ空間や上物の自転車を何のために用意するかという目的が必要である。目的がないハード施策は、そのハードの施設の箇所や内容、さらに構築するシステムの内容をあいまいにし、利用促進につながらない。利用を盛んにしたい用途とそのための必要最小限のシステムを構築することこそ求められている。多くの自転車施策や計画を見ていると、いきなり、このような立派なハードを用意するだの、コミュニティサイクルシステムを構築するだのと書かれている。しかし、これをどのような用途に活用するかは、あまり見えないまま、ハードの施設や車体が先行してしまう。結果的に、用途や利用目的を絞り切れずに、規模の大きいものや余計な施設を含んだものが作られる。しかも、用途がはっきりしないままであるので、ターゲットを絞った利用促進のための広報もあまりなく、利用用途が明確でないので、これに合わせたソフトの施策も講じられないか、講じても中途半端に終わってしまう。このため、利用が芳しくない状態で廃れてしまう可能性もある。これらは、「にわか自転車政策」や「一時自転車政策」とでもいえるものである。

何に自転車を活用するかという目的や、ターゲットを明確にしたハード面や

ソフト面のバランスのとれた施策が求められる。

②採用すべき施策項目

それでは、どのような施策項目が想定できるかであるが、地域によって、採用されるべき自転車施策は異なり、一概には、設定できない。しかし、一般的な選択肢としての項目は設定できる。たとえば、本章の4節の（2）に述べた大項目に中項目を加えると、表5・13のようなものになる。

(a) 自転車のメリット・位置づけ・目標の設定

その地域や交通の特性、自転車の状況などが地域特性として必要であるが、この項目に多くの労力と紙面を割く必要はない。大切な点は、これらの特性に応じた自転車のメリットである。自転車のメリットは、先述したとおりであり、自転車および自転車政策を優先して位置付けるための根拠や自転車の利用を呼び掛ける広報啓発に不可欠な項目である。

とりわけ、近距離交通の中での位置付けや政策としての位置付けを明確にすることが必要である。これがなされないと、たとえば、道路空間での自転車専用空間の設定などで、何を優先するかがあいまいになってしまう。また、自転

表5・13　自転車政策や自転車計画に採用すべき項目

	大項目	中項目
1	自転車のメリット・位置づけ・目標の設定	(1) 自転車のメリット (2) 自転車の交通手段として、また、政策としての位置付け (3) 自転車の分担率、交通事故等に関する具体的な目標 (4) 公共交通との連携・分担の考え方
2	自転車の用途別の施策	(1) 通勤 (2) 通学 (3) 買物 (4) 日常用務 (5) 業務・営業 (6) 回遊・観光・レジャー
3	自転車の空間別の施策	(1) 走行空間（ソフト、ハード） (2) 駐輪空間（ソフト、ハード） (3) 自転車の車体（ソフト、ハード）
4	自転車の課題別の施策	(1) 自転車の放置 (2) 自転車の安全性 (3) 自転車のルールマナー (4) 雨対策など

車の分担率の目標値は、どのような種類や強度の施策を講じて自家用車からの転換を図るかにも影響する。道路空間を自転車のために確保する際にも、自家用車の交通量を削減することと、自転車の走行を増加させることが対で検討されるべきで、これにより、道路空間の転用の方策も明確にできる。

(b) 自転車の用途別の施策

繰り返しになるが、自転車の利用を促進する場合に、その地域での自家用車の利用目的や利用距離の状況に合わせて、通勤であるか、買物であるか、または、業務であるかなどにより、自転車施策の項目、内容、程度などが大きく異なってくる。このために、どの用途に重点を置くかを明確にする必要がある。手っ取り早いのは、欧米各国の初期の段階にならい、まず個人の日常的かつ定期的な利用が多い、通勤に焦点を当て、自家用車から自転車に転換する自転車施策を設定することを手始めにして、他の用途に順次拡大することが考えられる。

(c) 自転車の空間別施策

自転車利用促進策として有効なものは、やはり自転車走行空間の整備であることは、先述のとおり、多くのアンケート調査等で明らかにされている。この調査では従来の自家用車からの転換可能性について、職場などの目的地まで自転車の走行空間のネットワークがあれば、自家用車のトリップ数のうち66％が転換する可能性があることがわかった。

また、駐輪空間の整備も重要な自転車利用促進策であることも、明らかになってきた。ただし、駅前の駐輪空間の整備は、駅までの端末の自転車利用に対する放置対策であり、単純にこれを推進しても、駅前の駐輪需要を増加させるだけで、より望ましい中距離の直行型の自転車利用を推進するものではない。むしろ、職場や学校、商業施設等自転車で行くことの多い施設での駐輪場の整備が重要である。また、トリップの出発点である住宅での駐輪施設も重要である。マンション等の共同住宅では、自転車の保有率をもとにして、入居者数に応じた駐輪スペースを確保することが、自転車利用を促進することにつながる。このような駅前以外の自転車駐輪空間の整備も自転車空間別施策の一つである。

さらに、自転車の車体についても、安全で快適でわくわくするような自転車を提供することが、自転車利用の推進につながる。レンタサイクルについては、

回遊拠点や観光拠点など、自宅から離れた場所で、自転車を持ち合わせていないシーンでの提供、または、自宅とは異なる種類や良質の自転車の提供は意味がある。

電動アシスト自転車やブランド自転車、オリジナルデザインの自転車などが安価な料金で提供できれば効果が高い。子供の送迎など自家用車が利用されてしまうシーンなどにも、子供乗せ自転車などを安価に提供できれば自家用車からの転換が期待できる。

いずれにしても、走行空間と駐輪空間、さらに、これらのインフラの上を走行する自転車という三つの要素がバランスよく的確に確保されてはじめて、本格的な自転車利用が適切に推進できるものと考えられる。

(d) 自転車の課題別の施策

自転車利用の促進にとって、放置、ルール、マナー、安全など大きな障害がいくつかある。これがために自転車利用を抑制する方針を持つ自治体も少数は存在する。また、自転車利用を抑制するまでには至らないが、優先してこれを取り上げて、本格的に推進することができないという自治体も多い。

しかし、これらの障害は、自転車利用の促進と矛盾するかといえば、最近の研究では決して矛盾せず、逆に自転車利用を促進することにより、これらのマイナス面を軽減することができることは、先述の通りである。

たとえば、自転車の放置問題については、自転車利用を促進して、自転車走行環境の整備を図れば、駅前に放置せずに目的地まで自転車で行く自転車直行型の利用への転換の可能性や放置者の転換意思が明らかにされている。また、自転車の安全性については、自転車利用が盛んになればなるほど、単位距離当たりの事故の割合は低下していることを示した。自転車走行空間の整備など適切な自転車利用の促進は、むしろ自転車利用を適切な方向にもっていき、結果的に、自転車利用に伴う課題をクリアーする方向に動いているのである。このことは、自転車のルール、マナーについても、車道通行による自転車利用の推進に伴いルール意識が向上する可能性が高いなど、自転車利用の適切な促進が、ルールの向上に寄与する可能性を明らかにした。

以上のように、適切なポイントをついた自転車利用の促進策の採用により、これらマイナス面を取り除くことができることを明らかにしてきたので、マイ

ナス面の除去を意識しながらこれの軽減に寄与するような利用促進策を積極的に採用することが必要である。

以上のような最低限必要な利用促進策の項目を採用し、ポイントをついた適切な方策を組み立てることが、今現在必要とされる自転車政策やこれを体系づける自転車計画に求められる。しかし、これらの項目の採否やその適切な内容構成には、自転車利用者はもとより、それ以外の人たちの意識や意向を的確に把握し、地域条件に適合した分析をすることが必要である。

(4) 国と地方との役割分担

以上のような自転車政策と自転車計画に関して、国と地方は、どのような分担をすべきであろうか。これを考えるときに重要な点は、先述のとおり何でもかんでも地方分権というような杓子定規的な考え方をとるべきではないことである。特に、世界各国は長い経験から、国民の健康、ガソリン消費、貿易、地球環境などの改善に深い関係がある自転車政策を、国が前面に出て取り扱うことが必要であることを認識している。これは、国が率先して取り上げたうえで、国と地方が適切な連携と分担を図るということである。

それでは、今まで述べてきた施策の中で、国が取り上げるべき施策と地方が取り上げるべき施策はどのようなものがあるのかについて、次に整理する。

①国が取り上げるべき項目

国が取り上げるべき施策として、具体的には、国として自転車をどのように扱うのかを示した国レベルの自転車計画の策定がある。さらに、この中では交通手段としての自転車や自転車政策の優先的な位置付けを明確に示すことが求められる。また、このため

表5・14 国が取り上げるべき項目一覧

①自転車計画の策定
②自転車および自転車政策の位置付けの明確化
③自転車利用の目標値設定
④自転車のメリット、交通事故の危険性および防止策等に関する総合的調査
⑤自転車の利用を支える税制、補助制度
⑥自転車の利用を支える法律制度
⑦官民の連携方策
⑧自転車推進担当部局の設置（横断的）
⑨自転車利用を推奨する広報啓発

には自転車のメリット、安全対策等に関する本格的な調査が必要であり、大々的かつ広域的なものは、国にしかできないし、国の方が効率的である。これにもとづいて、その位置づけを明示し自転車利用の数値目標を示すことである。

　各国では、この数値目標として、自転車の都市交通の分担率はもちろんのこと、自転車事故の削減の目標値、用途別の目標値などが設置されている。これらにもとづいて、自転車税制、補助制度の強化、これらを根拠づける自転車の法律制度の拡充などの国のソフト面・ハード面による制度作りが政策として求められる。これらに加えて、官民の連携、特に民と協働しての自転車施策の実施方法、これに先立ち官では自転車担当責任部局の設置と横断組織体制の充実などの整備が必要である。さらに自転車のメリットや自転車の役割などのポイントをついた広報啓発を行うことも重要である。

②地方公共団体が取り上げるべき項目

　地方公共団体が自転車政策として取り上げるべき施策は、国の基本的な方針や位置づけを受けて、地方の自転車計画の策定を検討することである。先述のように、この自転車計画では、総論として地域の移動手段としての自転車および政策の中での自転車政策の位置付けを明確化する。また、自転車走行空間や駐輪空間のハードの整備だけではなく、このインフラ上を走行する自転車の提供も含める。また、これらを支えるソフトの施策として、通勤や通学などの用途別の施策を提示する。これに加えて、自転車の課題別の施策としての自転車の放置、およびルールの遵守に対する自転車利用促進策の効果などを含める。

　また、自転車政策の実施について、行政のみならず市民、企業、団体等との連携と分担を図る。さらに自転車に関する情報提供方法として、自転車の交通安全のみならず、自転車利用のメリットやよさ、特に自家用車に比べての具体的なメリットを広報啓発する。

表5・15　地方公共団体が取り上げるべき項目

①自転車計画の策定
②自転車の位置付けの明確化・目標値の設定
③自転車の用途別の施策
④自転車の空間別の施策
⑤自転車の課題別の施策
⑥行政、市民、企業の連携による自転車政策の実施
⑦自転車利用の広報啓発
⑧自治体の他の政策との連携の推進（健康増進、環境、観光、中心市街地活性化など）

③自治体の他の施策との連携の方法—自転車を政策に取り込む方法—

　以上のような自転車政策の本体のあり方と合わせて、自転車が様々な施策のツールとして活用できることに注目して、自転車を各種施策に取り込んで、活用する方策をまとめたものが表5・16である。

　この表のように、自転車の活用によるまちづくりは、コンパクトシティの形成から中心市街地活性化や支出の削減まで極めて広範囲に及ぶ可能性を秘めている。問題は、これを活用するための政策や位置付けの不在である。

　また、これらの施策を市民の身近な移動の視点、子育ての視点、まちづくりの視点、および地球環境の視点という個人の視点からグローバルな視点まで整

表5・16　自転車に関連のある幅広い施策

		まちづくりとの関連の施策と効果
1	コンパクトシティの移動手段の確保策	まちを集約的に面的にまとめて、歩いて暮らせるまちや安全安心なまち、環境共生型まちづくりを目指して、コンパクトまちづくりが進められているが、この中での移動手段として、徒歩では広がりが限定的になってしまうので、自転車と分担して、各自が可能な範囲で移動の空間を広げれば、健康で経済的でエコなまちづくりを実現できる
2	環境共生型都市（エコシティ）の移動手段の確保策	いわゆる「家庭部門」の温暖化ガスの排出よりも、家庭の非効率的な自家用車運用に起因する排出量が多いので、これを近距離で行ける範囲で抑制し、これに代えて自転車利用を推進することが環境共生にとって効果が高く、エコシティの実現手段の柱として位置付けることができる
3	交通政策として近中距離の移動手段の確保策	高齢者の自家用車の運転の方が自転車利用よりも危険を伴う。自転車は、ひざの悪い高齢者等にとっても、ひざに負担をかけない貴重な運動と移動の手段を提供することになる。もちろん、自分で安全に運転できないケースは、自転車も自家用車でも同じである。健康でひざに負担のかからない貴重な交通手段を高齢者の健康な移動手段として位置づけるとともに、高齢者が安心して走行できるように、きめ細かい専用空間の整備などを進めるべきである。なお、高齢者向けの転倒しない三輪の電動アシスト自転車もあり、これらを自治体が高齢者の足として貸与する方法もある
4	市民のスローライフ・レクリエーションの推進策	生活スタイルとしてのスローでエコな移動手段に、自転車を活用して、個々人のこのようなライフスタイルの実現を行政がサポートする
5	市民の健康の推進策	自転車は、市民が手軽に活用できる運動手段である。一日に往復20分程度の自転車通勤（片道2キロ程度で足りる）での自転車こぎは、メタボ解消に必要な週10エクササイズの運動量を確保できる（厚生労働省「健康作りのための運動指針2006」による）。一週間に一度程度のクラブでのエクササイズでの自転車こぎ運動よりも、日常的、かつ実用的、かつ経済的である

6	通勤・買物・通学の足の確保策	実生活で、コストがあまりかからない通勤、通学、買物、日常用務などを支える移動手段の提供が可能となる
7	中心市街地の活性化の推進策	自転車による買物や回遊によるまちの魅力の再認識、地域資源の活用などを通じた中心市街地の活性化を図る
8	観光・回遊の移動手段の提供策（レンタサイクル）	とともに、観光面でも健康で広範囲の移動が可能な足の手段の確保により、渋滞や排気ガスのない快適な回遊を提供でき、まちの振興、地域活性化を図ることができる
9	景観づくり形成の推進策（自転車放置）等	放置を軽減し、まちの顔である駅前などのまちの良好な景観づくりにも寄与することができる
10	庁用車の自転車への転換による支出削減と職員の健康増進策	職員が率先して、公務外出をする際に、自転車を利用する事により、庁費の支出削減と職員の健康の増進に寄与することができる

表5・17　自転車施策の視点と内容

施策の視点	視点に対する手段の内容
①市民の移動の確保	手軽で気楽な市民の足、歩いて暮らせるまちづくりの手段
②市民の健康の確保	体力増強、生活習慣病の予防の手段
③市民の経済の確保	ガソリン・医療費等の節約の手段
④市民の余暇の確保	健全なレクリエーション、スポーツの振興、スローライフ、季節感の体得の手段
⑤子供の教育、発育の推進	肥満の解消、体力の増強、実戦的な環境学習、自主性・人格形成の手段
⑥子育ての充実の推進	子供三人乗せ自転車などによる支援の手段
⑦まちの観光の振興	回遊観光の振興、まちの良さの再発見の手段
⑧まちの中心市街地の振興	買物に便利、来街者の回遊等の促進で身近な地域資源の振興の手段
⑨まちの企業活動の振興	生産性の向上、経費削減、従業員のメタボ解消の手段
⑩まちの営業活動の振興	宅配、営業活動等の燃料費、駐車料金、環境負荷等の削減の手段
⑪都市環境の改善	地域の環境向上、車公害防止の手段
⑫地球環境の改善	地球の温暖化ガスの削減の手段

理すると、表5・17のようになり、様々な視点での自治体の施策に関連する手段として、自転車を活用することができることがわかる。この可能性を活用できるのは、自治体であり、市民や企業、地域である。

④都市計画および都市計画マスタープラン、交通計画に位置付ける

　自転車ネットワークを都市計画へ位置付けることは、①市民にそのネットワークをしっかりと知ってもらい、その円滑な形成にむけての市民の支持や理解を得られること、②まちづくりとの整合性を図ることで、土地利用、関係公共事業や民間事業（商業施設、学校・文教施設、駅等の駐輪場整備）の実施に当

たり自転車を組み込むことができること、③自転車ネットワークの整備に関して都市計画的な担保をとることができること、など大きなメリットがある。

また、都市計画マスタープランにおける自転車の位置付けにおいて、個別の都市政策との連携を取ることを明確にすることができる。具体例をあげると、たとえば名古屋市の都市計画のマスタープランで述べられている八つの都市像の実現の手段として、各項目ごとに自転車の役割や活用可能性を検討すると、表 5・18 のようなものになる。この表のような自転車の位置付けは、各国の政策にも一部見られるものである。

具体的な方策としては、都市計画マスタープランの中の、「市町村マスタープランの地区整備方針」に位置付け、自転車ネットワークにおける各区間の自転車走行空間（自転車道、自転車専用レーン、歩行者自転車道、安全な共用空間など）の確保方法を記述することが望ましい。そして、広域のネットワークを形成する場合は、複数地区での圏域の設定などが考えられる。

さらに、個々の都市計画道路の交通機能の一つとして位置付けることが考えられる。また、都市計画決定や変更の際に、参考として添付される付図の断面構成に、自転車走行空間の位置や幅員等を明示することも考えられる。

次に、自治体の総合交通計画は、自転車を含めたあらゆる交通手段の位置づけ、相互の関係を定めるものである。交通手段相互の関係を調整し、優劣をつけて整理した上で、特に都市全体の中での各交通手段の交通分担や、距離別等での交通分担を定めるべきものが、総合交通計画の本来の役目である。

この計画の中では、一定の距離の範囲（500m 〜 5km 弱程度）では自転車を

表 5・18　名古屋市の都市計画マスタープランの都市像と自転車の役割の可能性

マスタープランの都市像	自転車の役割
①福祉安全都市	安価で健康で安全な移動手段（高齢者、低所得者）
②生きがい都市	レクリエーション、健康提供手段
③循環型環境都市	環境負荷削減、地球環境改善手段
④快適空間都市	公害、環境負荷削減の確保手段
⑤にぎわい創造都市	車に代わる回遊性の確保手段
⑥文化ふれあい都市	歴史・文化・スローライフの手段
⑦情報・産業都市	通勤・買物を支える移動手段
⑧国際交流拠点都市	観光のための移動手段

都市交通手段として優先して位置づけること、地域に応じた各交通手段の分担率の目標を設定すること、特に、車から環境にやさしい自転車等への転換率の目標値を設定すること、自転車を総合交通計画の一つの柱として位置づけることなどを行うべきである。

このようにして明確に自転車を位置づけるとすれば、自ずと、総合交通計画の中で自転車を位置付けることが重要なものとなってくるとともに、今まで交通手段として「忘れ去られてきた」重要な役割を果たしている自転車を実質的に都市交通手段として加えて、総合交通計画の意義や機能、重要性が一層増すものである。

このように、自転車計画の策定やバージョンアップに合わせて、総合交通計画の改正とその中での自転車の位置づけの明確化を行うことが必要不可欠である。

(5) 交通基本法のあり方

自転車の基本的な位置付けに影響を与える、国土交通省で検討中の交通基本法案について、自転車との関連を中心に、最後に触れてみたい。この文章の執筆時点で、国土交通省の「交通基本法検討会」で資料として配布されている「交通基本法案」(第165回 (2006年) 民主党・社民党共同提出) をもとにして、交通基本法についての自転車の取り扱いについてのあり方を見てみよう。

都市や国づくりにおいて、交通体系の整備は不可欠であり、交通は、人や物、情報の移動にとって重要な役割を演じてきた。しかし、これらを体系的に整理して、総合的な交通政策を講ずることが必要であるにもかかわらず、本格的な取り組みはなされてこなかった。特に、道路を中心とした車交通と鉄道を中心とした公共交通との関係や陸海空での総合的な交通体系のあり方について、明確な整理がなされてこなかった。交通基本法は、これらについて、国の交通に関する基本理念、国、地方公共団体、事業者および国民の責務を総則で定めるとともに、国の交通基本計画、都道府県交通計画および市町村交通計画として総合計画を策定すること、さらに、国の施策として、交通に恵まれない地域の交通施設整備、都市部の交通混雑緩和、運賃・料金、投資の重点化、有機的・

効率的な交通網の形成、交通による環境保全上の障害防止、災害時対策などを定めて、交通の基本的な政策を打ち出すものである。

　この交通基本法について、自転車政策と関係する事項として、次のような点が指摘できる。

　第一に、自転車に対する重要性の認識を示す規定は、条文上見られないことである。第4条では、交通体系の一つとして規定されているが、選択肢の一つとして並列的に取り扱われているのみである。すでに1991年に米国では、国の交通政策の中で交通手段の事業調整を目的とした総合陸上交通事業調整法（ISTEA法）が連邦法として制定されている。わが国の交通基本法とは性格が異なるが、この法律では、米国の車中心の社会に対するアンチテーゼとしての総合交通体系の中で最も重要な交通手段として、自転車の位置付けが明文化されている。この条文の詳細は、すでに序章で述べた。

　また、フランスの交通体系でも同様になっている。1996年12月30日の「大気及びエネルギーの合理的利用に関する法律（LAURE）」第20条（現在は環境法典法律編228-2条に挿入）で、「都市道路の実現または更新に際し、路面へのマーキングまたは独立通路によるレーン方式で整備を施された自転車道が、交通上の必要性および制約に応じて実現されなければならない。これらの自転車道整備は、存在する場合には都市移動プラン（PDU）の方針を勘案しなければならない」とされ[注10]、自転車走行空間の整備がなされることが求められているのである。

　世界の流れは、環境と健康が交通にとっても重要なテーマとなっており、法律上も、上のような自転車重視を打ち出している。これに対して、わが国の交通基本法案では、このようなテーマやストーリーを明確に出しておらず、かつ、総花的である。特に、多様な面で大きな効果のある自転車に対する取り扱いについては、特段の配慮がなされていない。国民的施策として、環境と健康を最重要テーマとしている流れの中で、自転車の他の交通手段に対して持つ大きなメリットが、法律上明確に理解されているとは思えない。

　法案は、第1章で見てきたような交通手段としての自転車が果たす環境、健康、国民生活、経済、財政等に対する有効な役割に対する何の配慮もなく、他の交通と同じにようにしか見ていない（これは、徒歩や公共交通についても明

確な位置付けが法律上出ていないことも共通である）。いかに基本法といえども、一般的な共通事項を書くだけではなく、交通手段ごとの明確な位置づけや、相互間の優劣やこれに関する哲学を明確にすることは重要な役割である。

この場合に、人の移動については、徒歩や自転車という自分の足で移動することが最も基本であり、これでカバーできない距離や地域等の範囲を公共交通機関で分担し、さらに、困難な場合に車というような序列やストーリーを設けることが一つの考え方である（なお、自転車と公共交通との連携の方法等は、第1章の2節ですでに述べた）。

第二に、自転車という個別の交通手段の規定ではなくとも、徒歩や公共交通など環境にやさしい移動手段をひとまとめにして明示して、優遇するような適切な分担の仕方を明確に書くことも大切であると思われる。しかし、これも明確な規定を置いていない（第5条や第23条ではひとまとめにする交通手段やその役割も明確にしていない）。

第三に、基本理念である第5条では「交通による環境への負荷の低減」の方向性は打ち出しており、できる限りその環境負荷の低減が図られなければならないと抽象的に表現しているが、積極的に環境負荷の低減を図る方策として交通手段の分担・選択を明確に規定すべきである。また、自転車を念頭に置いて、国民の健康の向上、国民の時間・経済的な観点からの交通手段の適切な選択が国民に与えることができるメリットを明確に打ち出すような規定を置くべきである。

第4に、交通計画の基本は、何といっても、目標値の設定である。特に、交通手段ごとの分担率の現状に対して、将来の一定の年に、どのような分担を実現するかについての数値的な目標を設定する明確な規定がない。これは、「交通に関する施策についての基本的な方針」（第14条第2項、第15条第2項、第16条第2項）において定めることとしているのかもしれないが、もし、そうであるとすれば、そのようなことを書くことを明文で表現することが最も重要である。この交通手段別の分担率や優劣を、さまざまな調整を経て、国の目標として定めることが総合的な交通計画の役割である。すなわち、現状の分担率の実態を示し、分担率の大半を占める車の割合をどのように自転車（徒歩を含む）や公共交通にシフトさせるかという目標値が必要である（ちなみに、ド

イツのベルリン市では、自転車と公共交通の分担率の目標を同じ割合（15％）に設定している）。これを明確に示さないで、「基本的な方針」という抽象的な表現を取るのは適当でない。また、そのような解釈を予定していても、最も重要な部分は法律上表現することが適切である。

第5に、目標値の設定以外の点についても、法律は抽象的でも、政府や地方公共団体が定める交通計画に基本的な項目を含めることができるという説明もありうるが、単なる「基本的な方針」のみでは、この内容を定める具体的な基準は、法律では何の担保もない。これでは、交通基本法の政策に対する指導的な役割も抽象的に終わってしまうものであり、せめて盛り込むべき具体的項目（各交通手段の位置づけ、分担のあり方等）を明示すべきである。

以上のように、この交通基本法案については、各交通手段の明確な位置付けや優劣、目標値の設定など本来果たすべき機能をかなりあいまいにしており、また、これらを交通計画に定めるかどうか、また、定めるとしてどの程度具体的に定めるか条文上不明である。その重要性からいうと、単なる解釈では済まされないのである。さらに、その位置づけや優劣の明確化を行う場合の哲学や理念、さらに基準も明確ではなく、また、具体的でもない。このように具体的、実質的に意味がある重要な内容は、法律ではなく行政運営にまかされている。新しい時代の交通政策のかじ取りを規定する法案としては、自転車政策の推進にとって、具体的な、かつ、効果的な内容に欠けるものである。

終章

今後の自転車政策の方向

（1）自転車活用型まちづくりの意味

①自転車の利用促進は目的ではない

　昨今の自転車ブームに乗って、各自治体の自転車施策は、自転車利用を盛んにすることがあたかも目的であるかのように取り扱っている。しかし、自転車利用を盛んにすることは、手段であって目的ではない。自転車の利用促進を図ることはなぜ必要なのか、すなわち、健康増進であるとか、適正な交通分担、良好な都市環境の形成などの目的を持つはずであるし、持たなければいけないと考える。自転車の利用促進のための目的が最初であって、自転車利用の促進は、目的に合わせて設定すべきものである。多くの自転車政策は、これをはきちがえている。健康の増進や環境負荷削減が目的にならねばならないのに、自転車利用を盛んにすること自体が目的のように取り扱われ環境や健康は、単なる利用促進をする理由になっている。自転車政策は自転車利用を高めることが目的ではなく、これにより何を実現したいかが重要である。通勤、通学での環境負荷のない手段を提供すること、健康増進、子育ての推進など、用途や目的で、自転車利用のためのインセンティブを与えることが自転車政策であるといえる。

　また、自転車施策の幅広さを考えると、自転車を活用したまちづくり、すなわち、自転車活用型のまちづくりといういい方が正しいように思える。

先にも触れたが、多くの自転車施策は、それ自体が目的になってしまっていて、この自転車利用を何のために盛んにするか、支援するかというコンセプトがない。やみくもに自転車の利用を盛んにすることではなくて、これを手段として、何を実現し、または、自治体の他の施策との連携や都市計画マスタープランで何をめざすかである。例えば、名古屋市の都市計画マスタープランにある八つの都市像では、それぞれの都市像に対応して、それぞれのめざすべき自転車活用型まちづくりが考えられる。

②自転車利用促進の究極の意味
　徒歩であれば、500m程度までなら、後期高齢者でも半数以上が移動可能としている。また、自転車では、日常的には3km程度までなら多くの人が十分移動可能である。人は生きていく上で、生活の用を足すために何らかの移動をすることが必要である。自分で行けない場合は、他人の援助を受けて移動することになるが、少なくとも自分の力で移動できる範囲を自分で行く。この場合に、この距離を移動する人がより安全に、快適に、迅速に移動できることを支える方法やインセンティブを提供することが究極の自転車政策である。
　この場合、徒歩や自転車を利用することが、何らかのメリットになることが大切である。また、自然や景観が豊かな住環境が優れたまちづくりが行われても、住民が自らそのよさを享受できなければ意味がない。また、まちは建物の新築取り壊しなどで、その景観はたえず変化するし、季節や時間に応じても、微妙にその趣を変える。庭の植物、天候などでも変わる。車でのまち移動は、エアコンが効いた車内で、かつ、景色が飛ぶように移動する速度で行われる。これでは、季節感がなく、また、まちの景観、さらに特徴や微妙な変化を体得することができず、まちの本当の良さを理解できない。人の力で移動することは、太古からの人間の常識であり、特に四季が豊かな日本が、奥の細道の旅行など人の移動により多様な文化をはぐくんできたことは、周知の事実である。
　このような豊かな環境や文化を享受することができるまちづくりが、本当のまちづくりではないかと思われる。特に、人間の持つ五感を季節に応じて働かせることが、豊かな生活や長寿の秘訣ではないかと思われるのであり、これからのまちづくりに求められるものである。

このようなことを可能にするのは、まちの中に自ら出かけて、心身の両面での健康を確保しつつ、多様な感受性でもって、まちのよさを体得することが必要である。特に、生活に必要な移動の過程で、これを行うことができれば、一石二鳥である。

　このようなことが、速度と車内の快適性を重視した車に可能であろうか。これは、地球環境に対する負荷の問題ではなく、人の生き方そのものの問題である。便利さを追求した生き方も必要ではあるが、精神的に豊かな生活ができることを求めることは極めて大切である。これは、スローライフやロハス（Lifestyle of Health and Sustainablity）などを求める動きにも表れている。

　また、一方で、郊外に拡散した車に頼ったまちづくりは、高齢化社会を迎えて、だんだんと限界が見えてきている。高速で、交通事故のリスクの高い車を、年齢的にいつまでも使えるわけはない。人が、一定の利便性を確保しつつ、精神的にも豊かな生活を享受するためには、移動を支える仕組みが必要である。田舎生活のみならず、地方都市や郊外に拡散した地域での生活も、どうしても、日常生活を車に頼らざるを得ない側面がある。しかし、その中で、すべての用事が車で行かねばならない距離ではないはずである。

　すなわち、車が不要または利用すべきではないなどとはいえないが、一定の距離の範囲内では、自転車と徒歩による移動が一層必要とされる。これを通じて、本当の意味でまちのよさや変化などを実感することができるのである。

(2)わが国の自転車政策のあるべき方向性

　このような自転車をまちづくりに組み込んで推進することを、今後のわが国の自転車政策の方向の中で位置づけるための条件を提案することで、今までに述べてきたことのまとめとしたい。

　第一に、何といっても自転車の卓越したメリットを根拠に、自転車に優先的な位置づけを与えることが必要である。一定の距離以内という条件付きの移動（たとえば、3～5km以内）については、公共交通との連携を図りながら、移動手段として優先して採用する政策が必要である。自転車利用のメリットは、多くの側面で、様々な主体に及んでおり、このことをあらゆる主体が情報とし

て共有することが大切である。幅広い主体が情報を共有すれば、このような多大のメリットがある交通手段は、素直にその価値と実力が認められることとなり、近距離の交通手段として最も重要な位置付けを与えることが可能となる。

　ここの段階では、自転車の放置問題などの要素を考えるべきではない。利用促進する際の課題として対処すればよいことであり、最初からこれを取り上げて、この解決を優先すべきものでもない（利用促進は、自転車の放置問題を軽減するものであることはすでに述べた）。そして、対処しきれない部分がある場合には、どちらの価値を優先するかを明確に議論して、正しいと思われる方を優先することである。要するに、施策の選択にメリハリをつけることである。この価値観をあいまいにすることにより、まちの移動手段の位置付けがあいまいになり、自家用車の利用や交通事故の増大を来すことになる。これにより、全体としてのマイナスは大きくなり、そのつけは、まちの住民や地球環境にかえってくるのである。

　第二に、この位置づけを反映した自転車計画の策定を推進することである。その際に、通勤や買物など自転車の利用用途の中で地域の実情にあったものを選択して、各論の具体策を提示することである。一般的な用途、すなわちありとあらゆる自転車利用を促進することは、結局は、どの用途の自転車利用も共倒れになる。的確なアンケート調査により、焦点を当てた用途（複数あっても差し支えはない）に対して、徹底的にその用途におけるハード、ソフトの施策を講ずるような内容にすべきである。

　第三に、何といっても、自転車走行空間の提供は自転車の利用を促進する効果が大であり、このため利用を促進したい特定の用途への重点的な空間の提供が必要である。ここで提供といっている意味は、何も工事をしてハードの専用空間を整備するという狭い範囲のものを意味しない。既存の道路空間を活用するために、都市内の道路の車道の幅員を把握し、専用の空間の確保が可能かを検討する。土地区画整理事業、計画開発などを施行した都市や一方通行の道路では、そのような空間は、意外と多く存在することがわかる。ここに、自転車専用レーンを設けることである。この場合、既存の道路空間の構成を変更するための調整を行う。専用レーンのための塗装は必要であるが、この塗装は大した予算と作業ではない。前者の調整は、空間の再編成についての利害関係者間

の調整である。ここに、先述の他の交通手段と比較しての自転車利用のメリットが有効に効いてくる。

　第四に、この空間の提供は、自転車専用レーンのみではない。むしろ世界各国は共用空間が長く、これにより全体がつながっているといえる。すなわち、専用空間と共用空間をうまく組み合わせて、ネットワークを構成することである。道路空間がないなどというようなぜいたくな悩みをいっている国はない。与えられた空間を最大限生かして、空間の確保をしようと努力している。

　また、これは、都市内のみに限定したものではない。オランダ、デンマーク、ドイツ、イギリスなどでは、国全体をつなぐネットワークを構成するという国レベルの取り組みを行っている。こうしている間にも、どんどんと世界の都市でネットワークが構成されている。自転車政策がいかに進んでも、専用空間のみでの自転車空間構成では、きわめて一面的で、心許ない。専用空間のみに慣れてしまうことは、それ以外の大部分を占める共用区間に入ったときの事故につながる。これは、歩道空間に慣れきっているわが国の自転車が、共用空間に馴れていないため、歩道空間が途切れて共用空間となってしまう交差点での事故が圧倒的に多いことに通ずる。数少ない広幅員の歩道の一部では、自転車の通行位置の指定をして、分離を明示することが行われるようになった。しかし、これがあっても、歩行者の出入りがあるのを止めることは難しい。車道上の一般の共用空間には、自転車の安全確保のための標識や路面の表示など何の手当ても施されずにいる。空間の安全性の情報提供などもないまま、自転車は異空間に投げ出される。せめて車と自転車の共用空間の場合に、安全性の評価をもとにして、自転車走行にふさわしい空間をネットワークに取り入れて指定し、その空間は特に安全性を守るべく徹底して広報啓発する。この安全な共用空間をネットワークに取り込むこと一つをとっても、今後の大きな課題である。

　第五に、個々の自転車活用施策がばらばらに講じられても、これがすぐに全体としての自転車利用促進につながることは少ない。特に、自転車政策を行おうとする自治体は、施策の実施を急ぐあまり、総合的な自転車政策のあり方を考えることなく、走行空間の整備などもっとも取り組みやすい施策を単発で着手することがしばしばである。自転車利用は、単に空間を整備したから急に進展するものではない。どのような目的のために、どのような施策を講ずるか、

このために、必要な方策は何かを、地域の住民や自転車利用者の意向にもとづいて、正確に把握することから始まる。そして施策の必要性や効果を考えながら、ハード、ソフトの施策を組み合わせて講ずべきものである。この総合性がないような施策は、持続性と有効性が少なく、結果的には、自転車を活用したまちづくりが達成されない。この「安上がり」なまちづくり手段を見逃すことにより、本来、低価格で達成できる行政目標（健康や環境）に高い費用をかけて、行政資源を無駄づかいすることになる。

(3)コペンハーゲンの自転車政策のスタンス ～自転車道の雪かきを優先

最後に、コペンハーゲンの自転車政策に書かれている点が重要である[注1]。コペンハーゲンは、2002年には「世界の自転車都市」であると宣言した。しかし、2005年ぐらいから最良という言葉を入れ「世界最良の自転車都市」にバージョンアップした。自転車政策に関しての自信の表れである。ここでは、絶えず自転車走行環境の整備や提供の努力が行政側でなされていることを強調している。

雪の日の朝は、通勤前の午前7時30分までに自転車道の除雪を終えるようにしているなど行政はたえず自転車利用者のことを優遇している。

確信的な自転車利用者（いわゆるヘビーユーザー）は少数である。多くの一般の自転車利用者は、自転車を使おうかな、車を使おうかなと絶えず選択的に考えているのであり、その結果、自転車がよいと考えれば自転車を選ぶ。その場合に、自転車が選ばれるようにハード、ソフトの環境を絶えず提供し続け、改良をしているのである。もしこのような継続したサポートがないと自転車利用は永続性がなく、衰退する恐れもおおいにある。

日本の場合、ハードを一度つくったら、あとは、最小限の管理のみで、使う人が自由に使ってくださいと考える自治体が結構多い。自転車政策では、自転車を何に使うか、目的は何か、目標値は何かなど、ソフト、ハード面できちっと計画を作り実行するとともに、アフターケアーをすること等、一過性でない施策の継続、および、適正かつ高度な管理の持続が必要である。ここまでしっかりと自転車施策を実施する覚悟がないと、真の意味の自転車利用促進策はなかなか進まないと筆者は考えている。

注・参考文献

●序章
注1) 古倉「米国および英国における安全な自転車と徒歩による通学の推進」（雑誌『道路』日本道路協会、2006-11、vol.789、p.30-37）参照。この予算額は、1998-2003の6年間の予算額の約31％増である。
注2) 自転車走行空間というのは、自転車道、自転車専用レーン、自転車と車の共用空間など自転車が走行する空間をいう。自転車道や自転車レーンでは、自転車専用空間という概念に近くなるので、あえて、共用空間も含めて自転車走行空間ということにしている

●1章
注1) 2008年国土交通白書では、平均実走行では9.7km/ℓとされている。
注2) Andersen, L., Schnohr, P., Schroll, M. and Hein, H.(2000). All-cause mortality associated with physical activity during leisure time, work, sports, and cycling to work, Archives of Internal Medicine など
注3) 2007年版厚生労働白書
注4) 「この損失時間を金額に換算すると、全国では「年間約12兆円」、一人当たりでは「年間約9万円」が失われていることになります。」とされている（国土交通省資料）
注5) 古倉「欧米自転車先進国の自転車政策」その37～その45（月刊『自転車・バイク駐車場』サイカパーキング㈱、2005.5、No.305～2006.1、No.313）で詳細に紹介している
注6) 古倉「欧米自転車先進国の自転車政策」その72～その77（月刊『自転車・バイク駐車場』サイカパーキング㈱、340～345）で詳細に紹介している
注7) 「人のがんに関わる要因」（国立がんセンターがん対策情報センター）
注8) 「運動については、肥満の解消、インスリン抵抗性（インスリンの働きが弱まること）の改善、免疫機能の増強、腸内通過時間の短縮、胆汁酸代謝への影響等のメカニズムが考えられます。大腸がんのうち、結腸がんの予防効果は確実であり、乳がんの予防効果もおそらく確実とされています。」国立がんセンターがん対策情報センター「人のがんにかかわる要因」より

●2章
注1) 走行実証実験で、実際に専用の走行空間を走ってもらって、そのよさを体感してもらって、車から自転車への転換の可能性を質問したもの。走行空間以外の利用促進環境は、駐輪空間などのハード施策や通勤手当などの経済面その他のソフト施策が全て講じられたらと仮定して質問したものである
注2) 福島市、練馬区および名古屋市の街頭アンケート調査（N = 402）2002年実施では、自転車通勤手当の支給が自転車利用促進施策17項目中最も高い割合（76.3％）で支持されている
注3) 古倉『自転車利用促進のためのソフト施策』ぎょうせい、p.178 参照
注4) 警察庁が2004年10月に実施した全国の小学校、中学校、高等学校、中等教育学校に対する聞き取り調査の結果では、自転車通学を認めている1万2434校のうち、ヘルメットの着用を義務付けているとい回答があった学校は6258校（50.3％）であった（警察庁『自転車の安全利用の促進に関する提言』2006年11月）
注5) 子供の通学に関する米国や英国の施策の詳細については、古倉「米国および米国における安全な自転車と徒歩による通学の推進」（雑誌『道路』日本道路協会、2006.11、第789巻、pp.30-37）参照のこと
注6) School Travel and Active Recreation の略

●3章
注1) 自転車道は、正確には「自転車の通行の用に供するため縁石線又はさくその他これに類する工作物によって区画された車道の部分」をいうものとされる（道交法第2条第1項第3号の3）。
注2) 東京都「2006年度第2回インターネット都政モニターアンケート」、古倉ら福島市および静岡市における住

民アンケート調査（2003年）など
注3）筆者の行った武蔵境、多摩センター、橋本などでのアンケートの数値はきわめて有効である
注4）鉄道事業者は、自転車法の規定では、協力義務等に限定されているが、これは鉄道乗り換え者が駐車している時間の大半は、鉄道に乗車していないので、このことを考慮していると推測する。このため、逆に鉄道乗車時間に相当する割合は、鉄道事業者が責任をもつべきである
注5）㈶自転車産業振興協会『自転車統計要覧第43版』2009、p.146「自転車回収・処理のフロー」による

● 4章
注1）2009年版警察白書、p.141

● 5章
注1）詳細は古倉「欧米自転車先進諸国の自転車政策」（月刊『自転車・バイク駐車場』サイカパーキング㈱）
注2）オランダ公共事業省『オランダにおける自転車』2007
注3）古倉「米国及び英国における安全な自転車及び徒歩による通学の推進」（雑誌『道路』日本道路協会）2006.11に詳しい
注4）新田保次「オランダの自転車交通政策とサイクルタウンの評価」（『都市計画』238、p.26）
注5）古倉「オランダの最近の自転車政策」（月刊『自転車・バイク駐車場』サイカパーキング㈱345～355、その1からその10まで合計10回にわたり連載
注6）古倉「欧米先進諸国にみる自転車政策の高度な取組み」サイカパーキング㈱、2010、p.166
注7）月刊『自転車・バイク駐車場』サイカパーキング㈱（2006.8号から2006.12号まで）。古倉「欧米自転車先進諸国の自転車政策（その52）」から「欧米自転車先進諸国の自転車政策（その56）」までのテーマ「英国の「国家自転車戦略」制定9年後のレビュー」（その1）から（その5）までを参照のこと
注8）ドイツ連邦共和国運輸・建設・住宅省『ドイツ連邦共和国における自転車交通の状況に関する政府からの第一報告書（1998年）』㈶自転車産業振興協会
注9）鳥海基樹「フランスに於ける都市内自転車走行空間整備に関する政策展開-地方の先駆的取組から大統領による推進宣言まで」（2010年9月建築学会梗概）
注10）古倉『自転車利用促進のためのソフト施策』ぎょうせい、2006、pp.250-253
注11）国土交通省都市・地域整備局「都市交通としての自転車利活用推進報告書」2010、3月

● 終章
注1）コペンハーゲンの自転車政策については、月刊『自転車・バイク駐車場』サイカパーキング㈱、2007.3、No.327から2007.10、No.334に掲載した「欧米自転車先進諸国の自転車政策について」において、「コペンハーゲンの自転車政策」および「コペンハーゲンの「自転車白書」について」として取り上げ、8回にわたり連載しているので、参照されたい

索　引

【英数】
D-NETZ ……………………………… 113
ISTEA ………………………………… 11
LF ……………………………………… 113
SAFETEA-LU 法 ……………………… 11
TEA-21 法 ……………………………… 11

【あ】
悪性新生物 …………………………… 32
アビィレ ……………………………… 155
歩いて暮らせるまちづくり ………… 25
安全性の情報提供 …………………… 163
安全を優先すべき主体 ……………… 125
案内標識 ……………………………… 100
医療費 ………………………………… 32
売り上げ ……………………………… 72
駅前自転車放置対策の新三本柱 …… 170
エコポイント ………………………… 78
オランダにおける自転車 …………… 190

【か】
会社までの通勤手段 ………………… 58
買物量 ………………………………… 73
回遊・レクリエーション …………… 94
環境教育 ……………………………… 91
環境負荷 ……………………………… 18
企業のメリット ……………………… 44
業務利用 ……………………………… 104
共用空間 ……………………………… 110
共用路線 ……………………………… 121
空間別施策 …………………………… 106
国と地方との役割分担 ……………… 227
国のメリット ………………………… 45
公共交通 ……………………………… 22
交通基本法 …………………………… 232
交通計画（Travel Plan）………… 66, 230
国勢調査 ……………………………… 197
国家自転車戦略 …………………… 66, 190
子供乗せ三人乗り自転車 …………… 90
コペンハーゲンの自転車政策 ……… 193
コミュニティサイクル ……………… 153

【さ】
自家用車通勤 ………………………… 58
シティサイクル ……………………… 97
自転車安全教育 ……………………… 40
自転車活用型まちづくり …………… 236
自転車側の法令違反率 ……………… 179
自転車教室 …………………………… 179
自転車計画の目標 …………………… 219
自転車こぎ …………………………… 36
自転車先進都市 ……………………… 207
自転車専用空間 ……………………… 109
自転車専用通行帯 ………………… 107, 129
自転車専用レーン ………………… 107, 129
自転車走行空間 ……………………… 108
自転車通学 …………………………… 80
自転車通学推進施策 ………………… 82
自転車通学のマニュアル …………… 89
自転車通学率 ………………………… 87
自転車通学路安全事業ガイドブック … 89
自転車通学割合 ……………………… 81
自転車通勤 …………………………… 55
自転車通勤奨励策 ………………… 67, 68
自転車通勤手当 …………………… 61, 62
自転車通行位置 ……………………… 107
自転車での移動可能距離 …………… 59
自転車道 …………………………… 107, 129
自転車道の整備等に関する法律 …… 199
自転車による買物 …………………… 68
自転車による買物の奨励策 ………… 77
自転車の安全利用及び自転車等の駐車対策の
　総合的推進に関する法律 ………… 202
自転車の交通事故発生場所 ………… 115
自転車の通行位置の指定 …………… 126
自転車の分担率 ……………………… 197
自転車の利用目標 …………………… 213
自転車放置 …………………………… 168
自転車マスタープラン ……………… 189
自転車マニュアル …………………… 164
自転車利用のメリット ……………… 42
社会資本整備重点計画 ……………… 200
車体重量 ……………………………… 17
シャワールーム ……………………… 63

商業事業者 …………………………………71
所有自転車 …………………………………145
生活習慣病 ………………………………16, 34
全国自転車道ネットワーク ………………113
全国自転車ルート …………………………113
全国都市交通特性調査 ……………………197
操作ミス ……………………………………119

【た】
大規模自転車道 ……………………………94
対面通行 ……………………………………128
地域・自治体のメリット …………………44
地球のメリット ……………………………45
駐車場不足 …………………………………74
駐輪空間 ……………………………………135
駐輪空間の提供責任 ………………………142
駐輪需要 ……………………………………138
追突、衝突事故 ……………………………116
通学路安全事業 ……………………………85
通学路安全対策担当官 ……………………85
通学路安全担当官 …………………………88
通勤交通計画 ………………………………187
出会い頭事故 ………………………………118
電動アシスト自転車 ………………………98
ドイツ国家自転車計画 ……………………191
道路特定財源 ………………………………12
都市計画マスタープラン …………………230
トランジットモール ………………………95

【な】
二酸化炭素 …………………………………18
日常利用 ……………………………………103
認知ミス ……………………………………119
燃料税 ………………………………………12
のきさき駐輪場 ……………………………78

【は】
パークアンドサイクルライド ……………97
バイクセントラル …………………………65
判断ミス ……………………………………119
標識 …………………………………………121
ベリブ ………………………………………153
歩道通行 ……………………………………108

【ま】
免許制度 ……………………………………179
ユーロベロ …………………………………112
用途別施策 …………………………………49

【ら】
来店回数 ……………………………………72
来店者の交通手段 …………………………69
ルール・マナー ……………………………176
レンタサイクル ………………………145, 148
路面表示 ……………………………………121
輪行 …………………………………………97
割引券 ………………………………………75

おわりに

　本書においては、主として、次の三点を強調してきたつもりである。
　第1に、自転車のメリットは幅広く、また、様々な側面と主体におよぶものであることである。このような多くのメリットを重ねてもつ移動手段は、自転車を置いてほかにない。そして、余計なことを考えて、せっかくこのメリットを生かし切れていない現状がある。そこで、これを最大限に生かすような施策が必要であり、そのための方法や理論的な根拠を明確にしてきた。
　第2に、この自転車施策は、ややもするとハードの走行および駐輪の空間整備に重点が行ってしまうが、自転車の用途別に自転車利用の促進のためのソフト面の施策も重要であり、これらを総合的に体系化して講ずることが必要であることである。このため、自転車利用者や住民の利用に関する実態や意識を的確に把握することにより、有効な自転車政策を組み立てることを提案した。
　第3に、自転車の利用促進には、放置問題、交通安全など大きな課題が存在しているが、自転車利用をうまく促進することで、効果的かつ有効な方策を講ずることが可能であることである。これは、さまざまな方法により、立証してきたつもりである。このような方法を参考にして、自転車の一層の利用促進とより的確な課題の解決のあり方を考えるべきである。
　本書は、以上のような思いを託して、作成している。この本の活用により、国民一人一人に自転車のメリットが幅広く行き渡ることを期待するものである。
　最後に、本書の内容の基礎となっているアンケート調査やその結果分析等については、国、地方公共団体、㈶自転車駐車場整備センター等の調査研究により明らかにされた内容に負うところが大であり、これらの主体に心から感謝申し上げたい。また、自転車活用によるまちづくりのあり方の検討にご支援をいただいた三井不動産㈱や事業活動での自転車活用事例等についてご教示いただいた各社の方々にも、そのご協力に感謝申し上げる。さらに、今まで、何年にもわたり、自転車に関する調査研究をともに行ってきたプラネットフォーの佐藤、吉川、中村の各氏にも、ご支援ご協力に心から感謝する次第である。さらに、本書の作成に当たって多大なるご理解と細やかなアドバイスとご支援をいただいた学芸出版社の前田、小丸両氏にも心から感謝の意を表するものである。

古倉 宗治（こくら　むねはる）

1950年生まれ。
1974年東京大学卒業。建設省、東京工業大学助教授、㈶民間都市開発推進機構都市研究センター、㈶土地総合研究所等を経て、2008年から㈱三井住友トラスト基礎研究所研究理事。麗澤大学客員教授、京都大学大学院（法科大学院・公共政策大学院）講師。国土交通省・警察庁「安全で快適な自転車利用環境創出の促進に関する検討委員会」、さいたま市「自転車総合利用計画検討懇話会」「コミュニティサイクルシステムエリア拡大検討委員会」、京都市「京都市自転車走行環境整備ガイドライン部会」、宇都宮市「自転車のまち推進協議会」の委員等。
自転車の総合的体系的な利用促進策、放置問題や自転車の交通政策などのほか、まちづくりに関する法制的な規制、都市環境における環境共生のあり方、景観、土壌汚染など都市計画・都市環境分野で調査研究を実施。2004年に、自転車のソフト面の利用促進策に関する研究で学位（博士（工学））を取得。
著書に『実践する自転車まちづくり』（学芸出版社）、『欧米先進国にみる自転車政策の高度な取組み』（サイカパーキング㈱）、『自転車先進国における新たな自転車政策の展開』（サイカパーキング㈱）、『自転車利用促進のためのソフト施策』（ぎょうせい）、『自転車市民権宣言』（リサイクル文化社・共著）、『自転車交通の計画とデザイン』（地域科学研究会・共著）などがある。
専門は、内外の自転車政策・自転車計画、都市公共政策（まちづくり法制、都市計画法制度、都市環境）など。
なお、本書『成功する自転車まちづくり』は、2012年に日本不動産ジャーナリスト会議著作賞および日本環境共生学会〈環境共生学術賞〉著述賞を受賞している。

成功する自転車まちづくり
～政策と計画のポイント～

2010年10月15日　初版第1刷発行
2016年 3月10日　初版第3刷発行

著　者………古倉宗治
発行者………前田裕資
発行所………株式会社 学芸出版社
　　　　　　京都市下京区木津屋橋通西洞院東入
　　　　　　電話 075-343-0811　〒600-8216

装　丁………上野かおる
印　刷………オスカーヤマト印刷
製　本………新生製本

© Muneharu Kokura 2010　　　　　Printed in Japan
ISBN978-4-7615-2491-3

人と街を大切にするドイツのまちづくり

春日井道彦著

A5変・192頁・定価2415円（本体2300円）

環境政策で名高いドイツではあるが、日本以上の車社会でありその軋轢は深刻だ。郊外への拡散と都心の衰退、長引く不況と財政難、参加への人々の価値観の変化の下で、車社会との共存を目指し、都心再生や環境保全に着実に成果をあげる取り組みを紹介する。中心市街地活性化、都心交通問題等に取り組む実務家に見逃せない1冊。

フライブルクのまちづくり
ソーシャル・エコロジー住宅地ヴォーバン

村上　敦著

A5・256頁・定価2730円（本体2600円）

徹底した省エネと自然エネルギーの利用で、通常の住宅地に比べ、エネルギー消費を半減、二酸化炭素排出を7割削減。さらに画期的なマイカー抑制策で、自動車所有者が自転車所有者の10分の1という車のないまちを実現。環境先進国ドイツで最も野心的なサステイナブルコミュニティを住民主導で成功に導いた軌跡に迫る。

日本の都市と路面公共交通

西村幸格著

B5変・256頁・定価4410円（本体4200円）

都市と公共交通の現状はどうなっているのか？　9つ都市（名古屋、広島、北九州、堺、熊本、岡山、金沢、宇都宮、富山）と26の施策・施設事例を、500点余の図表を使い詳説。LRT／次世代路面電車づくりの広がりはどうなるのか、バスを使った地域交通復権へ取り組み、新交通システムの現状にも触れながら、先進事例・成功事例を検証。

バスでまちづくり
都市交通の再生をめざして

中村文彦著

A5変・208頁・定価2310円（本体2200円）

当たり前すぎて人気がないバス。しかしその能力は意外と高く、これを新しい交通まちづくりに活かさない手はない。基幹的な大量輸送から個別対応のディマンドバスまで、環境、福祉、都市開発などにおける役割、そしてネックとなっているバス停や経営問題など、あらゆる角度からバスとは何かを見直し、その可能性を提示する。

子どもが道草できるまちづくり
通学路の交通問題を考える

仙田　満・上岡直見編

四六・224頁・定価2100円（本体2000円）

交通事故、大気汚染、肥満、自立への悪影響。クルマ社会は子どもを危険にさらしている。クルマ優先が前提の従来の対策・教育では根本的な解決に繋がらない。安心な通学路、子どもの遊び空間を取り戻すことで、子どももまちも豊かに育つ。人間優先社会に転換する具体的な政策・事例も交え、通学環境と子どもの安全を問い直す。

〈改訂版〉まちづくりのための交通戦略
パッケージ・アプローチのすすめ

山中英生・小谷通泰・新田保次著

B5変・192頁・定価3990円（本体3800円）

低炭素化、高齢社会への対応のため、歩いて暮らせるまち、人と環境に優しい交通への転換が始まった。成功のためには、明確な目的とビジョンをもった「戦略」が必要であり、目的達成の決め手は様々な手法を絡めるパッケージ・アプローチによる自治体の取り組みにある。世界で急展開する交通施策の理論・手法と先進事例を紹介。